Ajuda-te pela Análise Transacional

A Arte de Viver Bem com a Terapia da Redecisão

Ajuda-te pela Análise Transacional

A Arte de Viver Bem com a Terapia da Redecisão

Mary McClure Goulding
Robert L. Goulding

Tradução de
Evelyn Kay Massaro

5ª EDIÇÃO

São Paulo | 2021

IBRASA
LIVROS QUE CONSTROEM

Título do original norte-americano:
CHANGING LIVES THROUGH REDECISION THERAPY

Direitos exclusivos para a língua portuguesa da
IBRASA
Instituição Brasileira de Difusão Cultural Ltda.
Rua Ouvidor Peleja, 610 – Tel/Fax: (0xx11) 3791.9696
e-mail: ibrasa@ibrasa.com.br – home page: www.ibrasa.com.br

Tradução: Evelyn Kay Massaro
Capa e Editoração Eletrônica: Armenio Almeida

Publicado em 2021

Dados Internacionais de Catalogação na Publicação (CIP)
(Câmara Brasileira do Livro, SP, Brasil)

Goulding, Mary MacClure, 1925-

G729a Ajuda-te pela análise transacional : a arte de viver bem com a terapia da redecisao / Mary MacClure Goulding, Robert L. Goulding ; tradução de Evelyn Kay Massaro. — São Paulo : IBRASA, 1985.
(Biblioteca psicologia e psiquiatria ; 65)

1. Análise transacional 2. Psicoterapia
I. Goulding, Rober L., 1917- II. Titulo. III. Título: A arte de viver bem com a terapia de redecisão.

17. CDD-616.891
18. -616.8914
NLM-WM 420

84-2170

Índices para catálogo sistemático:

1. Análise transacional: Técnicas terápicas 616.891 (17.) 616.8914 (18.)
2. Psicoterapia: Medicina 616.891 (17.) 616.8914 (18.)

IMPRESSO NO BRASIL - PRINTED IN BRAZIL

A
"NAN" e "ZACH"
e a todos os outros participantes,
quer estejam ou não neste livro,
com amor e respeito.

SUMÁRIO

PREFÁCIO

O conteúdo, espírito e diretrizes deste livro representam o florescimento de rudimentos surgidos em decorrência da necessidade de sobrevivência durante a Segunda Guerra Mundial, 1941-1945.

Em suma, o mundo fora ultrajado pelas incompreensíveis atrocidades humanas perpetradas por um grupo sobre o outro.

A energia de cada homem ou mulher envolvidos era essencial para acabar com esse flagelo. Nas Forças Armadas, isso significava que quando os soldados eram psicologicamente feridos, precisavam ser curados o mais breve possível para poderem voltar à ativa.

Não havia tempo a perder. Até essa época, a filosofia e as técnicas relacionadas ao tratamento da deficiência psicológica eram demoradas e, muitas vezes, apresentavam resultados desanimadores. Essas abordagens estavam muito mais centradas na patologia.

Tinha que haver uma abordagem mais imediata e bem-sucedida, e que veio a ser o enfoque no fortalecimento da saúde, de modo a obter-se resultados rápidos. Começou-se a abordar diretamente o indivíduo e sua capacidade de se curar, com a convicção de que isto podia ser feito.

O novo objetivo era como obter seu funcionamento o mais rápido possível. O dito popular, "a necessidade obriga", aplica-se a este caso, e logo foi descoberto que as pessoas tinham um maior potencial do que se imaginava para recriarem a si mesmas. Novas possibilidades começaram a surgir.

Os efeitos desses esforços começaram a se manifestar muito lentamente nos setores psicoterapêuticos civis e particulares. No entanto, poucos anos depois do fim da guerra, começaram a emergir as terapias que se focalizavam na integração, a esperança de uma mudança e a convicção de que as pessoas podiam "ficar boas". Essas novas ideias foram perturbadoras, mas com o tempo, começaram a transformar e traçar novos caminhos para as abordagens psicológicas tradicionais. A terapia gestalt, análise transacional, terapia racional-emotiva, bioenergética, terapia de Rolfing e outras terapias do corpo, terapia familiar e terapia breve estavam entre elas.

Sem entrarmos nos detalhes sobre os vários "altos e baixos" enfrentados pelos líderes dessas novas terapias, atualmente existe um acúmulo de provas para mostrar que os seres humanos *podem* crescer e se modificar, e que podem ser "responsabilizados" pelo seu próprio bem-estar.

Todas as crianças nascem pequeninas. Seus instrutores, que as farão se tornarem pessoas plenamente funcionantes, são os adultos que já estavam no mundo quando elas nasceram e que irão guiá-las desde o nascimento, quando nenhum bebé pode cuidar de si mesmo, até o momento em que possam fazê-lo.

Esses instrutores (pais) não podem ensinar mais do que aprenderam. Se seu aprendizado em como ser completamente humano foi incompleto ou distorcido, só terão a ele para transmitir.

Esses instrutores fazem o melhor que podem. Uma vez que pouca atenção tem sido dada ao desenvolvimento de seres humanos plenamente funcionantes, a maioria de nós se forma com base em pessoas não-credenciadas. O currículo tem se focalizado principalmente no conformismo e obediência, que compõem um solo fértil de onde surgem conclusões e decisões sobre si próprio que, frequentemente, são prejudiciais. Além disso, essas decisões e conclusões muitas vezes *parecem ser* genéticas.

A necessidade de esperança é crucial para as pessoas. Para os terapeutas, ela é crítica.

A filosofia da esperança, uma compreensão de como funciona o crescimento e o processo de modificação, as técnicas e abordagens para fazê-los acontecer e uma convicção inabalável de que as pessoas podem se modificar podem transformar a ameaça da sensação de "fósforo queimado" dos terapeutas numa fé e convicção de que realmente são capazes de ajudar.

Acho que Mary e Bob Goulding compreendem isso totalmente. Por esse motivo conseguem chegar a todas as pessoas com compaixão, esperança e certeza de que cada uma delas pode se tornar plenamente humana. Eles nos mostram, de modo simples e direto, como fazê-lo.

Virginia M. Satir

AGRADECIMENTOS

Quando Bob começou a participar dos Seminários de Psiquiatria Social de San Francisco, de Eric Berne, em 1961, o número de membros não passava de vinte pessoas, a maioria das quais pertencia à Junta da Diretoria! Desde então, sua sucessora, a Associação Internacional de Análise Transacional, chegou a mais de 10.000 membros em mais de 50 países em todo o mundo. A organização estabelece as normas para os terapeutas da AT e para aqueles que usam seu conhecimento da AT em campos especiais, como negócios e educação. As pessoas têm que passar por exames escritos e orais para obterem o certificado e participarem do quadro de membros avançados. Queremos agradecer, em primeiro lugar, aos amigos daqueles tempos iniciais da AT: Joseph Concannon, Franklin Ernst, Kennet Everts, Viola Litt Callaghan, Ray Poindexter, Mel Boyce, Frances Matson, Myra Schapps, Claude Steiner, Herb Courland, Anne Garrett, Paul McCormick e Tom e Amy Harris. Há um grande número dos que vieram logo depois: Jean Fowler, Jeanne Kanevski, Jack Dusay, Muriel James, Dorothy Jongeward, Stephen Karpman, Hedges Capers, H. D. Johns, Elizabeth Palms, Sol Samuels,

Gordon Haiberg, Mary Michelson, Bill Collins, Herb Enos, Gordon Gritter, Ben Lewis, Bob Hodges e Margaret Frings Keyes. Depois, à medida que o tempo foi passando, muitos outros bons amigos se tornaram membros docentes clínicos: John Daley, Len Campos, Tom Frazier, Jerry White, Treva Sudhalter, Jon e Laurie Weiss, Natalie e Morris Haimowitz, Fanita English, Richard Abell, Charles Tuggle, David Steere, Shulamit Peck, Kristyn Huige, Lois Johnson, Bill e Tracy Wolfson, Stanley Woollams, Harris Peck, John Anderson, Louis Forman, John O'Hearne, Lillian O'Hearne, Graham Barnes, Vann Joines, Marty Holloway, Barbara e Jim Allen, Harry Boyd, John Gladfelter, Martin Haykin, Martin Groder, Jack Kaufman, Dorothy Heilman, Vince Gilpin, Paul Ware, Curtis Steele e Nancy Porter, Barbara Hibner Gonzales, Rudi Rogoll, Gisela Kottwitz, Mike Reddy e Carol Solomon. Poderíamos acrescentar à lista a maioria dos outros membros docentes, bem como mais da metade dos outros 10.000 aos quais temos ensinado através dos anos e com os quais também muito aprendemos.

Queremos agradecer aos nossos associados: Ruth McClendon, Les Kadis, Bob Drye, Gene Kerfoot, George McClendon, Bill Holloway, Jim Heenan, George Thomson, John McNeel e Ellyn Bader, aos nossos docentes em tempo parcial, Ed Frost. Will Baumker, Liladee Bellinger e Joan Minninger e aos nossos antigos associados, Charles Elias, Virginia Satir e Anita Plummer.

Agradecemos aos nossos amigos da Gestalt: Jim Simkin, Miriam e Erv Polster, Joen Fagan e Irma Shepherd. Aprendemos muito com cada um deles, bem como com muitos dos nossos amigos que fazem parte da família da Academia Americana de Psicoterapeutas.

E, naturalmente, nossos agradecimentos póstumos a Eric, Fritz e Dave Kupfer.

Nossos agradecimentos especiais aos participantes dos cursos intensivos de quatro semanas em 1977 e 1978, e aos Candidatos ao Doutorado do Instituto Fielding, que assistiram a um curso conosco em maio de 1978, por lerem as primeiras versões deste livro e discutirem-no conosco.

E, por seu magnífico trabalho em editar e por seu incentivo, eu (Bob) quero especialmente agradecer ao meu mais velho e querido amigo, meu irmão Phil G. Goulding, cuja paciência, inteligência e habilidade nos mantiveram fora do jargão e dentro de um bom e simples inglês. Mary, é claro, também agradece.

CAPÍTULO 1

Introdução à Terapia da Redecisão

Este livro foi escrito para ensinar aos psicoterapeutas como curar pessoas.

Também foi escrito para ajudar as pessoas a se curarem.

Os autores não veem contradições nestes dois propósitos. Nosso objetivo primário são os psicoterapeutas, mas não os encaramos como sendo possuidores de poderes mágicos, que não estão à disposição das pessoas que eles procuram curar. Na verdade, se o resultado de um tratamento dependesse só dos poderes mágicos dos terapeutas, não haveria curas.

Por mais de quinze anos, nossa principal atividade tem sido a de ensinar aos terapeutas como curar pessoas. Nossos métodos combinam várias abordagens, incluindo (não exclusivamente) a análise transacional, a gestalt, a psicoterapia de grupo interativa e a dessensibilização. Temos ensinado e estamos interessados em tudo que funciona - tudo que possa ajudar as pessoas a deixarem de ser fóbicas, a transformarem sua ansiedade em entusiasmo, a pararem de ser compulsivas ou ficarem deprimidas e ao invés de tudo isso, a *gozarem a vida.* Temos ajudado casais a pararem de brigar e começarem a se amar. Temos ajudado outros casais a procurarem a alegria em outro lugar quando não estavam querendo encontrá-la juntos. Temos ensinado as pessoas a *lidarem* com os seus *próprios sentimentos,* ao invés de ficarem se iludindo, achando que outras pessoas as *fazem* ficar iradas, tristes, deprimidas, ansiosas, furiosas, confusas, entediadas ou preocupadas.

Eric Berne, o gênio que criou a análise transacional, autor do livro *Os Jogos da Vida,* do qual já foram vendidas milhares de cópias, e fundador da Associação Internacional de Análise Transacional (ITAA), escreveu e falou sobre *curar pessoas,* ao invés de usar o termo "fazer progresso". Ele falou sobre fazer uma pausa antes de entrar num grupo para perguntar a si mesmo: "Como posso curar *hoje mesmo* todos que estão nesta sala?" Esta tem sido nossa pergunta nestes últimos quinze anos e é este o assunto deste livro.

Os métodos que usamos são simples, claros e concisos. No entanto, quando se ensina, isto não é suficiente. O importante é que eles são *comunicáveis.* A psicoterapia tem sido chamada de arte, não ciência, mas ela também pode ser uma ciência e, como tal, possível de ser ensinada. Nossos métodos não exigem que o terapeuta seja um gênio ou todo poderoso. Eles só precisam ser ouvidos, observados e confrontados cuidadosamente.

Nossa abordagem é criativa, porque estamos constantemente procurando por novos métodos. Não culpamos o paciente quando ocorrem fracassos nem fazemos listas de pacientes "não tratáveis" para apresentá-las na Reunião Anual da Associação Psiquiátrica Americana. Em lugar disto, procuramos dentro de nós... dentro dos outros... para descobrir um novo método, um modo de criar um ambiente que facilitará a mudança.

Chamamos de *terapia de redecisão o* método de terapia que usamos para causar essa mudança. Este livro descreve este método, começando com a estrutura teórica da análise transacional, como encarada por nós, e depois segue dando exemplos detalhados do nosso trabalho.

Quando fazemos o primeiro contato com um paciente ouvimos e fazemos uma série de associações: Qual é a queixa principal? O que o paciente estava fazendo a si mesmo quando decidiu procurar ajuda? Quais são os seus sentimentos? Qual é o comportamento que não gosta em si mesmo? Ele está pensando ou está obcecado? Está deprimido? Está irado, entediado ou preso de fobias? É infeliz no casamento? No trabalho? Tem que haver algum sentimento ou modo de pensar *específico* com o qual o paciente está infeliz. Se não fosse assim, ele não estaria sentado à nossa frente. O que ele quer mudar? Esta modificação específica, desejada pelo paciente, é o que se torna o *contrato.*

Só depois de identificarmos a queixa específica e formularmos junto com o cliente o seu contrato específico, é que voltamos nossa atenção para as suas emoções. Como ele se sente, de um modo geral, consigo mesmo e com o seu meio? Que tipos de jogos ele joga para manter suas sensações de infelicidade? A que crenças e fantasias se prende para continuar infeliz? Por exemplo, fica acordado à noite, ansiosamente obcecado em relação ao futuro? Por acaso fica obcecado com o que o Presidente está fazendo, para poder ter desculpa para manter os seus sentimentos de raiva? Em suma, ele ignora o "aqui e agora" para continuar a ser infeliz?

Enquanto ouvimos o paciente, pedimos que fale no tempo presente. Quando ele nos dá informações sobre o passado, pedimos que finja que está de novo naquela cena e que fale como se ela estivesse acontecendo neste exato momento. Quando ele quer falar sobre alguém, pedimos que finja que essa pessoa está na sala de terapia e que imagine estar falando com ela. Deste modo, mantemos nossa terapia focalizada no *aqui* e *agora.* Ao estar numa cena ao invés de falar dela, o paciente liga a memória ao afeto e podemos lidar melhor com as suas lutas internas.

Pedimos ao cliente para proclamar a sua própria autonomia sempre que ele a abandona. Por exemplo, ele poderá dizer: "Acaba de me ocorrer um pensamento". E agora, como, neste mundo, um pensamento pode "ocorrer"? Quem é que pensa? Então pedimos a ele que diga isto de outra maneira, assumindo seus próprios pensamentos. Se começa uma sentença com "isto", por exemplo, quando fala em algo que o angustia ou deprime, dizendo: "Isto acaba comigo", que é tanto uma impossibilidade como uma desculpa, fazemos com que comece a sentença com "eu". "Eu me assusto" ou "Eu me entristeço e me deprimo" são declarações que fazem o paciente reconhecer o que está realmente fazendo consigo mesmo. Nós lhe ensinamos que está fazendo com que ele próprio fique angustiado. Que não existem nuvens emocionais incontroláveis que caem sobre nós, mesmo que possamos falar nelas como se existissem. Também ensinamos que cada pessoa faz com que ela mesma sinta e que ninguém é capaz de fazer outra pessoa sentir.

Os outros não o "fazem ficar com raiva"; ele escolhe a raiva como uma resposta ao estímulo de alguém... a raiva é *sua.* Esta é uma das declarações mais importantes deste livro. A noção de que somos os responsáveis pelos nossos próprios sentimentos vai contra nossa literatura, nossas canções e nossa formação. "Você me fez te amar, eu não queria", diz a canção popular. "A situação mundial é preocupante", diz o comentarista. "Você me deixa tão nervosa que não consigo dormir", diz a mãe. Os terapeutas que perguntam aos pacientes: "O que sente em relação a isto?", reforçam a ilusão de que ele é uma vítima indefesa, incapaz de lidar até mesmo com as suas próprias emoções.

Investigamos que tipos de decisões ele teve que tomar para conseguir viver na casa onde passou a sua infância. Que tipos de decisões satisfaziam as instruções claras ou ocultas que lhe eram dadas. Qual é o seu estilo de vida? Ele é heroico ou banal, um ganhador ou um perdedor? Como essas antigas decisões ainda estão sendo usadas na sua vida atual? E, novamente, como ele escolhe se modificar? Como ele pretende se sentir? Quer se comportar de modo diferente? Quer pensar de modo diferente?

Estamos interessados nos seus pontos "emperrados"... que na terapia gestalt são chamados de "impasses". Estamos interessados em como esses impasses se relacionam tanto com seu passado recente como com seu passado arcaico, e como poderemos ajudá-lo a resolvê-los.

Por exemplo, a pessoa que diz: "Quero deixar de fumar", enquanto acende um cigarro, está obviamente num impasse. Uma parte dela diz: "Não quero fumar", enquanto a outra diz: "Quero fumar". Enquanto não resolver isto, ela vai fumar e se afligir ou não fumar e se sentir horrível. Este, como a maioria dos impasses, pode estar relacionado com uma decisão primitiva que ela ainda mantém fora da sua consciência... por exemplo, uma decisão de ferir a si própria.

Em nossa experiência, a maior parte da boa terapia está centrada em ajudar o paciente a sair de uma série de impasses que tiveram suas origens nas mensagens que recebeu na sua infância e nas decisões que tomou sobre elas.

À medida que o paciente trabalha para sair desses impasses, oferecemos uma compreensão cognitiva de como os seus padrões arcaicos de pensar, sentir e fazer se combinam e afetam a sua vida no presente. Os gestaltistas puros talvez não deem essa retroalimentação cognitiva; os terapeutas da Análise Transacional pura raramente permitem o trabalho altamente emocional que leva a sair do impasse. Pesquisas feitas por Lieberman, Yalom e Miles[1] indicam a importância tanto do afeto como da cognição. Eles afirmam que os terapeutas que dão o máximo de retroalimentação cognitiva com estimulação afetiva moderada conseguem os melhores resultados.

Trabalhamos somente em grupo e, na maioria, grupo intensivo onde as pessoas ficam conosco por três dias, uma semana, duas semanas ou quatro semanas. Descobrimos que o processo que acontece num grupo de pessoas que estão vivendo juntas é muito mais eficaz para trazer a modificação do que grupos que se encontram por uma ou duas horas, uma ou duas vezes por semana. Trabalhamos em grupo por várias razões e uma delas é o apoio e o incentivo que os participantes dão uns aos outros. O grupo pode ser usado pelo paciente para experiências em ser diferente. Por exemplo, um cliente pode ter tido uma experiência traumática quando estava na escola e ter decidido nunca mais recitar em público. Agora tem dificuldade em falar em público ou mesmo em dar aula aos seus alunos. Depois de trabalhar no seu impasse, ele pode usar o grupo como uma audiência entusiástica para o seu "primeiro discurso em público".

A terapia em grupo permite ao terapeuta ter mais espaço para parar quando isto for benéfico ao cliente. Por exemplo, se ele sai de um importante impasse nos primeiros minutos de trabalho, gostamos de lhe dar tempo para gozar a sensação de vitória antes de continuarmos com outro trabalho. Isto é difícil quando ainda faltam outros quarenta minutos de uma hora de terapia individual. Trabalhando em grupo, podemos passar para outra pessoa enquanto o paciente saboreia a sua vitória.

Outra vantagem da terapia em grupo é o uso do tempo por outros membros do grupo enquanto um dos pacientes está trabalhando. Cada um, lembrando-se de algo similar - ou diferente - na sua vida, pode trabalhar consigo mesmo, em silêncio, tomando suas próprias resoluções. À medida que um paciente sai do seu impasse, os outros ficam encorajados com a modificação e se tornam mais confiantes de que, eles também, podem efetuar modificações em si mesmos.

O espírito do grupo é totalmente diferente do que existe quando pacientes individuais nem mesmo veem uns aos outros numa sala de espera: um sai pelos fundos antes que o próximo chegue à porta da frente. Apesar de os terapeutas individuais estarem fazendo um bom trabalho com seus pacientes, nossa experiência mostra que *para nós,* a terapia em grupo é mais eficaz e (o que achamos muito importante) mais divertida.

Nosso método de terapia não é complicado. É cheio de truques, mas não complicado...e os truques não são escondidos do paciente ou usados contra ele. Podemos curar a maioria das fobias de altura em dez minutos e fobias de água em menos de meia hora, como está descrito no capítulo sobre fobias. Outros problemas poderão levar mais tempo, mas a verdade é que as pessoas sofrem modificações que parecem muito rápidas para terapeutas que acreditam que a terapia é um processo complicado e a longo prazo. É certo que nas nossas primeiras experiências como terapeutas, quando trabalhávamos com o sistema clássico, a terapia também levava tempo...às vezes, uma eternidade...e era complicada demais.

Ensinamos nossos métodos de redecisão em reuniões e cursos intensivos na Associação Americana de Terapia em Grupo, Academia Americana de Psicoterapeutas, Associação Psiquiátrica Americana, Associação Internacional de Análise Transacional e em cursos e reuniões de profissionais em todo o mundo. Frequentemente, os terapeutas ficam céticos. As pessoas começam nos desafiando... e depois vêm estudar conosco. Bill Holloway, que foi tesoureiro da AGPA, ouviu-nos com ceticismo durante cinco anos e depois veio à Califórnia para ver nosso trabalho. Aprendeu nossos métodos, que juntou aos seus e às suas habilidades, passou pelos exames para clínica e magistério de AT, tornou-se presidente da ITAA, juntou-se ao corpo docente do nosso Instituto para Terapia em Grupo e Familiar do Oeste (WIGFT) e atualmente está fazendo treinamentos e tratamentos na Califórnia do Sul. Institutos de treinamento têm sido fundados em várias partes do mundo por terapeutas que aprenderam nossos métodos.

O que é redecisão? Um homem assistiu a uma das nossas conferências e depois queixou-se à sua terapeuta que ela nunca fizera "um daqueles trabalhos de redecisão" com ele. A terapeuta lembrou-lhe que ele não tinha mais tendências suicidas, que estava fazendo amigos ao invés de estar sempre sozinho e que estava agindo com cada vez mais eficácia no seu serviço. Para fazer tudo isto, ele certamente tomara várias redecisões. "Oh", disse o paciente, desapontado. "Por algum motivo, pensei que redecisões fossem algo muito mais espetacular."

As redecisões não são sempre "espetaculares", se isto significa ser dramático ou complicado. Quando uma criança deixa de ter medo do porão, ela entrará nele para fazer uma exploração. Poderá ficar orgulhosa dessa sua nova bravura ou então nem mesmo se lembrará que costumava ter medo. De qualquer forma, ela tomou uma redecisão.

As redecisões não podem ser feitas unicamente pela aprendizagem dos "fatos". Se a criança tenta se convencer a entrar no porão lembrando a si mesma de que: "O fato é, não há nada neste porão que possa me machucar", ela poderá reagir como o menininho na anedota do *kreplach,* que frequentemente é contada aos estudantes de psicoterapia:

Um menino tem medo de *kreplachs* (um pastel triangular com recheio de carne), de modo que a família resolve levá-lo a uma psiquiatra. Ela imagina um ótimo meio de tratamento. Sai junto com o menino para comprar todos os ingredientes necessários para os *kreplachs.* Depois, juntos, eles moem e cozinham a carne, acrescentam os outros ingredientes e preparam a massa. O menino está interessado e não sente medo. Eles estiram a massa, cortam um pedaço, põem o recheio e dobram o primeiro canto do *kreplach.* O menino continua sem medo. Dobram o segundo canto. Quando estão dobrando o terceiro e último, o menininho grita: "Oh, *kreplach*" e sai correndo da cozinha. Moral da história: um raciocínio adulto não é suficiente.

A adaptação não resultará numa redecisão. Se uma criança é humilhada, espancada ou castigada por não fazer o que é mandado, poderá ir ao porão porque tem mais medo dos pais do que dele. Neste caso, ela provavelmente continuará com medo e acrescentará a ele outras decisões patológicas. Talvez nunca mais confie nos pais. Talvez decida nunca mais demonstrar que sente medo de alguma coisa. Poderá abafar a parte infantil do seu ser acreditando que o seu problema foi causado por sua "criancice". Se foi amado por ter sido valente e bastante bom para lutar contra o seu medo de porões, talvez entre neles para conseguir ser amado novamente. Mais uma vez, poderá tomar decisões adicionais, desta vez envolvendo o preço de ser amado.

Na terapia da redecisão, o cliente vivência a parte criança de si mesmo, goza as suas qualidades infantis e cria cenas de fantasia onde pode seguramente abandonar as decisões restritivas que tomou na infância. Recria a cena no porão e, desta *vez, faz a cena do modo que quer fazê-la.*

Jay, que tem medo de ficar no escuro desde que assistiu a "O Mágico de Oz", quando criança, está criando uma cena desse tipo[2]. Finge que está à noite em sua casa atual e que está segurando uma lanterna. Vai ligar a lanterna sempre que sentir medo e desligá-la quando o medo passar. Na sua fantasia, quando chega à porta do porão, acende a lanterna e diz que está com medo. O terapeuta sugere que diga: "Ei, não vou entrar neste porão porque a Bruxa Malvada pode estar lá dentro!" Quando Jay diz a frase, começa a rir, deliciado, reconhecendo que não tem mais medo de bruxas.

Peggy finge que há diabinhos no seu porão e tenta amedrontar as outras "crianças" do grupo. À medida que se transforma naquela que assusta os outros, para de assustar a si mesma. Elaine, revivendo uma antiga cena com sua mãe, percebe que não é realmente de porões que ela tem medo, mas sim da mãe sádica, que costumava trancá-la no escuro como forma de castigo. Afirma que agora pode proteger-se de tal tipo de mãe... e, espontaneamente, perde o medo.

Uma cliente deprimida imagina estar pegando a si mesma como um bebê recém-nascido, prometendo: "Vou tomar conta de você". Depois, fantasia que é o próprio bebê, sendo amado e cuidado. Os clientes voltam a ser "criancinhas", passando por várias situações, recriando cenas tristes, raivosas ou engraçadas, de modo a poderem se livrar da patologia do passado. É isto que significa terapia da redecisão.

Neste capítulo de introdução, salientamos alguns aspectos dessa terapia. Nos capítulos que seguem, iremos a princípio fazer um esboço dos fundamentos da análise transacional (AT) e descrever como os utilizamos para conseguir redecisões. Depois, no resto do livro, discutiremos em detalhes os métodos que usamos, com transcrições do nosso trabalho com os pacientes.

CAPÍTULO 2

Uma visão geral da Análise Transacional

A análise transacional é uma teoria do desenvolvimento do comportamento que não tem nada de complexa. Esta é uma das suas principais vantagens, tanto para o terapeuta como para o paciente. No entanto, como os outros sistemas, ela tem a sua própria estrutura e jargão. Neste capítulo oferecemos um breve esboço dessa estrutura, antes de passarmos aos outros, onde apresentamos detalhadamente nosso trabalho, e definiremos alguns... não todos... termos de jargão. Haverá uma breve discussão sobre os estados do ego (Pai, Adulto e Criança), transações, carícias, jogos, disfarces, injunções, contra injunções, decisões e argumentos.

A teoria fundamental da AT foi escrita por Eric Berne e muitos outros terapeutas, bem como por alguns não-terapeutas. Está publicada em vários livros e também em revistas e boletins, como *TA Bulletins, TA Journal, Voices* e outras publicações. Nosso conceito sobre a AT não está sempre de acordo com a teoria fundamental escrita e praticada por outros. Neste capítulo, logo chegaremos a algumas dessas diferenças e, de vez em quando, ao longo do livro, discutiremos as outras.

ESTADOS DO EGO

Os tijolos que constroem a AT são os estados do ego, que são, de acordo com a definição de Berne, as posições psicológicas tomadas pelo indivíduo e que são fenomenologicamente observáveis. Elas estão mostradas no já conhecido esquema apresentado na Fig. 1. O estado do ego completo está mostrado na Fig. 2. O estado do ego Pai é formado pelas incorporações dos verdadeiros pais e figuras parentais, mais aquilo que o indivíduo aprendeu e aceitou de atitudes parentais vindas de qualquer fonte. As pessoas se comportam exteriormente de modos similares aos dessas figuras parentais e também dão a si mesmas, em suas mentes, mensagens parentais sobre comportamento, pensamentos e sensações... mensagens que tomaram de outras pessoas, bem como mensagens inventadas quando não havia pais. O estado do ego Criança é a parte das pessoas que pensa, sente e se comporta como elas faziam no passado... principalmente como crianças, mas às vezes, como adultos. O estado do ego Adulto é a parte que pensa, armazena e retira dados e se comporta de um modo não-emocional.

DIAGRAMA SIMPLES
DOS ESTADOS DO EGO
Fig. 1

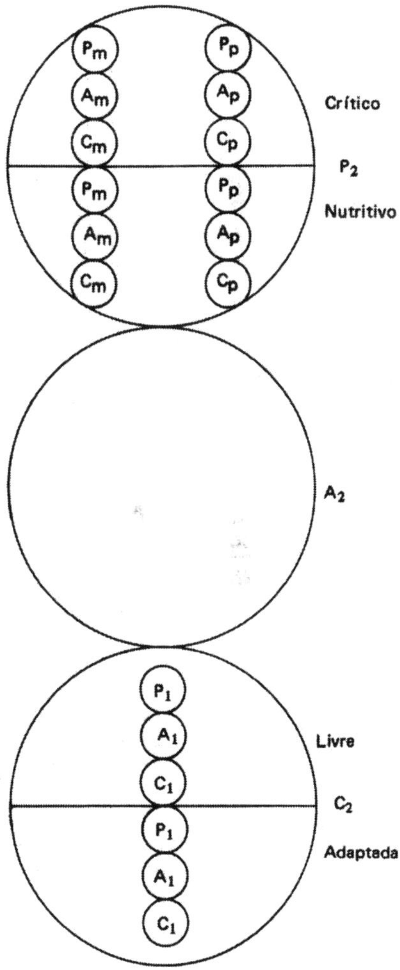

DIAGRAMA COMPLEXO
DOS ESTADOS DO EGO
Fig. 2

ESTADO DO EGO CRIANÇA

Criança Primitiva

Para se compreender mais facilmente o desenvolvimento dos estados do ego é útil pensar inicialmente na criança pré-verbal e como ela desenvolve seus estados primários do ego: Criança primitiva, Adulto primitivo e Pai primitivo.

O bebê nasce com um corpo que funciona e com um conjunto de impulsos: sente fome, sede, usa fraldas e tem outros comportamentos que parecem ser razoavelmente constantes em todos os bebês. Sem informações ou modelos externos para guiá-lo, tem impulsos básicos que o levam a um comportamento observável. Aqui, a AT e a teoria psicanalítica são, de certa maneira, similares. A teoria psicanalítica diz que há impulsos, que são chamados "id". Na AT, há certas características fenomenológicas do bebê a que chamamos o estado do ego Criança primitiva... um estado de estar ao nível de um recém-nascido. A qualquer tempo no desenvolvimento de uma criança, quando ela age como um bebê, dizemos que está na sua Criança primitiva. (Na escrita da AT, quando usamos Pai, Adulto ou Criança com letra maiúscula, estamos nos referindo a estados do ego e não a indivíduos reais.) Se, com cinco anos, em resposta a um trauma, ela chora como um bebê, chupa o dedo, molha as calças e não se relaciona com os outros, dizemos que está neste estado primitivo do ego. Este estado do ego está representado na Fig. 3, onde o círculo grande representa a Criança total e o círculo interno representa o bebê na Criança, que os terapeutas da AT chamam de C_1. A Criança total é chamada de C_2.

Esta Criança primitiva é a fonte, o nascedouro, dos sentimentos. Se um bebê é criado com amor e prazer, a C_1 se torna mais do que simples impulsos básicos; ela se toma o estímulo alegre e entusiasta para a vida e os processos da vida.

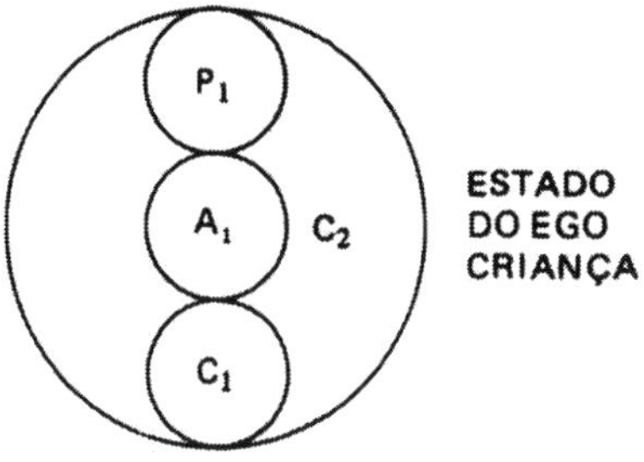

ESTE DIAGRAMA MOSTRA A ESTRUTURA DO ESTADO DO EGO CRIANÇA. ELE AINDA NÃO APRESENTA OS ESTADOS DO EGO PAI E ADULTO, MAS SOMENTE O DESENVOLVIMENTO DA CRIANÇA PRIMITIVA, ADULTO PRIMITIVO E PAI PRIMITIVO.

Fig. 3

Adulto Primitivo

O bebê começa a fazer observações sobre o seu ambiente e sobre si mesmo e passa a desenvolver o Adulto primitivo (que Berne denomina "Pequeno Professor" por causa da sua capacidade de ser intuitivo). Esse Adulto em desenvolvimento é denominado A_1 (ver Fig. 3). O bebê aprende, por exemplo, que o seio ou a mamadeira não são parte do seu ser, mas que vêm e vão; aprende que os seus dedos são parte dele mesmo e estão sob o seu controle. Agora ele está desenvolvendo o seu pequeno depósito de informações. Processa essas informações e toma decisões baseado nelas. Esta informação é pré-verbal e consiste em processos de experiências e possivelmente pictóricos. Bob tem tratado de esquizofrênicos que têm memórias primitivas dos anos de infância, que se lembram deles de forma pictórica e que, se fazem uma regressão na terapia, têm que lutar para encontrar palavras para descrever suas experiências. Muitas vezes precisam voltar a uma idade posterior (na cena da terapia) para descrever o que tinham experimentado na cena anterior.

À medida que o bebê começa a "pensar", a observar e armazenar dados e a agir sobre esta observação e armazenamento, esse Adulto primitivo, não verbal, permanece dentro do estado do ego Criança. Alguns o chamam de pequeno Adulto ou Adulto intuitivo. Como mencionado acima, Berne chamava-o afetuosamente de Pequeno Professor, porque a criança, muitas vezes, parece milagrosamente sábia e intuitiva nas suas observações e respostas ao mundo à sua volta. Embora seja incrivelmente sábia, às vezes, à medida que usa as deixas não-verbais para dar sentido ao que está em tomo de si, também pode armazenar informações falhas e age baseada nelas. Por exemplo, o neto de Mary, Brian, insistia em descer as escadas engatinhando, vindo com a cabeça para a frente, e fazia um verdadeiro escândalo quando o virávamos de modo a descer de costas. Naquela altura da sua jovem vida, o seu Adulto primitivo (A_1) tinha processado o método cabeça-primeiro... possivelmente para poder ver melhor para onde estava indo.

A criança muito pequena também desenvolve um estado do ego Pai rudimentar, denominado P_1 (ver Fig. 3). Quando Brian (o neto de Mary) tinha três meses de idade e o neto de Bob, Robert, tinha 13 meses, este segurou amorosamente a cabeça do bebê contra o seu peito, como a mãe costumava fazer com ele. Foi a primeira indicação que vimos do Pai de Robert. No entanto, depois de alguns instantes, ele voltou à sua Criança primitiva, C_1, quando arrancou o chocalho da mão de Brian. Mais tarde, quando os adultos protestaram, ele usou o seu Adulto primitivo, A_1, para calcular que poderia ficar com o chocalho se desse a Brian um brinquedo para substituí-lo.

O Pai primitivo, então, é a incorporação dos pais verdadeiros pela criança não-verbal e é constituído pela *percepção* inicial do comportamento e sentimentos dos seus pais, antes do reconhecimento da linguagem. Assim, quando a mãe e o pai repreendem o bebê por chupar o dedo, a criança poderá incorporar esse comportamento e essa emoção ao repreender dentro do seu estado do ego Pai primitivo. A partir dessa posição, ela poderá mais tarde repreender a si mesma de um modo irracional, irrefletido, não-verbal, e sentir um desgosto consigo mesma. Quando essa criança for pai, se não se modificar, poderá sentir repulsa, sem saber por quê, quando vir seus filhos chupando os dedos e poderá dar-lhes mensagens irracionalmente exageradas sobre o ato de chupar o dedo.

É este elemento irracional, destrutivo, no Pai primitivo, que alguns terapeutas da AT consideram ser a totalidade do P_1. Costumam chamar esse estado primitivo de Bruxa, Bruxo ou pai Porco. *Nós somos contra esta nomenclatura.* Ela é pejorativa e fazemos sérias objeções ao uso de termos pejorativos na literatura científica. Também, tal denominação ignora a parte do P_1 que é nutritiva, bem como a parte que é a incorporação de mensagens alegres e cheias de entusiasmo do estado do ego Criança do pai e da mãe.

Muito pouco tem sido escrito na literatura sobre a AT a respeito da permissão para diversão e alegria que a criança recebe de pais brincalhões. Geralmente, a felicidade e a alegria são vistas como condições naturais da criança. Não contestamos essa ideia de que a criança naturalmente desenvolve um espírito livre e brincalhão. No entanto, achamos que os pais sempre levam culpa em excesso pelas negativas que existem na vida da criança e não se considera a alegria que eles modelam para os filhos. Essa satisfação, esse gosto pela vida que muitos pais sentem, é incorporada como parte do Pai primitivo da criança e toma-se uma permissão para ser alegre. Lembramo-nos do filhinho de um psiquiatra nosso amigo que alegremente abaixava a cabeça quando entrava na garagem da casa, imitando o pai, muito alto, que sempre fazia uma careta divertida quando tinha que abaixar a cabeça para entrar. O filho estava copiando o pai... e, ao mesmo tempo, incorporando a sua alegria de viver.

Uma tarde, em nossa casa, o neto Robert estava indo da piscina de adultos para a infantil enquanto sua mãe e Bob o vigiavam. Depois de várias idas e vindas entre a piscina pequena e a parte rasa da grande, ele caiu no lado mais fundo. Se a sua mãe fosse fóbica ou medrosa, ela poderia ter gritado, aflita, e Robert talvez incorporasse ali mesmo, a partir da Criança assustada da mãe, um pequeno Pai amedrontado, que mais tarde iria experimentar como um medo que seria traduzido em: "Não chegue perto da água!" Também relacionaria água com medo e armazenaria essa informação no Adulto primitivo. Sem uma experiência corretiva, cresceria com fobia de água.

No entanto, o que realmente aconteceu é que Bob agarrou o neto imediatamente e puxou-o para fora da água. Robert começou a fazer uma careta como se fosse chorar, mas o avô gritou: "Viva, Robert sabe nadar! Que grande nadador! Você é o maior!", enquanto ria, parecendo muito satisfeito. O menino mudou rapidamente de expressão, juntou-se às risadas e incorporou na sua Criança uma lembrança de Bob para guardar no seu Pai e Adulto primitivos. Sua mãe então levou-o de volta à piscina e ficou brincando com ele, segurando-o enquanto batia os braços e as pernas, fingindo nadar, rindo com ele, apoiando-o na conversão da experiência em algo alegre e agradável.

Discordamos com alguns teóricos da AT em dois aspectos relativos ao P_1. Primeiro, não concordamos com o conceito de que o P_1 é totalmente negativo e, segundo, não concordamos com o conceito enunciado por Berne sobre a formação do P_1. Ele acreditava que o P_1 é o depósito *automático* de todas as mensagens negativas dadas pelos pais. Na página 116 do seu livro *What do You Say after You Say Hello?*, Berne declara[1]: "A ordem se origina a partir da Criança do pai e da mãe e é inserida no Pai da criança... Ali ela age como um elétrodo positivo, dando uma resposta automática. Então, de acordo com Berne, a criança é uma vítima completa do que está automaticamente inserido no seu P_1. Ela é uma vítima indefesa de tudo o que os pais dizem e fazem. "Quando o Pai dentro da sua cabeça aperta o botão, Jeder (o nome do paciente) atende imediatamente à ordem, quer o resto dele queira fazê-lo ou não. Ele diz coisas estúpidas, age de modo desajeitado, toma outro gole e põe tudo no próximo páreo, ah, ah, ah." Assim, as distorções dos pais, a raiva, as vozes em tom alto, tomam-se, automaticamente, parte da introjeção da criança e, eternamente, parte do estado do ego P_1.

Acreditamos, ao contrário, que a criança realmente filtra, seleciona e toma decisões como resposta a tais mensagens, e que ela tem algum controle sobre o que está absorvendo. O pequeno Robert poderia ter continuado com medo de água apesar das ações da sua mãe e de Bob. Outra criança, assustada com o medo de um dos pais, poderia redecidir mais tarde que a água não é tão assustadora como parecia e pode decidir a aprender a nadar.

Conhecemos pacientes que obviamente filtraram tais mensagens e falam sobre elas objetivamente, sem muito esforço. Um deles diz, por exemplo: "Claro, não prestei muita atenção, porque ela sempre dizia coisas desse tipo quando estava bêbada. Eu simplesmente me afastava e ia brincar". Portanto, dizemos que a criança participa da criação do seu próprio Pai primitivo - aceitando as mensagens, ou usando sua Criança ou Adulto primitivos para fazer uma barreira contra esta aceitação.

Criança Livre e Adaptada

A criança em crescimento toma decisões baseada nas suas próprias necessidades e desejos. Também toma decisões baseada na sua percepção do que outras pessoas querem que ela decida. Por exemplo, se é acariciada positivamente por usar o piniquinho e/ou negativamente por molhar as calças, aprenderá a usá-lo para agradar aos outros. Se aprende a usar o piniquinho porque não gosta de se sentir molhada, então estará se treinando como uma resposta aos seus próprios desejos. Quando o pequeno Robert tirou o chocalho da mão de Brian, estava agindo espontaneamente. Viu o brinquedo, quis pegá-lo e pegou-o. Nada de adaptações... ainda... a regras parentais sobre o egoísmo, possessão ou bobagens como seja-bonzinho-com-as-criancinhas para ele! No entanto, imediatamente descobriu que os adultos não gostaram do seu modo de agir. Ouviu as vozes ralhando com ele e viu as testas franzidas - e logo inventou um jeito de satisfazê-los, dando a Brian um outro brinquedo. Imaginem a sua alegria quando descobriu que podia se adaptar de uma forma que o satisfazia, bem como aos adultos. Isto é uma verdadeira sofisticação quando se tem 13 meses de idade.

A diferenciação entre a Criança "livre" original e a Criança "adaptada" é uma divisão *funcional,* em comparação com a divisão estrutural P, A, C a que nos referimos anteriormente. A divisão estrutural está representada na Fig. 3. A Fig. 4 é a representação gráfica do estado do ego Criança funcional, dividido em Criança livre e adaptada. Mary modificou-o, como está indicado na Fig. 5, mostrando que os três estados primitivos do ego estão presentes no diagrama funcional. Este diagrama *funcional,* com seus componentes *estruturais,* explica graficamente a teoria da redecisão, que é o núcleo deste livro. A criança adaptável decide aceitar as mensagens parentais logo no início da vida, suplantando a Criança livre ou natural com propósitos de sobrevivência. Mais tarde, na terapia da redecisão, o Adulto primitivo na Criança toma uma nova decisão - a de suplantar a adaptação patológica para poder funcionar livremente.

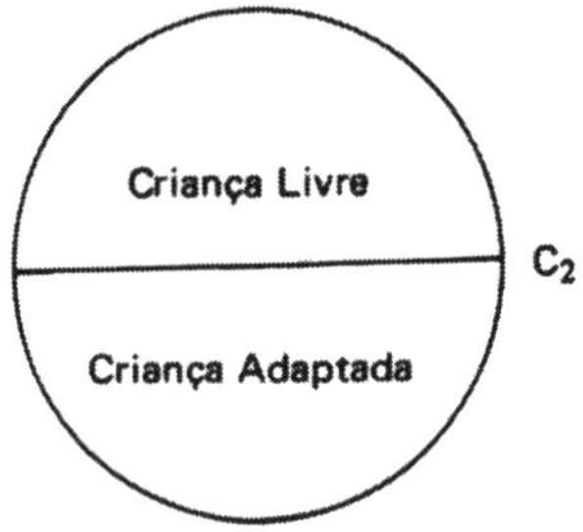

ESTE DIAGRAMA MOSTRA A DIVISÃO FUNCIONAL DO ESTADO DO EGO CRIANÇA.
Fig. 4

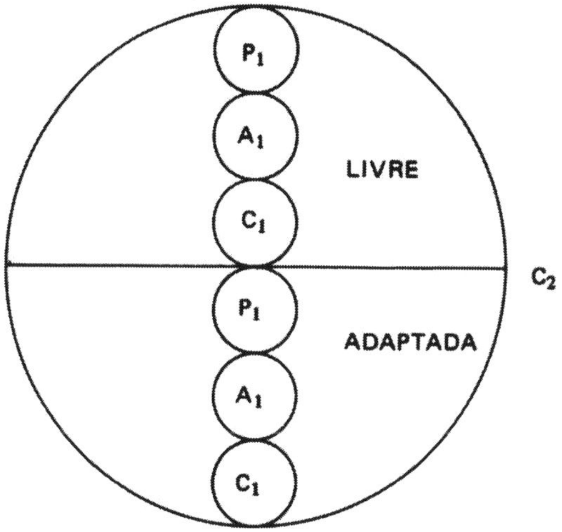

ESTE DIAGRAMA MOSTRA A ESTRUTURA DOS ESTADOS DO EGO CRIANÇA LIVRE E CRIANÇA ADAPTADA.
Fig. 5

Sumário do Estado do Ego Criança

Alguns terapeutas da AT acreditam que a Criança começa o seu desenvolvimento muito cedo. Nós encaramos a Criança como estando sempre em crescimento e desenvolvimento, como resultado da soma total das experiências que teve e continua a ter no presente. Um homem de 45 anos pode estar se comportando de uma maneira perfeitamente adequada até o dia em que vê uma pessoa parecida com o torturador que o manteve em cativeiro no Vietnã. Ele poderá repentinamente se encolher de terror, sentir o coração bater descompassadamente, ficar com as mãos molhadas de suor ou ficar transtornado de pavor. Uma mulher de 50 anos pode dirigir um carro grande e pesado sem qualquer preocupação mas, quando está num modelo compacto, comporta-se como se estivesse para ser atingida a qualquer momento por um enorme caminhão, uma experiência que teve quando tinha 40 anos de idade. Seu adulto *sabe* que a situação não é a mesma, mas ainda assim, ela se *sente* como se estivesse naquele carro pequeno logo antes do acidente.

A Criança se desenvolve. Temos enfatizado que a *Criança* é quem faz o trabalho. Ela tanto experimenta como copia e depois incorpora. Ninguém faz nada para ela sem que a Criança tenha a ver com o que experimenta e vivência. Portanto, se ela absorve originalmente e continua a absorver à medida que cresce, amadurece e envelhece, ela pode se modificar, reexperimentar e realinhar - a partir das suas próprias decisões e redecisões. De um ponto de vista prático, terapêutico, isto é tremendamente importante.

Por exemplo, se você, leitor, decidiu ter medo de água por causa das suas experiências reais ou imaginárias, poderá decidir hoje mesmo não ter mais esse medo. Talvez fosse bom se Bob o ficasse segurando para que você visse que pode realmente boiar. Mas, até isto você pode aprender a fazer sozinho. É só entrar na água e descobrir por si mesmo que quando fica deitado nela, com o pulmão cheio de ar e braços estendidos para cima da cabeça, você boia. Não vai precisar ser reparentalizado ou analisado por dez anos. Vai saber por si próprio que o seu corpo não pode afundar... e poderá decidir não ter mais medo. Isto poderá ser um despertar emocionante e cheio de vigor, uma experiência na sua Criança e uma compreensão no seu Adulto, de que o seu corpo é capaz de flutuar, que você simplesmente não vai e *não pode* se afogar desde que conserve um pouco de ar nos seus pulmões... seja qual for a quantidade necessária para manter *você* boiando.

ESTADO DO EGO PAI

Encaramos o Pai como a soma das crenças, emoções e comportamentos que uma pessoa *escolhe* incorporar num nível verbal, lembrado, com o Pai que ela cria para si e continua a criar durante toda a sua vida. O estado do ego Pai é mais do que uma série de "fitas magnéticas introjetadas na cabeça". Ele é formado de incorporações escolhidas, juntamente com os processos criativos do Adulto e da Criança da pessoa. Aqui, novamente diferimos de Berne, que viu a introjeção do Pai como algo automático, ao invés de ser uma escolha feita pela pessoa em desenvolvimento. Achamos que ela filtra e escolhe o que quer escutar, dependendo de onde está, física e psicologicamente, e dos tipos de outros sistemas de apoio que estão disponíveis (tais como irmãos, avós, amigos íntimos). As pessoas incorporam pais durante toda a sua vida, a partir dos pais verdadeiros, das pessoas importantes em sua vida e mesmo de figuras que criam em suas mentes. Um rapaz, que nunca conhecera o pai, imaginou uma pessoa amorosa e carinhosa, incorporou sua fantasia e terminou por ter essas mesmas qualidades no seu estado do ego Pai. O processo de criação nunca para. Muitas vezes vemos pessoas construindo o seu próprio Pai a partir de dados que seus Adultos coletam para corrigir distorções anteriores; no desenvolvimento normal ou na terapia, elas criam o Pai que querem ter dentro da cabeça. No capítulo sobre depressão, contamos em detalhe como a paciente Nan desenvolveu o seu próprio Pai amoroso durante o processo terapêutico.

A criança desenvolve o seu Pai primitivo (P_1) não-verbal, pré-verbal, a partir da incorporação das pessoas à sua volta. Este estado do ego é constituído de imagens, sons e pela sua interpretação do significado desses sons e imagens. Mais tarde, eles são traduzidos em palavras... críticas, nutritivas, exigentes, ou então alegres, brincalhonas e amorosas. O Pai verbal (P_2) é, em nossa opinião, desenvolvido mais tarde e inclui, além do comportamento e sentimentos copiados, crenças e regras parentais para se viver. A religião, filosofia e moralidade fazem parte do Pai.

Estruturalmente, o Pai está dividido em três partes: o Pai, o Adulto e a Criança dos pais físicos. Por exemplo, um cliente que escuta uma fita gravada com a própria voz quando estava tendo uma atitude parental, pode imediatamente reconhecer o tom, a inflexão de voz que sua mãe usava quando estava ralhando com o Pai e, mais tarde, pode ouvir-se usando o mesmo tipo de voz do seu pai, implicando com a sua Criança, quando estava chegando cansado do trabalho. Assim, existe uma diferenciação entre a Criança e o Adulto dos pais, como está mostrado na Fig. 6, que representa *um* dos pais, e na Fig. 7, que mostra o *pai* e *a mãe*. Na terapia da redecisão, essa diferenciação e reconhecimento dos diferentes estados do ego dentro do Pai se tomam muito importantes na resolução dos impasses.

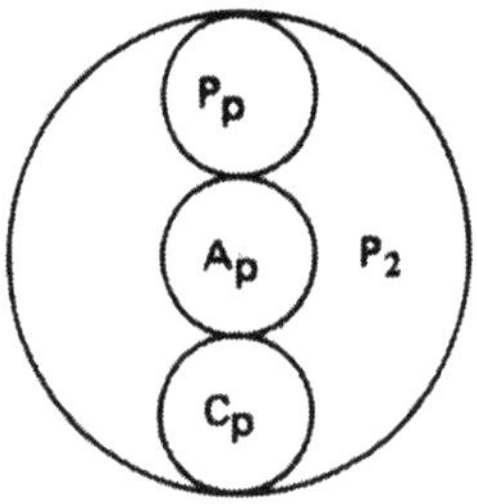

DIAGRAMA ESTRUTURAL
DO ESTADO DO EGO PAI
Fig. 6

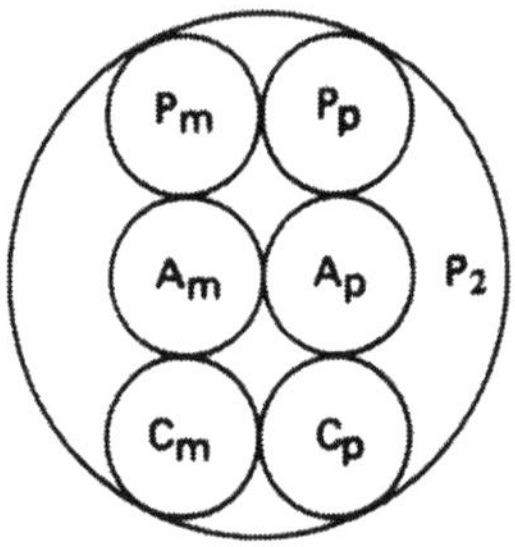

Diagrama estrutural do Estado do Ego Pai, mostrando a incorporação do pai e da mãe.

P_m é o Pai da mãe, P_p é o Pai do pai. A_m é o Adulto da mãe, A_p é o Adulto do pai. C_m á a Criança da mãe, C_p é a Criança do pai.

Obviamente, também se poderia desenhar todos os pais substitutos, como professores, psicanalistas, etc.

Fig. 7

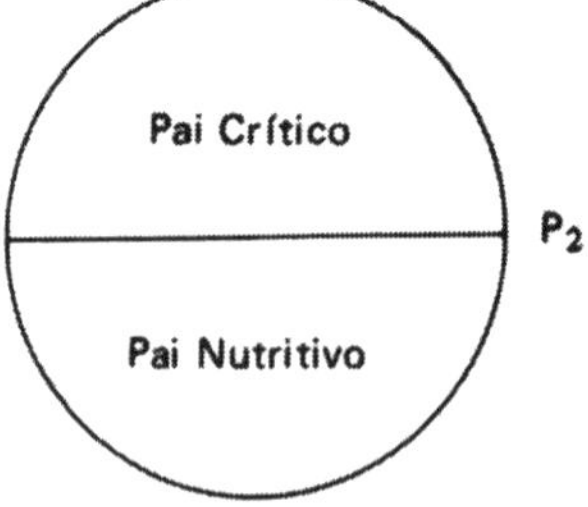

DIVISÃO FUNCIONAL
DO ESTADO DO EGO PAI
Fig. 8

Assim como fizemos com a Criança, também dividimos o Pai em estrutura e função. Funcionalmente, o Pai está dividido em nutritivo e crítico (ver Fig. 8). Mary também divide o Pai em componentes internos e externos: o Pai interno nutre e critica o ser, enquanto o Pai externo nutre e critica os outros.

ESTADO DO EGO ADULTO

Quando fazemos conferências, uma das perguntas mais comuns da audiência é: "Como o Adulto difere do Ego?" O Adulto, tal como o ego, é um conceito. No entanto, ele é uma identidade fenomenológica. Quando você, leitor, está lendo este livro, armazenando os dados, separando o que lhe parece real do que não lhe significa nada, independente de qualquer emoção, você está no seu Adulto. Se fica irritado, dizendo: "Estes dois não sabem do que estão falando!", você passou do Adulto para o Pai crítico ou Criança irada. Quando se ouve um engenheiro discutindo um projeto, um juiz interpretando a lei ou um médico fazendo um diagnóstico, vemos e ouvimos claramente o que é um estado do ego Adulto. É um estado do ser, observável, sem emoção, onde armazenamos e buscamos dados e depois agimos sobre eles. A diferença entre o Pequeno Professor ou Aj e o Adulto, A_2, é que o Adulto tem a capacidade de usar palavras para testar esses dados, prová-los, discernir o que é real, baseado tanto em termos da sua própria experiência como na de outros e em informações já testadas.

A patologia do estado do ego Adulto pode ser devida à falta de informações adequadas, como acontecia, por exemplo, quando pessoas cultas faziam seus cálculos baseadas no "fato" de que a Terra era plana. Geralmente, o problema é causado pela contaminação. Este termo é empregado para explicar a intrusão de um estado do ego no outro. A pessoa aceita como seu Adulto o que é, na realidade, do Pai ou da Criança. Pense em certas frases que se ouvem tão frequentemente: "Os homens só pensam em sexo" ou "As mulheres não são práticas". Um certo homem talvez possa pensar somente em sexo e uma determinada mulher talvez seja pouco prática, mas essas crenças são tratadas como um *fato* pelo Adulto, para apoiar um preconceito (ver Fig. 9). No caso da intrusão da Criança no Adulto (ver Fig. 10), um medo pode ser tratado como um fato. Uma pessoa que tem medo de voar lembra-se de cada acidente que já aconteceu, esquece de todos os aviões que voam em segurança e diz: "Se viajar de avião, vou morrer". As ilusões também são contaminações feitas pela Criança, onde, por exemplo, uma Criança, com medo, transforma algo que realmente está presente, como uma sombra, em algo que não está, como uma aranha, no caso de um *delirium tremens* causado por alcoolismo agudo.

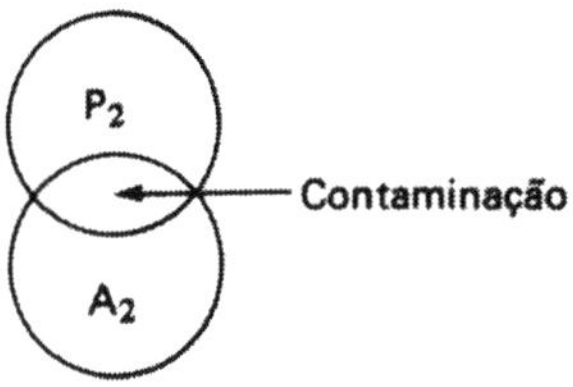

CONTAMINAÇÃO
PAI-ADULTO
Fig. 9

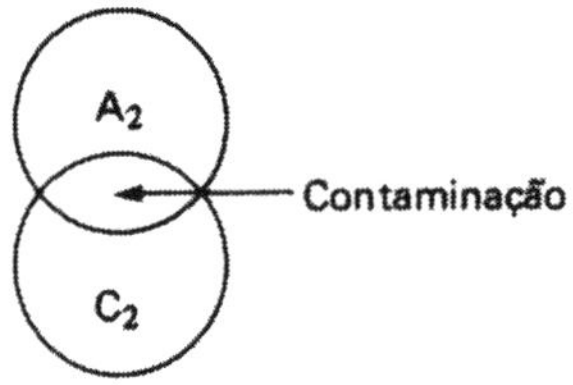

CONTAMINAÇÃO
CRIANÇA-ADULTO
Fig. 10

Eric Berne não escreveu sobre contaminações complicadas como está mostrado na Fig. 11. Ah, todos os estados do ego estão contaminados, inclusive o Pai introduzido na Criança. Isto é visto frequentemente em pacientes esquizofrênicos, como quando o cliente, na sua Criança, ouve a voz do pai dentro da sua cabeça e acredita que é mesmo ele que está na pista de boliche ao lado da sua, dizendo: "Você é bicha". Ao mesmo tempo, poderá ouvir a voz do psiquiatra, falando: "Quando você ouve a voz do seu pai, tem que compreender que isto é uma alucinação, porque sabe muito bem que ele está morto".

Então, o cliente continuará jogando boliche como se nada houvesse acontecido. A esta altura, ele ainda não está funcionando a partir do seu Adulto, mas sim do Pai recentemente incorporado (o psiquiatra). Mais tarde, vai começar a descontaminar, à medida que trabalhamos com ele para que determine, por si mesmo, se o "fato" é realmente um fato ou uma fantasia. Deste modo, ajudamos o cliente a separar os seus próprios estados do ego. O livro de Jack Dusay, *Egograms*[2], *é* muito útil para esclarecer esses aspectos. Também, ocasionalmente, usamos a técnica das cadeiras, de Stuntz[3], onde o paciente usa cinco cadeiras para representar o Adulto, a Criança livre e a adaptada e o Pai crítico e nutritivo. Muito do trabalho gestalt está a serviço da descontaminação, como ilustraremos e demonstraremos nos exemplos que estão nos próximos capítulos, onde transcrevemos partes de gravações feitas com os clientes.

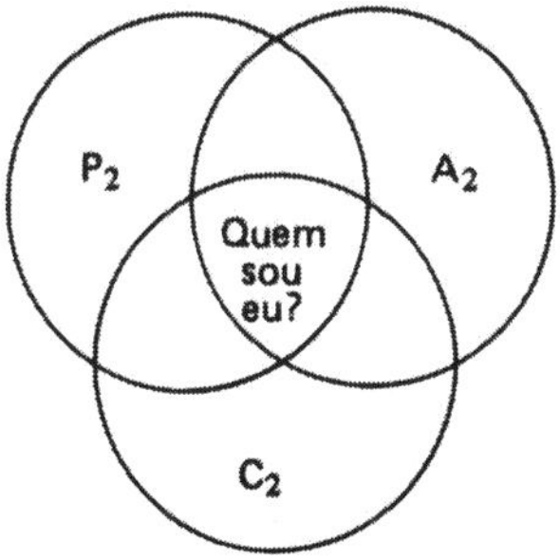

CONTAMINAÇÃO ENTRE TODOS OS ESTADOS DO EGO

Fig. 11

No início da AT, muito do tempo da terapia era gasto na identificação dos estados do ego. Berne, em *Principles of Group Treatment*[4], escreveu que o tratamento deve consistir na análise dos estados do ego, transações, jogos e argumentos, nesta ordem. Normalmente, nós usamos o conceito dos estados do ego para desenhar diagramas depois de o trabalho estar terminado, de modo a acrescentar o conhecimento cognitivo àquilo que foi feito. Não temos o hábito de perguntar: *"Em que estado do ego você está?"*, ou de dizer: *"Esse é o seu Pai falando"*. No entanto, na verdade, procuramos ouvir as mudanças no estado do ego. Durante um curso intensivo ouvimos um psiquiatra dizer logo no início, mesmo antes de começarmos nosso trabalho: "Estou tão cansado; nesta profissão, trabalhamos duro e não nos divertimos nem um pouco!" Ele relatou a sua experiência, o cansaço. Depois, deu as mensagens parentais: "Trabalhe duro" e "Não se divirta". Ao invés de pedir-lhe para identificar cognitivamente essas mensagens, perguntamos se estava disposto a ir contra elas. Ele assim o fez, redecidindo que não havia mal em se divertir e em trabalhar só até onde sentia vontade.

Geralmente, é mais terapêutico usar as mudanças nos estados do ego como foi feito no exemplo anterior, do que simplesmente identificá-las. No entanto, para se poder usar os estados do ego, talvez seja necessário fazer, logo de início, a identificação. As mudanças são indicadas por alterações no vocabulário, tom, altura, volume e/ou rapidez na fala, por modificações na posição do corpo ou gestos habituais.

Usando equipamento de vídeo e áudio, podemos mostrar ao cliente o que ele acaba de fazer e dizer, de modo a ele mesmo poder identificar os seus próprios estados do ego. "Seja um observador externo, imparcial, e ouça este homem falar. Enquanto ouve, imagine qual seria a idade dele." A voz de um homem de 6O anos pode soar como a de um menino de seis. Quando alguém inclina a cabeça sobre o ombro, talvez esteja na sua Criança, provavelmente se adaptando. Pedimos que tome essa posição novamente e depois que "endireite a cabeça e continue a falar" (o que naturalmente tem um outro significado). Isto geralmente traz uma maior consciência e muitas vezes uma passagem do pensamento, comportamento e sentimentos adaptativos para o não-adaptativo. A medida que os pacientes aprendem a ser mais conscientes dos estados do ego em que estão, aprendem a lidar melhor com os seus sentimentos, a melhor reconhecer suas posições no seu argumento de vida e a ficarem mais conscientes de que têm estado, ou estão fazendo jogos. Eles se tornam muito mais conscientes do seu comportamento adaptativo, tanto em relação com o Pai como com o mundo exterior. Depois de se tornarem conscientes, podem escolher se adaptarem ou não, tendo pleno conhecimento do que estão fazendo.

TRANSAÇÕES

No início, Berne declarou que a base da análise transacional, além dos estados do ego, era o estudo das transações - daí o nome, análise transacional. Berne dividiu as transações em complementares, cruzadas e ulteriores. *Transações complementares* são paralelas, como mostra a Fig. 12, e podem ir de qualquer estado do ego de uma pessoa para qualquer estado do ego de outra e voltar, como no marido e mulher em simbiose (Fig. 13). Ela é nutritiva e parental enquanto ele é submisso e infantil. Ambos gostam disto e permanecem nesta relação na maior parte do tempo. Quando ele subitamente muda e passa a falar como o Pai, há uma *transação cruzada* (Fig. 14) e começa o problema, com uma perda de comunicação até eles entrarem novamente numa transação complementar.

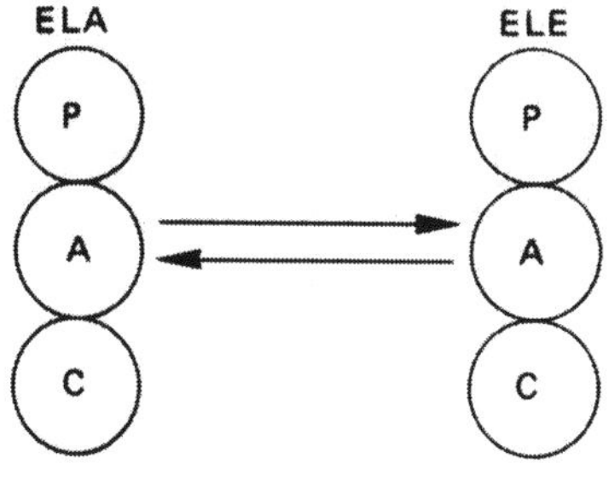

ELA: Que horas são?
ELE: Meio-dia.
TRANSAÇÃO PARALELA
Fig. 12

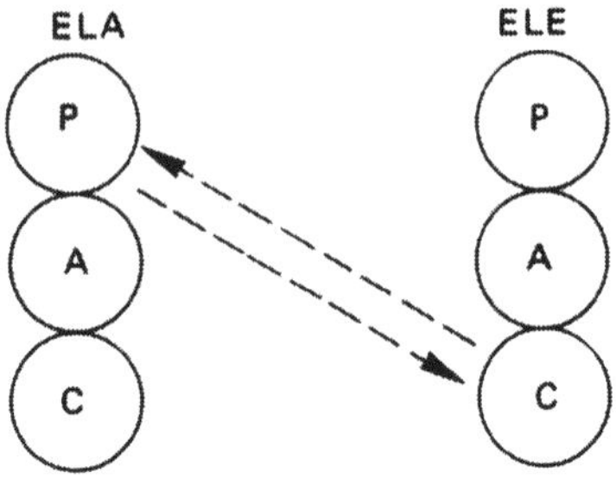

ELE: Por favor, cuide de mim.
ELA: Está bem.

TRANSAÇÃO PARALELA (SIMBIOTICA)

Fig. 13

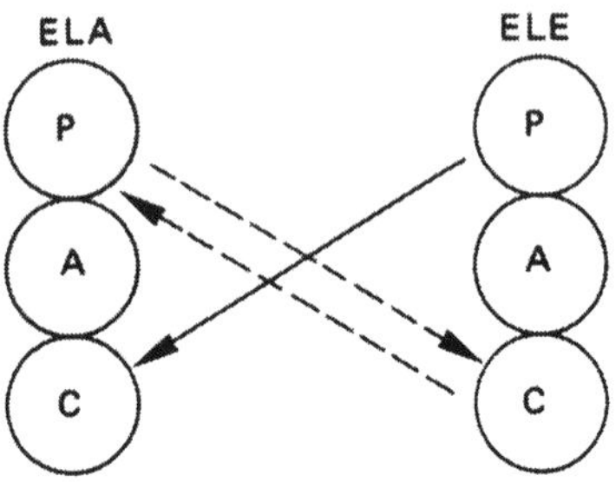

ELE: Por favor, cuide de mim.
ELA: Está bem, cuidarei de você.
ELE: Não seja mandona.

TRANSAÇÃO CRUZADA

Fig. 14

Transações ulteriores são secretas, pelo menos para o Adulto. No antigo exemplo de Berne, o vaqueiro pergunta à moça se ela gostaria de conhecer o celeiro. Sua transação secreta, ulterior, é: *"Vamos fazer uma farrinha no feno* Ela responde: *"Certo, sempre gostei de celeiros"*... e, se concorda com a transação ulterior, sua resposta secreta é: *"Oba!"* Então, eles desfrutam de uma relação sexual - seu único propósito ao usar a transação ulterior foi o de não deixar os seus outros estados do ego saberem o que os dois estavam pensando em fazer. Se a moça não entende a mensagem ulterior ficará surpresa e talvez até furiosa, quando ele tentar fazer sexo com ela. O vaqueiro fica confuso e infeliz com a sua resposta e até chocado. Nesse caso, eles estão envolvidos num jogo. (Os jogos estão descritos mais à frente deste capítulo). Na Fig. 15, para evitar qualquer discriminação sexual nesta descrição desse tipo de jogo, fizemos a moça começar a transação.

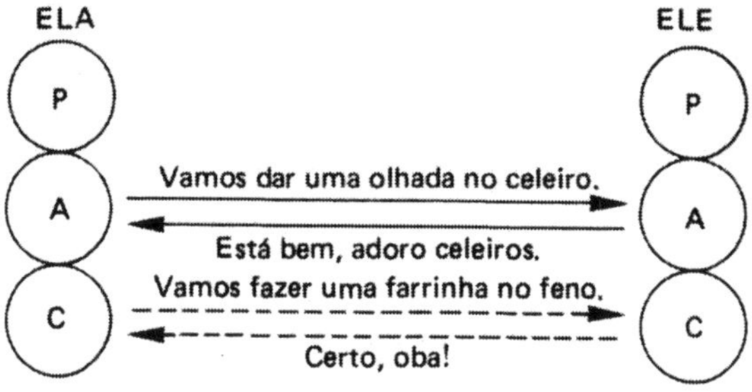

TRANSAÇÃO ULTERIOR
Fig. 15

Além dessas transações complementares, cruzadas e ulteriores, há também as transações diretas, indiretas e diluídas. As *diretas* são as transações Eu-Tu, onde uma pessoa fala diretamente com a outra. As *indiretas* são as Eu-Ele/Ela, onde alguém fala com alguém a respeito de uma outra pessoa. As transações *diluídas* são as Eu-Vocês Todos, onde um indivíduo fala, de modo geral, sobre todo um grupo de pessoas.

Comumente, usamos só transações diretas quando fazemos psicotera- pia e pedimos aos pacientes que façam o mesmo. Muitos casais começam seus jogos com o jogo do tribunal: *"Ele nunca me ajuda no serviço de casa", "Ela nunca cozinha nada do que eu gosto"*. Eles acham que têm que ser o juiz e o júri, e que acabaremos por participar do jogo. Quando pedimos ao casal que falem um com o outro, seu jogo fica bloqueado e eles se tornam mais acessíveis ao tratamento. Enquanto estão falando *sobre* cada um deles, é difícil se tomarem íntimos - no entanto, a meta que escolheram foi a de pararem de brigar e aumentarem a intimidade. A medida que eles falam *um com o outro,* reconhecem que muitas das coisas que disseram antes estão, na verdade, relacionadas com situações não resolvidas com seus pais. A esta altura, pedimos que façam seus comentários "diretamente" a esses pais, usando sua imaginação.

Pedimos aos pacientes para imaginarem que o pai, ou a mãe, está sentado (a) numa cadeira à sua frente e que digam a ele (a) o que estão nos dizendo, fazendo, portanto, com que haja uma transação direta, no "aqui e agora" e Eu-Tu. Imediatamente, o paciente vai começar a mudar para o estado do ego Criança e passará a lidar com a situação a partir dele, ao invés de conversar sobre ela a partir do seu Adulto. Enquanto fala com o pai e depois passa para a outra cadeira para responder como se fosse esse pai, ele tem uma torrente de lembranças, tanto da cena como do afeto ligado a ela, e vivência a cena no "aqui e agora". A partir dessa posição de Criança ele então está apto a fazer modificações eficazes nas decisões primitivas (redecisões), à medida que se vê novamente dentro da cena e termina todas as antigas situações não resolvidas. (Essas modificações ou redecisões estão explicadas em detalhe no Capítulo 8).

Apesar de raramente usarmos transações diluídas (Eu--Vocês Todos) quando estamos fazendo terapia, usamo-las frequentemente para dar informações administrativas: "Vocês todos estão sabendo que vai haver um seminário hoje à noite?" ou "Vamos comer!" No entanto, muitos terapeutas usam as transações diluídas de uma maneira que achamos inadequada. Por exemplo, é comum um terapeuta perguntar ao grupo depois que o paciente disse alguma coisa: "O que vocês sentem sobre isto?" ou, o que é pior: "O que isto faz vocês sentirem?". O problema com a primeira pergunta é que o "grupo" não sente nada, uma vez que ele não é uma unidade de experiência, porém social. Um membro pode ficar com raiva, outro triste, outro confuso e, ainda outro, entediado. O problema adicional com a segunda pergunta é que ninguém consegue *fazer* outra pessoa sentir alguma coisa; cada um de nós está encarregado dos nossos próprios sentimentos.

CARÍCIAS

Apesar de termos todo um capítulo dedicado às carícias, incluímos aqui uma definição porque usamos frequentemente o termo. Uma carícia é uma unidade de reconhecimento. Existem três tipos de carícias *físicas* (toque), *verbal* (palavras) e *não-verbais* (acenos, piscadelas, gestos, etc.). As carícias são feitas por "ser" (incondicionais) e por "fazer" (condicionais). Podem ser *positivas,* como toques físicos carinhosos, palavras gentis e gestos amigáveis, ou podem ser *negativas,* como tapas, reprimendas e caras feias.

ESTRUTURAÇÃO DO TEMPO

Berne acreditava que há seis modos como as pessoas estruturam o tempo: alheamento (sons, devaneios), comportamento ritual (recitar uma ladainha na igreja), passatempos (falar sobre o clima), atividades (trabalho, construção de uma casa), jogos (ver seção sobre jogos) e intimidade (relações sexuais amorosas ou outras experiências de intimidade entre duas ou mais pessoas). Escrevemos "relações sexuais amorosas" quando falamos em intimidade porque poder-se-ia colocar o sexo em qualquer das seis estruturas do tempo: alheamento (masturbação), ritual (ritos sexuais obsessivos como o sadomasoquismo), passatempos ("está chovendo, então vamos para a cama"), atividades (prostituição) e jogos (como na história contada quando falamos em transações ulteriores) e, é claro, o sexo verdadeiro, na intimidade.

JOGOS

Berne escreveu sobre os jogos no seu primeiro livro sobre a AT *Transactional Analysis in Psicotherapy*[5] e o termo se tornou amplamente popular com o livro *Games People Play*[6]. Infelizmente, como houve uma série de diferentes definições sobre os jogos, muitas pessoas ficaram confusas. Para nós, um jogo é uma série de transações que terminam com um dos parceiros se sentindo mal ou sendo ferido de algum modo. O jogo começa com um estímulo ostensivamente direto. No entanto, esse estímulo também inclui uma mensagem secreta ou oculta. Essa mensagem é respondida de forma clara, aberta. No final do jogo o jogador experimenta um prêmio - fica infeliz ou magoado. A série completa das transações não está dentro da consciência do seu Adulto.

1. Estímulo ostensivamente direto. *("Vou pintar o terraço para você.")*
2. Mensagem secreta. (À medida que a pessoa vai procrastinando: *"Continue insistindo comigo.")*
3. *Resposta à mensagem secreta. {"Por que não pinta este terraço?")*
4. Prêmio. A pessoa se sente com raiva, triste, ansiosa ou culpada, e assim faz observações silenciosas consigo mesma, sobre si própria ou sobre o outro, que solidificam a sua posição existencial em termos de "Eu estou OK" ou "Eu não estou OK" ou "Você está OK" e "Você não está OK". *("Estou com raiva. Ela sempre me critica. Parece que nunca consigo agradá-la.")*

Jack Kaufman amplia essa definição enfatizando que um jogo representa um padrão de comportamento repetitivo. Um indivíduo joga o mesmo tipo de jogo muitas vezes. Kaufman sugere que o terapeuta não confronte um jogo até ter provas de que o jogador já o jogou pelo menos três vezes, a não ser, é claro, se o jogo for um daqueles onde o prêmio significa um dano real para os jogadores. A primeira vez pode acontecer por acidente, a segunda pode ser uma coincidência, mas a terceira vez é uma prova da existência do jogo.

Mary ensina que cada pessoa extrai um prêmio que é só seu e que ele é uma repetição de importantes situações não resolvidas no passado. Gary, George e Gem fazem exatamente o mesmo jogo: chegam tarde a jantares e são criticados. Gary fica triste e diz consigo mesmo: "Os outros conseguem fazer tudo melhor do que eu" e "Parece que nunca consigo fazer nada direito". George fica com raiva e diz consigo mesmo: "Afinal, que tipo de amigos são esses, que vivem me criticando?" e "Gostaria de estar sozinho". Gem fica ansiosa e diz: "Eles devem pensar que sou uma droga" e "Estou sempre atrapalhada... só quero ver o que vou fazer de errado na próxima!".

O fato de chegar atrasado ou a explicação do atraso é o estímulo ostensivo direto. A mensagem secreta é, "Critiquem-me". Os outros criticam. O prêmio é o que cada um pensa sobre si mesmo e sobre os outros. Isto significa que os três jogadores não sabem que chegam tarde para serem criticados e poderem se sentir como se sentiram. Não sabem que estão recriando cenas no presente que são repetições de cenas não terminadas no passado. Gary fazia o mesmo jogo com seu pai, Gem com a mãe e George estava repetindo o mesmo jogo que seu pai fazia com sua mãe.

Stephen Karpman criou o triângulo dramático para explicar os jogos. Ele sugere que os jogos são dramáticos e pede aos jogadores que assumam os papéis de perseguidor, salvador e vítima. A "ação" ocorre quando os jogadores trocam de papéis.

A fórmula de Berne, como está no seu último livro, *What do You Say After You Say Hello?*, é dada como: Isca, mais fraqueza, leva a uma resposta, uma comutação, uma surpresa e um prêmio. Berne não indica que o jogo está fora da consciência do Adulto do jogador nem acredita que todos os jogos resultem em prêmios negativos. Ele define a "isca" como aquilo que é usado para um jogador "fisgar" o outro. A "comutação" é uma mudança nos estados do ego ou, mais provavelmente, uma mudança na posição no triângulo dramático. A "surpresa" é definida por Berne como sendo similar à expressão que aparecia no rosto dos vilões da antiga série de televisão "Missão Impossível", quando achavam que tinham vencido e, subitamente, reconheciam que estavam a ponto de perder tudo.

Apesar de as regras dos jogos de muitos terapeutas da AT requererem pelo menos dois jogadores, isto não é estritamente necessário. Tomemos como exemplo o jogo das Chaves Perdidas: O jogador corre até o carro embaixo de uma tempestade e, de repente... pânico! As chaves estão no contato e o carro está trancado. "Seu burro, filho da p...!" Ele fica confuso e com raiva e continua a se xingar de nomes que tira do seu Pai. Ninguém mais está envolvido no jogo, apesar, é claro, de a pessoa ter jogado "Burro" com os pais ou outra pessoa no passado. Isto é um jogo de uma só pessoa, tal como o jogo de paciência.

Alguns jogos são perigosos (jogos de tortura) e podem terminar em ferimentos, prisão ou morte. Se suspeitamos de um jogo deste tipo, não permitimos que continue até terminar. Por exemplo, um terapeuta/cliente num curso intensivo fala nas alegrias do sexo livre e sobre o acordo que fez com a esposa sobre o casamento aberto. Imediatamente perguntamos se ele está tendo relações sexuais com as suas clientes. Acreditamos que esta é uma prática antiterapêutica mas, ao invés de tomarmos uma posição ética e moral (no início), preferimos fisgar a sua Criança para ele tomar consciência do jogo. Pedimos que imagine o que acontecerá se um dia alguém for denunciá-lo à Junta de Examinadores Médicos ou entrar com uma ação judicial por imperícia. Se ele diz que não está tendo relações sexuais com suas clientes, mas que elas sabem que ele está habituado a ter relações sexuais com mais de uma pessoa, pedimos que finja que está no tribunal tentando defender-se de uma acusação falsa feita por uma cliente vingativa, que talvez esteja disposta a mentir para ganhar algum dinheiro. O reconhecimento do prêmio ajuda o terapeuta/cliente a compreender a verdadeira natureza do seu jogo e é mais provável que pare de fazer o que estava fazendo do que se tivéssemos lhe falado sobre nossa posição ética e moral sobre o assunto, à qual, possivelmente, responderia com uma "justificada" raiva da sua Criança.

Nesse jogo, a transação ostensiva direta é: *"Estou fazendo sexo com outras mulheres além da minha esposa"*. (Isto parece direto, pois é pura informação). A mensagem secreta dada à outra participante é: "Por favor, denuncie-me" ou "Por favor, apresente uma ação contra mim". A resposta da jogadora poderá ser dizer ao advogado que o terapeuta fez sexo com ela. O prêmio inclui os sentimentos do terapeuta mais as suas observações sobre si mesmo e sobre os outros. Ele poderá ficar magoado, furioso, mortificado. Poderá dizer sobre si mesmo: "Sempre que estou à beira do sucesso, acabo fracassando" ou "Estou me sentindo tão mal que poderia me matar", ou qualquer outro tipo de declaração que se ajuste à sua crença existencial negativa sobre si mesmo. Sobre a cliente, poderá dizer: "Ela me enganou" ou "Ela me entregou" e as duas afirmações confirmarão a sua crença existencial: "Não se pode confiar nas mulheres!" Toda a série de transações, naturalmente, está fora da consciência do seu Adulto. Ele pensava que fazia isto porque estava sendo "honesto" ou porque ama demais as mulheres!

DISFARCES

As sensações desagradáveis que as pessoas experimentam depois de um jogo são chamadas disfarces. Como acontece com os jogos, há muitas definições de disfarces. Berne definiu-os como "a sexualização e a procura transacional e a exploração de sensações desagradáveis". Essa sentença é complicada e não sabemos por que ele acrescentou a palavra "sexualização", a não ser que estivesse tentando fazer a AT se ajustar à psicanálise. Também não estamos muito certos do que ele quis dizer por "procura transacional". Presumimos que estava sugerindo que uma série de transações é seguida para se conseguir um prêmio ou disfarce, mas essa sua frase deu origem a inúmeras confusões na literatura sobre AT e a muitas definições diferentes. Alguns terapeutas da AT definem o disfarce como o processo que termina com a pessoa se sentindo infeliz. Para nós, o processo é o passatempo, fantasia ou jogo – o disfarce é simplesmente a sensação desagradável, crônica e estereotipada.

Esses sentimentos são usados para tentar mudar os outros. Às vezes, é claro, as pessoas fazem o que queremos se, para isso, sofremos o suficiente. Todos nós já experimentamos ficar tristes ou com raiva por causa de alguém – cônjuge, filho, pai, chefe – e o vimos mudar de comportamento por causa disso. Extorsão é o termo que empregamos para o uso de disfarces numa tentativa de modificar o comportamento de outra pessoa. Os pais ensinam as crianças a usarem disfarces. A mãe ou o pai diz: "Você me deixa louco da vida quando bate a porta", "Você me deixa nervosa com este assobio" ou "Fico tão feliz quando vejo você fazendo xixi na privada!" Assim, a criança é ensinada que é a responsável pelas emoções parentais. Cresce acreditando que pode fazer as pessoas sentirem alguma coisa. Será que alguma vez perguntou a si mesma se elas estavam furiosas, nervosas ou ansiosas antes dela entrar em cena?

Os disfarces também são usados de outras maneiras. Se alguém está num argumento suicida, por exemplo, e em alguma época decidiu que sempre pode se matar "se as coisas ficarem ruins demais", pode guardar suas más sensações, colecionando-as como se fossem figurinhas, até o momento em que tiver um número "suficiente" delas, quando então poderá se suicidar. Tais figurinhas podem ser produzidas das mais diferentes maneiras. O paciente pode fazer jogos onde termina sendo rejeitado e sentindo-se triste. Pode olhar à sua volta para ver quais são as más notícias do dia, tal como a guerra no Líbano ou o aumento da inflação. Pode ficar deitado na cama pensando em todas as coisas tristes que já lhe aconteceram. Lembra-se de que Mamãe nunca o amou e que

Papai nunca brincou com ele. Pode passar suas horas de terapia dragando o passado para encontrar lembranças cada vez mais tristes. Para poder se sentir ainda pior pode até inventar que certas coisas estão acontecendo. Por exemplo, pode achar que a sua esposa está sendo infiel, mesmo que não exista qualquer prova disto.

Uma das muitas metas da AT - terapia gestalt - é a de ajudar as pessoas a deixarem de lado seus disfarces e substituí-los por bons sentimentos. Indivíduos cronicamente ansiosos aprendem a transformar sua ansiedade em entusiasmo. Pessoas cronicamente culpadas aprendem a abandonar a culpa e gozarem a vida. Pessoas cronicamente iradas passam a usar a raiva como uma motivação para realizar uma ação e depois deixam-na de lado. Bob usou sua raiva para escrever centenas de cartas para senadores, congressistas e outras pessoas quando costumava acordar todas as manhãs furioso com Richard Nixon!

INJUNÇÕES E CONTRA INJUNÇÕES

Cada sistema de psicologia tem a sua própria explicação sobre o desenvolvimento da psicopatologia. O fato de não usarmos esses sistemas não significa que eles sejam errados e, muito do que utilizamos, aprendemos com eles. A teoria do desenvolvimento sexual de Freud, o modelo do desenvolvimento zonal-modal de Erik Erikson, a teoria do aprendizado dos behavioristas - todos explicam o desenvolvimento da criança e oferecem potencialidades para o tratamento. Costumamos enfatizar certas mensagens patológicas dos pais aos seus filhos que, se acreditadas pela criança, podem resultar em problemas existenciais crônicos. Chamamos essas mensagens de injunções e contra injunções.

Injunções

As *injunções* são mensagens vindas da Criança aos pais em circunstâncias que lhes causam dor: tristeza, ansiedade, desapontamento, raiva, frustração, desejos secretos. Embora essas mensagens sejam irracionais para a criança, podem parecer perfeitamente racionais para o adulto que as está transmitindo.

Elaboramos uma lista dessas injunções e temos escrito vários artigos sobre elas nos últimos dez anos. Temos falado sobre elas em conferências, seminários e cursos intensivos em todo o mundo. Nossa lista não esgota todas as possibilidades; sem dúvida, existem outras mensagens dadas pelos pais às quais as crianças reagem ou não. No entanto, nossa lista de injunções gerais, apesar de não ser muito grande, permite ao terapeuta ouvir melhor o que o paciente diz e assim melhorar o seu plano de tratamento.

Eis nossa lista básica: Não. Não viva. Não se aproxime. Não seja importante. Não seja criança. Não cresça. Não seja você. Não seja saudável. Não pertença.

Não: Esta injunção é dada por pais que têm medo. Por causa dele, não permitem que a criança faça muitas coisas normais. Não vá perto das escadas; não suba em árvores; não ande de patins, etc. Algumas vezes os pais não queriam a criança, reconheceram seus desejos primitivos de que ela não existisse e, sentindo-se em pânico e cheios de culpa por causa desses sentimentos, tornaram-se superprotetores. Outras vezes, os pais podem ser fóbicos ou superprotetores por causa da perda de filhos mais velhos devido a doenças ou acidentes. A medida que a criança cresce o pai ficará preocupado com cada ação que ela propõe e diz: "Talvez fosse melhor se você pensasse um pouco mais sobre isto". A criança acredita que nada do que faz é certo ou seguro e, sem saber como agir, passa a procurar à sua volta por alguém que lhe diga como fazer. Esta criança terá grandes dificuldades em tomar decisões na sua vida futura.

Não viva: Esta é a mais letal das mensagens, e a primeira que focalizamos no nosso tratamento. Pode ser dada de modo muito sutil, como: "Se não fosse por vocês, crianças, eu me divorciaria do seu pai". Há as menos sutis: "Gostaria que você nunca tivesse nascido... assim não precisaria ter me casado com seu pai". A mensagem pode ser dada de forma não-verbal, pelo modo como a mãe segura a criança sem fazer afagos, pela cara feia que faz quando a alimenta ou lhe dá banho, pelos gritos que dá quando a criança quer alguma coisa ou quando a agride fisicamente. Há uma infinidade de maneiras como essa mensagem pode ser transmitida.

Esta injunção pode ser dada por mães, pais, babás, governantas ou irmãos mais velhos. Um dos pais pode estar deprimido porque a criança foi concebida antes do casamento ou depois que o casal não queria mais filhos. A gravidez pode terminar na morte da mãe e o pai e os avós passam a culpar a criança pelo acontecido. O parto pode ter sido muito difícil e a criança ser culpada por nascer muito grande. "Você me arrebentou toda quando nasceu!" Essas mensagens, repetidas muitas vezes, na presença da criança, tomam-se o "mito do nascimento", que diz: "Se você não existisse, nossas vidas seriam melhores".

Não se aproxime: Se um dos pais desencoraja uma criança quando ela quer chegar mais perto, ela interpretará isto como a mensagem *"Não se aproxime"*. A falta do toque físico e de carícias positivas levam a essa interpretação. Também, se uma criança perde um dos pais, por morte ou divórcio, a quem se sentia mais ligada, talvez poderá dar a si mesma a injunção, dizendo coisas como: *"Que adianta me aproximar, eles acabam morrendo mesmo"*, e pode decidir nunca mais se aproximar de ninguém.

Não seja importante: Se, por exemplo, não se permite que crianças falem na mesa do jantar e ela ouve: *"Crianças foram feitas para serem vistas, não ouvidas"*, ou se for depreciada de outra maneira, ela poderá experimentar a mensagem como: "Não seja importante". Ela também pode receber essa mensagem na escola. Na Califórnia, as crianças hispano-americanas tiveram, no passado, grande dificuldade com a importância porque outras crianças, que falavam uma só língua, caçoavam delas por falarem espanhol e inglês e este com certa dificuldade. Sem dúvida, os Negros receberam essas mensagens dos Brancos, assim como de muitas mães Negras que não queriam que seus filhos fossem bastante importantes para chegarem a ter problemas com os Brancos.

Não seja criança: Esta mensagem é dada por pais que pedem às crianças mais velhas para tomarem conta das mais novas. Também é dada por pais que tentam fazer as crianças controlarem seus intestinos muito cedo, que querem fazer dos seus filhos pequeninos "homenzinhos" ou "mocinhas", que os acariciam por terem boas maneiras antes mesmo de eles saberem o significado disto e que dizem - quando os filhos ainda são bebês - que só bebezinhos choram.

Não cresça: Esta injunção muitas vezes é dada pela mãe ao último filho, seja ele o segundo ou o décimo. Também é frequentemente dada por um pai a uma filha na pré-puberdade ou pubescente quando ele começa a sentir alguma excitação sexual por ela e fica assustado. Ele poderá então impedir a mocinha de fazer as coisas que todas as suas amiguinhas fazem - usar maquilagem, vestir roupas adequadas para a idade e namorar. O pai também poderá parar com as carícias físicas assim que a menina começa a amadurecer e ela interpretará isto como *"Não cresça ou não a amarei"*.

Não seja bem-sucedido: Se o pai tem vencido o filho no pingue-pongue e para de jogar quando o filho começa a ganhar, isto pode ser interpretado como: *"Não vença ou não gostarei de você"*, o que acaba se traduzindo em: *"Não seja bem-sucedido"*.

Críticas constantes de um pai perfeccionista dão a mensagem: "*Você não consegue fazer nada direito*", que se traduz em "Não seja bem-sucedido".

Não seja você: Esta mensagem é mais frequentemente transmitida à criança que é do sexo "errado". Se a mãe já tem três meninos, deseja uma menina e nasce outro menino, ela pode fazer dele "a sua filha". Se um menino vê que as meninas conseguem todas as coisas boas, talvez interprete isto como: "Não seja menino ou você não vai conseguir nada" e terá dificuldades na sua identificação sexual. Um pai talvez desista depois de ter cinco filhas e então passa a ensinar a última a fazer coisas de "menino" ou "homem", tal como jogar futebol. (Sabemos que esta é uma afirmação que implica discriminação sexual, mas estamos mencionando o que aconteceu em nossa cultura).

Não seja saudável: Se os pais dão carícias à criança quando ela fica doente e não o fazem quando os filhos estão bem, isto poderá ser interpretado como: "*Não seja saudável*". Se um comportamento louco é recompensado, ou se ele é modelado e não corrigido, o modelo em si torna-se a mensagem: "Não seja são". Temos visto muitos filhos de esquizofrênicos que têm dificuldade em testar a realidade, mesmo não sendo realmente psicóticos. Agem como loucos e frequentemente são tratados como se fossem psicóticos.

Não pertença: Se os pais constantemente agem como se devessem estar num outro lugar tal como na Rússia, Irlanda, Itália, Israel, Inglaterra, é difícil para a criança saber a que lugar pertence. Talvez nunca venha a se sentir que pertence – mesmo que tenha nascido nos Estados Unidos, Austrália ou Nova Zelândia.

Contra injunções

As contra injunções são mensagens do estado do ego Pai de pais que são restritivos e que, se atendidas, também poderão impedir o crescimento e a flexibilidade. Elas incluem os "impulsores" listados por Taibi Kahler[10]: *"seja forte", "esforce-se mais", "seja perfeito", "apresse-se"* e *"agrade-me"*. Todos eles, é claro, são impossíveis de avaliar. Quando alguém foi suficientemente forte, esforçado, perfeito, apressado e agradável? Não há jeito de alguém ser perfeito. Mary acrescenta à lista de Kahler a contra injunção que acompanha a injunção *"não": "Tome cuidado"*.

As contra injunções também incluem os estereótipos religiosos, raciais e sexuais que são passados de geração a geração. Mesmo as mulheres que se acreditam emancipadas muitas vezes cozinham e fazem a limpeza da casa além de trabalharem no seu emprego regular, porque ainda acreditam na contra injunção que o lugar de mulher é dentro do lar.

As contra injunções são óbvias, dadas em palavras, e não são secretas. Aquele que dá a contra injunção acredita que está certo e defenderá a sua posição: *"É claro que as mulheres devem ficar em casa. O que aconteceria com as crianças se as mulheres não aceitassem a sua responsabilidade?"*. Isto é bem diferente do que acontece com os que dão as injunções, que as transmitem secretamente e sem consciência do impacto das suas palavras. Se alguém contasse a um pai, ou mãe, que ele disse à sua criança para não existir, ele ficaria indignado e incrédulo, dizendo que jamais teve essa intenção.

As mensagens parentais são chamadas contra injunções porque Eric Berne, de início, acreditava que elas iam *contra* as injunções. Portanto, se o paciente obedecia a contra injunção, não teria que obedecer a injunção. Se, por exemplo, a injunção é *"Não exista"* e a contra injunção é *"Trabalhe duro"*, o paciente pode salvar a própria pele trabalhando duro e ignorando seus impulsos suicidas. No entanto, os clientes têm maior tendência a obedecer injunções do que contra injunções, de modo que continuam deprimidos mesmo "trabalhando duro". Mensagens tais como a contra injunção "Trabalhe duro" e a injunção "Não cresça" são impossíveis de obedecer ao mesmo tempo. E, imagine o suplício do menino que aceita a injunção *"Não seja menino"* e faz coisas femininas para agradar o pai e depois ouve, deste mesmo pai, a ordem de sair para ir jogar bola com os outros meninos e parar de andar sonhando pela casa e não fique aí como um maricas. Noutras vezes, tanto as injunções como as contra injunções são as mesmas. Um pai, ou mãe, pode dizer ao filho para não crescer, não ser importante e não existir com todos os estados do ego ao mesmo tempo. Neste caso, a criança passa um mau pedaço rejeitando estas mensagens.

Mensagens misturadas

Algumas mensagens são dadas tanto pelo Pai como pela Criança dos pais, principalmente aquelas sobre pensamentos e sentimentos. As injunções e contra injunções contra o pensamento são: *"Não pense", "Não pense isto"* ou *"Não pense o que você pensa - pense o que eu penso" (Não discorde de mim).* As mensagens sobre sentimentos são as mesmas: *"Não sinta", "Não sinta isto"* (uma emoção específica) ou *"Não sinta o que você sente - sinta o que eu sinto" ("Estou com frio, vista o seu agasalho"* ou *"Você não odeia o seu irmãozinho; você está só cansado").*

DECISÕES

Mais uma vez vamos dizer que as injunções e contra injunções são dadas, mas para que elas sejam importantes no desenvolvimento da criança, é preciso que elas sejam *aceitas.*

A criança tem o poder de aceitar ou rejeitar. Nenhuma injunção é "inserida no cérebro da criança como um elétrodo", como Berne[r] acreditava. Além disso, pensamos que muitas injunções nem mesmo são dadas! A criança fantasia, inventa e interpreta errado dando, portanto, a si mesma, as suas próprias injunções. Quando um irmão morre, ela pode acreditar que foi o seu ciúme que causou a morte de uma forma mágica, porque não compreende a pneumonia. Depois, sentindo a culpa, pode dar a si mesma a injunção *"Não viva"*. Se um pai amado morre, a criança pode decidir nunca mais se aproximar de ninguém. Dá a si própria injunções "Não se aproxime", num esforço para evitar reexperimentar a dor que sentiu na ocasião da morte do pai. Com efeito, ela diz: *"Nunca mais amarei outra pessoa novamente, assim nunca mais ficarei magoado*

Fizemos uma lista limitada das injunções, no entanto, há um número quase ilimitado de decisões que a criança pode tomar em resposta a elas. Aqui sugerimos algumas. Mas, em primeiro lugar, é preciso lembrar que a criança pode simplesmente não acreditar na injunção, rejeitando-a. Isso pode ser feito rejeitando-se a patologia de quem dá (*Minha mãe está doente e não sabe o que está dizendo)* ou descobrindo-se alguém que se oponha à decisão e em quem se acredita *(Meus pais não querem, mas meu professor quer")*. Fizemos uma lista de algumas decisões patológicas possíveis em reação às injunções:

"Não viva": "Vou morrer e então você vai me amar", "Vou pegá-lo mesmo que isso me mate", e outras que estão mostradas no Capítulo 9.

As decisões que a criança pode tomar em resposta a *"Não"* são: *"Não posso decidir". "Preciso de alguém que decida por mim". "O mundo me assusta... eu poderia cometer um erro". "Sou mais fraco do que as outras pessoas". "Nunca conseguirei decidir nada por mim mesmo novamente".*

"Não cresça":"Está bem, continuarei pequeno", "incapaz", "sem pensar" ou *"não-sexual"*. Essas decisões frequentemente são vistas no corpo, tom de voz, maneirismos e comportamento.

"Não seja criança": As decisões prováveis serão, *"Nunca mais pedirei nada; vou cuidar de mim mesma". "Eu sempre cuidarei deles". "Eu nunca me divertirei". Nunca mais farei alguma coisa infantil".*

"Não seja bem-sucedido": A criança pode decidir, *"Nunca vou fazer nada direito". "Sou burra". "Nunca irei ganhar". "Vou lhe mostrar mesmo que isso me mate". "Não importa o quanto sou bom, eu deveria ter feito melhor, por isso vou me sentir frustrado (culpado, envergonhado)."*

"Não se aproxime": As decisões tomadas em resposta a essa injunção são, *"Nunca mais confiarei em ninguém", "Nunca mais serei íntimo de alguém", "Nunca serei sexual"*. (Além de todas as restrições sobre contar o que está sentindo ou proximidade física.)

"Não seja saudável"'. As decisões são: *"Sou louco", "Minha doença é a pior que existe e vou morrer por causa dela"*, (Além das proibições em usar o corpo ou processos de pensamento).

"Não seja você" (do sexo que você é): Em resposta, a criança poderá decidir: *"Vou mostrar a eles que sou tão bom quanto qualquer menina/ menino". "Não importa o que faça, nunca consigo agradar". "Na verdade, sou uma menina com um pênis de menino". "Na verdade, sou um menino, apesar de parecer com uma menina". "Vou fingir que sou menino/menina". "Nunca serei feliz assim". "Ficarei sempre com vergonha".*

"Não seja importante": A criança pode decidir: *"Ninguém nunca me deixa dizer ou fazer alguma coisa". "Todos aqui vêm antes de mim". "Nunca serei nada". "Posso me tomar importante, mas nunca vou deixar alguém ficar sabendo disso".*

"Não pertença": As decisões podem ser: *"Nunca pertencerei a ninguém" ou "a qualquer grupo" ou "a qualquer pais". "Ninguém jamais vai gostar de mim porque eu não pertenço".*

Às mensagens misturadas sobre pensar e sentir:

"Não pense": Decisões possíveis: *"Sou burro". "Não sei pensar sozinho". "Nunca conseguirei me concentrar".*

"Não pense nisso": *"É ruim pensar em sexo, portanto é melhor eu pensar em outra coisa"* (essa pessoa pode se tomar obsessiva). *"É melhor nunca mais mencionar isso* (seja lá o que for "isso", como ser adotado ou "meu pai não é meu pai verdadeiro) *ou pensar nisso de novo"*, Ou, *"Não sou bom em matemática"* (ou ciências, culinária ou futebol, dependendo do tipo de mensagens com a injunção).

"Não pense o que você pensa – pense o que eu penso": *"Estou sempre errado", "Não vou abrir a boca até descobrir o que os outros pensam".*

As decisões em resposta às injunções sobre sentimento são similares.

"Não sinta": A criança poderá decidir: *"As emoções são perda de tempo". "Não sinto nada".*

"Não sinta isso": *"Nunca mais vou chorar". "Nunca fico com raiva... a raiva pode matar".*

"Não sinta o que você sente - sinta o que eu sinto": "Não sei como eu me sinto". Esta pessoa pergunta ao terapeuta e aos membros do grupo, *"Como deveria me sentir? Como se sentiriam se fossem eu?"*

ARGUMENTOS

Não usamos os argumentos do modo detalhado como fazem muitos terapeutas da AT, que têm listas de argumentos para fazerem diagnóstico e que veem a necessidade de incluir no tratamento a compreensão de todos os aspectos do argumento como um todo. Preferimos a terapia a curto prazo e, portanto, achamos mais vantajoso ir direto ao conjunto injunção-decisão-disfarce, sem nos preocupar demais com o argumento do cliente. No entanto, aconselhamos aos terapeutas da AT que estão iniciando que usem as listas e que compreendam a teoria dos argumentos. Mais tarde, eles poderão decidir que partes dessa teoria irão preferir para acentuar no seu próprio trabalho.

De acordo com a teoria dos argumentos, quando uma criança toma uma decisão primitiva sobre si mesma, começa a planejar sua vida baseada nessa decisão, usando como modelo um conto de fadas ou outra história qualquer. Por exemplo, uma mulher de 40 anos, ainda solteira e que até agora não encontrou uma carreira interessante, diz que está "esperando alguma coisa acontecer". Na infância, sua história favorita era "A Bela Adormecida". Outra mulher passa a vida trabalhando duro numa tentativa de satisfazer o marido e filhos ingratos. Lembra-se que sua história favorita era "A Gata Borralheira". Muitos jovens que estão no Juizado de Menores da Califórnia usam séries de TV como "O Homem do Rifle", como modelo. Depois, através da vida, a pessoa pode tomar decisões adicionais, amplificando a história básica. Trabalhamos com indivíduos que se permitem viver autonomamente em vez de ficarem presos a antigos planos de Criança, embora tais planos estejam embutidos em argumentos de "perder" ou "ganhar".

Berne acreditava, como muitos reparentalizadores da AT e outros, que as crianças são "argumentadas" e que precisam de um Pai forte no terapeuta para modificar os argumentos. Não acreditamos mais nisso do que acreditamos na teoria dos eletrodos. Acreditamos que o indivíduo escreve seu próprio argumento e que pode reescrevê-lo com a ajuda de um Pai forte que ele mesmo constrói, em vez de incorporar o do terapeuta. Para o terapeuta, pode ser gratificante pensar que é necessário para propósitos parentais, mas com exceção dos jovens e dos psicóticos, o paciente, por si mesmo, pode fazer melhor.

George McClendon[11], no seu trabalho com famílias, trata tanto de argumentos familiares como individuais. Acredita que as famílias devem conhecer seus argumentos, que ele chama de "mitos", de modo que cada membro possa libertar-se do passado e dedicar sua energia para viver o dia de hoje.

Para os terapeutas que querem aprender a como reconhecer os argumentos, sugerimos uma consulta abrangente à literatura da AT e bastante treino no uso de listas de verificação, tais como as elaboradas por William Holloway[12] e Paul McCormick[13].

CAPÍTULO 3

Impasses e Redecisões

Um impasse é um ponto onde se encontram duas ou mais forças opostas - um ponto emperrado. Uma pessoa está no parapeito da ponte Golden Gate. Ela para e diz consigo mesma, "Mas eu não quero realmente morrer". Outra parte dela diz, "Sim, eu quero". Enquanto ela fica parada na ponte, em conflito, está num impasse. Se pula, saiu do impasse. Se recua, decidindo não morrer, saiu do impasse para o lado da sobrevivência, pelo menos temporariamente. Ela poderá enfrentar o mesmo impasse no futuro, mas por agora, acaba de resolvê-lo. (Não nos satisfazemos com essas resoluções temporárias, que geralmente são tomadas pelo estado do ego Adulto. Trabalhamos para conseguir uma redecisão a partir da Criança de não se matar, agora ou no futuro.)

Bob classifica os impasses em três tipos ou graus[1]. O *impasse de primeiro grau* fica entre o Pai e a Criança do indivíduo e está baseado nas contra injunções. Como já explicamos anteriormente, o pai verdadeiro dá mensagens a partir do seu Pai, tais como *"Trabalhe duro"*. O pai diz ao filho: *"Todo o trabalho tem que ser muito bem feito". "Sempre dê dez por cento a mais de esforço"*. O menininho, querendo agradar o pai e conseguir a sua aprovação, decide, a partir do seu Pequeno Professor (A_1), trabalhar duro para deixar Papai contente. Ele trabalha duro até estar com cinquenta e cinco anos e ainda continua, sem ter consciência disto, a tentar agradar os pais. Por estar com esta idade, decide que está na hora de diminuir um pouco o ritmo, de modo que faz planos, a partir do seu Adulto, de trabalhar somente oito horas por dia, cinco dias por semana e tirar um mês de férias por ano. Aparentemente, ele saiu do seu impasse. No entanto, a decisão vinda do seu Adulto "pensante" geralmente não é o suficiente. Ele começa a ter dores de cabeça assim que começa a ir mais devagar e, quando resolve jogar golfe, descobre que fica exausto logo depois das primeiras tacadas. Sai para pescar e, ao invés de relaxar, acorda de madrugada e passa o dia correndo, tentando pescar todos os peixes do rio. Ainda está ouvindo a velha mensagem parental, a contra injunção, e continua trabalhando duro, esforçando-se para *"fazer o trabalho direito* O homem ainda está num impasse, pois não foi ao fundo do seu ser para tomar uma REDECISÃO a partir do Adulto primitivo na sua Criança.

A terapia deverá fazer com que ele crie uma cena a partir das lembranças da sua infância, onde ele está frente a frente com o seu pai (em fantasia, é claro), dizendo ao Papai que ele não vai mais trabalhar duro. Geralmente a pessoa se lembra de uma cena realmente acontecida e experimenta os sentimentos que sentiu na ocasião. Por exemplo, um dos participantes de uma das nossas maratonas lembrou-se de quando quis se inscrever na Liga Infantil de beisebol e seu pai, um pequeno fazendeiro, o impediu porque ele estava encarregado de colher as amoras. O paciente voltou àquela cena e disse ao pai que ele ia jogar beisebol quer o pai quisesse ou não. Não ia mais continuar a trabalhar duro.

Na primeira vez que disse isso ao pai, o paciente enrijeceu os ombros como se estivesse esperando algum tipo de agressão. Pedimos a ele que falasse novamente, usando outras palavras, e que depois respondesse como se estivesse no lugar do pai, falando as palavras que achava que o pai diria. Quando o homem sentou na cadeira do pai, disse: *"Não se atreva a falar comigo desse jeito. Saia já daqui e vá para o caminhão"*. Depois, voltando para a sua cadeira, o paciente novamente disse ao pai que ia jogar beisebol, que não ia trabalhar e que o pai não podia mais maltratá-lo. Em seguida, perguntou por que o pai nunca o tinha deixado brincar quando ele sentia vontade e, como pai, respondeu, *"Porque temos que comer e não posso fazer tudo sozinho. Se você não ajudar, não comeremos"*. Depois, voltando a ser ele mesmo, disse: *"Pode ter sido assim, mas agora não é mais. Ganho muito bem no meu serviço e não preciso dar duro o tempo todo"*. Depois de tomar a redecisão com a sua Criança, o paciente pôde fazer planos com o seu Adulto: *"Vou entrar em Fielding" (uma faculdade que oferece cursos em horários livres) "e vou diminuir meus horários de consulta de modo a não precisar ficar trabalhando dia e noite. Ganharei um pouco menos, mas poderei compensar mudando para um apartamento menos luxuoso e trocando meu carro último tipo por um modelo mais econômico"*.

Repetindo, o impasse de primeiro grau é uma resposta à contra in- junção. A criança originalmente decide fazer o que o pai pede, tal como trabalhar duro e poderá se sentir OK com isto desde que consiga carícias pelo trabalho e não ache que ele está interferindo com os outros desejos da sua vida. Ela estará num impasse quando chega a um ponto onde quer mudar, quer trabalhar menos, mas se sente presa, "incapaz" de se modificar. Para sair do impasse o Adulto redecide, a partir da sua Criança livre - o mesmo Pequeno Professor que tomou a decisão original de trabalhar duro.

No *impasse de segundo grau,* a decisão do Pequeno Professor foi tomada em resposta a uma injunção, ao invés de a uma contra injunção. Por exemplo, o Pai do pai pode ter dado a mensagem *"Trabalhe duro"* (impasse de primeiro grau) e a Criança do pai pode ter dado a injunção, *"Não seja criança"*. A decisão pode ter sido, *"Nunca mais farei coisas infantis"*. Muitos dos terapeutas que treinamos e tratamos estão neste caso. Trabalham duro, reservam muito pouco tempo para se divertir e, quando se divertem, não são tão espontâneos, tão livres e infantis como aqueles que não aceitaram tal injunção. Chegam mesmo a usar as suas férias para virem fazer um mês de treinamento conosco!

Esses terapeutas, a partir do seu Adulto, podem decidir a se divertir mais e trabalhar menos, mas a ação permanece programada e não livre. A resolução desse impasse entre o Adulto primitivo na Criança (A_1) e a Criança do pai, que agora é parte do Pai primitivo (P_1), é mais emocional do que a resolução de um impasse de primeiro grau. Para uma resolução bem-sucedida, o paciente tem que se envolver nas lembranças que tem dos seus pais verdadeiros e como eles eram, agiam e sentiam. Muitas vezes, a diferença está na intensidade dos sentimentos dos pais, que talvez não sejam tão carregados de afeto no trabalho de primeiro grau. O terapeuta cria um ambiente onde o paciente sente com toda a intensidade as mesmas sensações que sentiu quando tomou a decisão original. O paciente *precisa* estar na sua Criança! Comumente isto é feito numa cena arcaica, onde o paciente reexperimenta vividamente não só o lugar e os participantes como também as sensações que ele e todos os presentes experimentaram na cena original.

Estabelece-se o diálogo com o paciente declarando a sua meta: "Estou OK se brinco. Se estou fazendo coisas infantis, estou OK. Se dou risada, estou alegre e excitado, estou OK."

O diálogo continua com o paciente tomando o lugar do pai que deu a injunção e depois voltando a ser ele mesmo, e assim vai saindo do impasse. Algumas vezes, o pai introjetado segura firme e o paciente tem que ir em frente e tomar a redecisão mesmo enfrentando a desaprovação vinda de outra parte de si mesmo, do Pai na sua Criança. Outras vezes ele encontra apoio em algum lugar dentro do seu ser, em outro pai ou avô introjetado - ou mesmo um psicoterapeuta. Poderá ter que criar um outro Pai para si mesmo, de modo que tanto o Adulto como o Pai da sua Criança finalmente concordem com a redecisão. No final, ele diz, acredita e experimenta, *"Estou brincando, fazendo coisas infantis, estou rindo, estou alegre e excitado! Sou infantil e estou OK!"*

Este trabalho não é fácil. O terapeuta precisa ouvir com cuidado e saber montar o ambiente. Isto se torna extremamente difícil quando o paciente é visto individualmente por uma ou duas horas por semana, mas fica mais fácil quando se trabalha com grupos e em cursos intensivos de fim de semana, uma semana ou um mês.

O *impasse de terceiro grau é* aquele onde o paciente experimenta a si mesmo como *sempre* tendo sido do modo que acha que é. Por exemplo, o paciente deprimido que consegue sair com sucesso de um impasse de segundo grau e redecide não se matar pode - e provavelmente irá - sair da sua depressão. No entanto, poderá ainda achar que não tem valor, declarando que *sempre* se sentiu sem valor. Ele não experimenta suas sensações como sendo resultado de injunções parentais e uma decisão de se adaptar, mas como um estado natural do seu ser. Ele "nasceu" assim, é o que diz. Nestes casos de impasses de terceiro grau, as injunções foram dadas tão cedo e/ou de forma tão não-verbal que o paciente nem tem consciência de que elas foram dadas. Portanto, o trabalho de impasse de segundo grau entre a Criança do paciente e a Criança imaginária dos seus pais verdadeiros não consegue chegar à raiz do impasse. Mesmo que nós saibamos que o paciente teve uma injunção e tomou uma decisão, ele não experimenta isto. O trabalho crucial, então, será entre os dois lados do seu Pequeno Professor - o Pequeno Professor que se adaptou e o Pequeno Professor da Criança livre, que pode intuir um novo modo de ser. O trabalho é feito estritamente entre os dois lados da Criança e é conduzido num monólogo duplo

"Eu-Eu", ao invés do Eu-Tu geralmente usado no trabalho de primeiro e segundo graus.

Repetindo, nos impasses de terceiro grau, o cliente acredita que sempre foi teimoso, irritado, sem valor ou incapaz de brincar; ele é realmente do sexo oposto, tendo nascido, tragicamente, no corpo errado. Para trabalhar nesses impasses, o paciente precisa tomar os dois lados - "Eu sou o homem que há em mim", bem como, "Eu sou a mulher que há em mim" ou "Eu sou o eu que brinca", bem como, "Eu sou o eu que nunca brinca" - e ser cada um deles até experimentar a energia na Criança livre de si mesmo. À medida que experimenta isto, passa a sentir que, por exemplo, tem valor e passa a conhecer o entusiasmo em estar começando a mudar. Esta é uma experiência poderosa e comovente - o cliente toma a redecisão de abandonar um atributo que, aparentemente, nascera com ele e passa a experimentar a sua própria liberdade e autonomia pessoal.

SUMÁRIO

Até agora temos falado sobre os princípios gerais da AT, começando com o conceito básico dos três estados do ego - o Adulto, que armazena e processa os dados e se comporta de acordo com eles; a Criança, que é a soma das experiências reais ou imaginárias da criança; e o Pai, que se comporta de modo parental consigo ou com os outros, como aprendeu a fazer a partir dos pais verdadeiros, pais substitutos ou dos seus próprios poderes de Adulto e Criança para criar um Pai.

Escrevemos sobre transações, carícias e jogos. Explicamos os disfarces, emoções cronicamente estereotipadas, bem como as injunções, contra injunções e decisões. Neste capitulo, enfocamos os impasses e começamos o assunto das decisões.

Qual é o nosso objetivo? Não é o de patrocinar o desenvolvimento de uma nova linguagem ou de persuadir os outros a usar o nosso modo de falar. Não há mágica no jargão, outros termos poderiam ser utilizados. As palavras não são mais do que rótulos convenientes para se entender uma teoria do desenvolvimento do comportamento. Elas só são úteis se puderem ajudar as pessoas a viverem vidas mais felizes.

Nosso objetivo é o de estabelecer um ambiente para a mudança. Criamos um ambiente intensivo, ao invés de extensivo, encorajando o paciente a mudar a si mesmo num período de tempo bastante curto - um fim de semana, uma semana, duas, ou um mês - para depois poder sair e praticar as suas próprias mudanças sem terapia adicional. Desencorajamos a transferência positiva ou negativa. Não fazemos objeções ao fato de os pacientes gostarem de nós. Usamos todos os meios que conhecemos para encorajar o paciente a se responsabilizar pelo seu próprio comportamento, pensamento e sensações. Desencorajamos a dependência. Estamos interessados mais na mudança intrapsíquica do que na análise das transações, processo de grupo e relações interpessoais. Não estamos interessados no processo de grupo e raramente falamos sobre ele, se bem que, é claro, encorajamos o "processo" durante nossos cursos intensivos. Esse "processo" real acontece nas vinte e quatro horas do dia, à medida que as pessoas comem juntas, divertem-se juntas e dormem em quartos que acomodam de dois a quatro indivíduos. Primariamente, fazemos a terapia um-a-um no grupo porque é mais fácil para o paciente se manter no estado do ego Criança e, portanto, tomar redecisões, se a cena for mantida simples e com o número de participantes reais limitados a um mínimo. Depois do trabalho de redecisão, o paciente pratica o que aprendeu - na piscina, na mesa do jantar e durante os serões tranquilos, onde se conversa e se toca violão.

CAPÍTULO 4

Contratos

O PROCESSO CONTRATUAL

O contrato terapêutico determina o objetivo do tratamento. O cliente decide especificamente, em termos de crenças, emoções e comportamento, o que deseja mudar em si mesmo para alcançar metas autodesignadas. Ele trabalha com o terapeuta para determinar qual deve ser o contrato e depois faz o contrato consigo mesmo. O terapeuta serve como testemunha e ajudante.

Alguns clientes sabem exatamente o que querem:

Don: Alô, sou Don. Estou aqui porque consegui uma promoção e isto significa que vou ter que dar algumas aulas para o corpo de vendedores. Soube que vocês curam fobias de falar em público e eu... morro de medo de falar em público.

Outros clientes são vagos:

Ral: Quero continuar a trabalhar... tento me dar bem com o meu chefe. Apesar disso, e acho que até há uma certa relação, sempre acabamos discutindo.

Bob: Dê-me um exemplo. Uma ocasião recente, quando você tentou se dar bem com ele e terminaram discutindo.

Ral: Bem, foi na semana passada. Estávamos no meu escritório...

Mary: Certo. Agora finja que você está no escritório e conte a cena como se estivesse acontecendo agora. Veja, aqui há uma outra cadeira. Quando estiver fazendo o papel do seu chefe, sente-se nela e diga o que o seu chefe disse.

Temos que saber sobre o que o cliente está falando antes de perguntarmos o que ele quer mudar. Quando Ral diz que quer se dar melhor, tanto o terapeuta como o cliente precisam de melhores informações. Nosso modo de obtê-la é conseguindo um exemplo, pedindo ao cliente para trazer a cena para o aqui e agora, e para fazer o papel de cada pessoa envolvida na cena. Encorajamos o diálogo Eu-Tu, mesmo quando o "Tu" está presente somente na fantasia do cliente. Tal tipo de trabalho é mais rico e mais real do que uma descrição, feita no tempo passado, "do que aconteceu". Também, o cliente, imerso numa cena, terá maiores probabilidades de se permitir sentir ao mesmo tempo em que faz o seu relato.

Ann: Fico toda nervosa por dentro sempre que simpatizo com um homem, sempre que quero dizer a um homem que eu gostaria que... fôssemos amigos.

Mary: Pense num homem específico que conheceu recentemente, com o qual gostaria de fazer uma amizade. Diga, "Estou numa festa e..." *Ann:* É preciso que eu diga, só fico assim com homens que me parecem disponíveis. Não acontece com homens casados.

Mary: Certo. Escolha um homem e uma cena.

Ann: Está legal. É sexta-feira passada. Eu... John é meu instrutor. Estou tomando café com ele depois da aula. Tenho vontade de dizer-lhe que gosto dele, fico imaginando que estou lhe pedindo se Poderíamos nos encontrar outras vezes, mas ao invés disto, subitamente estou lhe dizendo que tenho que ir embora. E saio.

Bob: Finja que você terminou a terapia. Faça a cena do modo como faria quando você conseguiu se modificar e já é do modo como gostaria de ser.

Ann: Estou me divertindo, contando a ele sobre o meu trabalho. Imagino estar me encontrando com ele novamente. Em lugar de correr... (pausa)... estou dizendo: *"Gostei muito de tomar café com você. Foi um papo muito agradável. Podemos nos encontrar outras vezes?"* Estou feliz. É isto o que eu quero. Sim!

Ann, criando a nova cena, vivência simultaneamente o pensamento e as sensações. Parece muito animada. O exemplo é muito claro.

Muito pseudoconhecimento ocorre quando os clientes usam palavras que não são explícitas: *"Quero me sentir legal comigo mesmo"; "Quero me sentir mais unido com as pessoas "Quero me comunicar melhor"*. Em cada um desses casos, um exemplo específico apressa a elaboração do contrato.

Tom: Quero me livrar de uma gravação... uma sensação... um argumento. (Suas palavras nos dizem que ele conhece e está usando mal a AT.)

Bob: O quê?

Mary: Gravação, sensação, argumento? Vê como você se confunde? Se disséssemos OK, ficaríamos confusos juntos com você.

Tom: É verdade. Quando vocês estavam trabalhando com Barry e ele disse, *"Gostaria de me matar"*, fiquei triste.

Depois, pensei nos meus pais e tive este pensamento maluco: *"Eu nunca me mataria, mas vou acabar como os meus pais. Vou morrer de modo infeliz". Bob:* O que você quer dizer por "morrer de modo infeliz?".

Tom: Eles nunca conseguiram o que queriam.

Mary: Quer dizer que eles viveram infelizes e depois morreram. Agora, o que é que você quer de modo que, quando esteja morrendo, possa dizer: *"Eu vivi feliz"?* Seja mais explícito.

Não sabemos o que Tom quer. Ele divaga, recusando-se a dar exemplos e, finalmente, explica que trabalha muito, aflige-se demais com o emprego em vez de gostar dele, que não tem nenhum *hobby* e que a sua esposa não sente prazer em fazer sexo com ele. Está deprimido e sente- se sem valor. Seu primeiro contrato é o de não se matar. O segundo é o de sentir-se digno de valor. O terceiro contrato é o de se divertir.

Rog, tal como Tom, é difícil de entender. Um outro método para melhorar a comunicação entre o terapeuta e o cliente é pedir a eles que falem usando a linguagem de uma criança.

Rog: Quero ser alguém e o dono de mim mesmo.

Bob: Diga isto em linguagem de criança.

Rog: Sempre tenho essa sensação de que alguma coisa está errada em mim.

Bob: Certo, e que negócio é esse? (Bob, também, está usando a linguagem de criança).

Rog: (Pausa) Que sou burro, malcriado e que não gosto das pessoas. *Bob:* E você é tudo isso? (Se a resposta for "sim", pediremos, por um exemplo, uma ocasião e lugar onde Rog é o que ele chama de "burro e malcriado" e acredita que há algo de errado nele).

Rog: Não, não sou. Este é que é o problema. Quero parar com essa mania de me diminuir tanto.

Judy também não sabe, quando começa, o que quer mudar em si mesma.

Judy: Fico com esta sensação de estar acabada... eu... estou sentindo isso agora. Fico tremendo e com medo.

Bob: E o que é que você diz na sua cabeça para ficar tremendo e com medo? (Bob enfatiza que é ela a causadora dessas sensações).

Judy: Humm. Tenho uma coisa difícil para fazer e não quero fazê-la. (Voz muito baixa e suave).

Mary: O quê?

Judy: Não sei. Estou tremendo.

A esta altura temos duas opções: ou nos concentramos no medo e na "tremedeira" de Judy ou pedimos que ignore o medo para descobrir o que quer para si mesma.

Mary: Diga-me, se você não estivesse tremendo, em que estaria trabalhando?

Judy: Para ser ouvida, para merecer consideração.

Bob: Muito bem. Diga isso com um "Eu".

Judy: Sobre consideração? Eu quero merecer consideração. Eu quero ser ouvida.

Bob: De novo. Fale bem alto para poder ser ouvida.

Judy: Eu quero merecer consideração. EU QUERO MERECER CONSIDERAÇÃO.

Bob: (Rindo) Já ouvi. Certo. Então a sua meta é parar de assustar você mesma e ser ouvida. Ótimo.

Mae também demonstrou o seu problema nesta situação de terapia. Ela reagiu ao terapeuta como reagia aos pais há muito tempo.

Mae: Quero me sentir bem. Quero me sentir bem mesmo quando não faço tudo certo.

Mary: Um exemplo? Pode me contar sobre uma ocasião recente quando você não se sentiu bem porque não fez tudo certo?

Mae: (Uma longa pausa) Não consigo pensar em nenhuma.

Mary: Como está se sentindo agora?

Mae: Burra.

Mary: Burra é um julgamento. Quando se chama de burra, o que sente? *Mae:* Não sei. *(Pausa)* Triste.

Mary: Certo. Quer dizer que nessa cena comigo logo agora, quando não consegue pensar numa ocasião, o que significa que você não consegue fazer tudo certo, você se chama de burra e sente-se infeliz. Esse é um padrão habitual?

Mae: Sim. (*Suspiro*) E mais ou menos a história da minha vida. Minha mãe é muito mais inteligente do que eu... e eu sempre me sinto burra... e triste.

Mary: Você acaba de fazer uma avaliação muito astuta... que estava reagindo a mim como se eu fosse a sua mãe. Por isso, estou certa de que você não é burra. Neste exemplo, porque não consegue pensar em alguma coisa, você se chama de burra e sente-se triste. Há alguma coisa que você deseja mudar?

Mae: Quero deixar de pensar que sou burra.

Mary: Ótimo!

Esses primeiros contratos para uma modificação podem não ter sido os mais importantes que esses clientes poderiam fazer para si mesmos. De fato, muitas vezes os clientes começam com um contrato que é relativamente inócuo, de modo a não se expor demais até se sentirem seguros no grupo. A qualquer tempo durante o processo terapêutico, os clientes podem mudar de contrato ou o terapeuta, ouvindo material novo, podem propor um contrato diferente.

No entanto, antes do final da primeira sessão, queremos saber o suficiente sobre o cliente de modo a estarmos o mais certos possível de que ele não é suicida, homicida ou está se tornando psicótico.

CONTRATOS DE NÃO-SUICÍDIO E NÃO-HOMICÍDIO

Contratos de não-suicídio ou não-homicídio devem ter precedência em relação a quaisquer outros tipos de contrato. O contrato é uma declaração feita pelo Adulto do Cliente de que ele vai se controlar de modo a enfrentar com sucesso os seus impulsos de matar aos outros ou a si mesmo. Ele promete não matar, pelo seu próprio bem, durante um dia, uma semana, um mês e continua o tratamento ao longo desse período. Um novo contrato temporal deverá ser feito antes do término do outro no caso de o cliente ainda não ter redecidido viver. Se o cliente aceita viver por mais um dia, o terapeuta deverá marcar uma consulta antes do fim do dia... e também combinar com o paciente que ele deverá procurar outra pessoa se o terapeuta, por qualquer motivo, não puder atendê-lo. O que dissermos neste capítulo a respeito de contratos de não-suicídio se aplica igualmente a contratos de não-homicídio.

Quando um cliente mostra tendências suicidas, primeiro perguntamos sobre os fatos que estão ocorrendo na sua vida atual. O que está acontecendo, quais são os problemas não resolvidos que ele está usando como justificativa para se matar? Os problemas poderão ser divórcio, falência, desemprego, afastamento dos amigos, solidão, morte de uma pessoa amada, etc. Eles deverão ser resolvidos *depois* de o cliente redecidir a viver, apesar de eles existirem.

Alguns clientes não apresentam problemas específicos ligados à realidade. Decidiram muito cedo, na infância, à medida que foram reconhecendo a sua própria infelicidade: *"Quando eu ficar mais velho e for mais bem-sucedido, serei feliz"*. No jardim de infância acreditavam que seriam felizes quando passassem para o primário, e no primário acreditavam que seriam felizes quando terminassem o segundo grau. Ficariam felizes se passassem no vestibular e, se conseguissem se formar, finalmente se sentiriam bem consigo mesmos. Assim, foram conseguindo transpor uma barreira após a outra e chegam a nós, dizendo: *"Tenho uma ótima clientela, ganho mais do que poderia gastar e tenho tendências suicidas. Não existe desafio e, apesar de tudo o que já consegui, nunca fui feliz"*. O contrato é o mesmo que é feito para clientes com problemas atuais graves: o de ficar vivo enquanto estiver se redecidindo a não se matar. Então, quando o cliente redecidiu, a crença de que não há mais desafios e nenhum modo de ser feliz torna-se o problema a ser resolvido.

Ted é um homem de meia-idade, que se divorciou há pouco tempo. Está muito magro porque não tem se alimentado. Fez uma séria tentativa de suicídio há dois meses atrás e continua deprimido. Conversamos com ele sobre os seus problemas: solidão, falta de amigos, nenhuma amante a não ser "aventuras de uma noite" e uma crescente irritação com o seu trabalho, do qual costumava gostar. Pedimos que nos mostre, em fantasia, como é um seu típico dia de trabalho e depois um fim de semana e descobrimos que ele passa a maior parte do tempo sozinho, ruminando sobre o passado.

Então, trazemos duas cadeiras e pedimos que experimente ser as duas partes de si mesmo, a parte que quer matar e a parte que quer manter viva. Na primeira, ele será a que quer matar.

Ted: Minha miserável parte de velhinho... tenho sido um velhinho toda a minha vida. A parte que nunca se diverte, que nunca sabe como lidar com as pessoas. É por isso que sou tão solitário. Francamente, não sou alguém que valha a pena conhecer. (Isto é dito muito vagarosamente, durante um período de dez minutos).

Pedimos que fale sobre a outra parte, a que vale a pena ser salva.

Ted: Acho que essa parte não existe.

Bob: Sim, ela existe. Você se trouxe aqui em vez de se matar. Comece por, *"Eu trouxe Ted até aqui..."*

Depois de uma considerável hesitação, Ted começa a falar que gosta da sua capacidade para o trabalho, da sua inteligência e da compaixão que sente pelos outros.

Ted: Não tenho muita fé na terapia.

Bob: Certo, entendo. Também sei que não posso curar um cadáver.

Está disposto a se manter vivo enquanto trabalhamos?

Ted: Francamente, não sei. *(Pausa)* Não sei.

Ted fala sobre a sua depressão, sobre não entender porque se deprime e que sente como se estivesse à beira de uma doença incurável. Dá algumas informações sobre o seu passado, lembranças muito tristes, enquanto continuamos reiterando a importância dele fazer um contrato de se manter vivo.

Bob: Mais uma vez, passe a ser o seu lado que quer continuar vivo. O que é bondoso e inteligente e que quer um pouco de alegria na vida. O lado que o trouxe até aqui hoje.

Ted: Eu não o conheço muito bem.

Mary: Pois passe a conhecê-lo. Comece com *"Eu quero viver..."*

Ted: Eu quero viver. Não acredito em vida após a morte e, para falar a verdade, acho que é até bom. Se acreditasse, eu morreria.

Bob: Fique no lado que quer viver.

Ted: Sei que esta vida tem muito a oferecer, mais do que eu tenho. Quero conhecer mais. Vim aqui... sim, há uma parte de mim que tem esperança... ou eu não estaria aqui. Disseram-me que vocês eram extremamente bons com pessoas como eu e, sim, sei que tenho esperanças. Eu me trouxe aqui para ser menos infeliz... e para decidir, de uma vez por todas. Sim, vou viver por uma semana.

Ted continuou vivo por aquela semana. Participou de todas as dez sessões de terapia de grupo e também teve várias consultas particulares. No sexto dia ampliou o seu contrato para se manter vivo uma outra semana. Antes do início da terceira semana, Ted já havia redecidido, "Nunca me matarei, seja de propósito ou por acidente". Ele continuou a participar de dois grupos por semana para superar suas proibições contra se aproximar das pessoas e se divertir. Seis meses mais tarde, quando aconteceu uma tragédia na sua família, Ted novamente ficou deprimido e pensou em suicídio. Fez um novo contrato, permitiu a si mesmo se lamentar pelo luto, e voltou à decisão de viver e cuidar de si mesmo.

Com um cliente tão deprimido como Ted, sugerimos que o contrato seja sempre a curto prazo. Deste modo, mantemos o cliente focalizado no aspecto-chave – sua própria vida. Contratos que se estendem por vários meses podem ser perigosos, porque tanto o terapeuta como o cliente poderão se desviar para itens não-vitais ou o cliente poderá "perder o embalo", abandonar a terapia sem alarde e se matar. Se um suicida em potencial falta a uma única consulta, abandonando a terapia, nós imediatamente entramos em contato com ele e, trabalhando juntos, fazemos com que reafirme o seu contrato ou então que se interne num hospital.

Enquanto está sendo estabelecido um contrato de não-suicídio, procuramos perceber sinais de que a pessoa talvez não vá cumpri-lo. A linguagem do corpo pode estar sendo incongruente, como acontece quando o cliente balança a cabeça em negativa enquanto fala positivamente, ou faz movimentos com as mãos como se quisesse afastar o terapeuta. Ele pode usar uma linguagem ambivalente, como, *"Acho que posso dizer que não vou me matar"*. Um cliente psicoticamente deprimido pode concordar e depois aumentar a sua agitação ou pode repetir, sem qualquer emoção, o que o terapeuta pede, sem fazer um contrato verdadeiro.

Quando uma pessoa sabe que não vai se matar durante o período do contrato, geralmente relata e demonstra uma modificação nos seus sentimentos. Pode falar sobre um alívio imediato, um período de descanso da sua angustiada obsessão de "ser ou não ser". Pode relatar um desespero, sabendo que bloqueou uma fuga dos problemas antes de resolvê-los. De qualquer modo, sua voz geralmente fica mais forte e os gestos tornam-se congruentes.

Se temos alguma dúvida sobre as suas intenções ou capacidades, pedimos que finja que acaba de sair do consultório e que imagine, falando em voz alta e no tempo presente, o que está fazendo, pensando e sentindo desde o momento que sai pela porta até a hora de voltar para a próxima consulta. Fazemos com que pare sempre que relata a depressão ou pensa em suicídio e perguntamos o que fará para continuar vivo. Queremos que planeje com antecedência com quem poderá contar se precisar de apoio e o que fará se não encontrar esse apoio.

Um suicida em potencial grave, como Ted, deverá ser visto diariamente se for ser tratado sem hospitalização. Alguns clientes precisam ser hospitalizados, ou protegidos de qualquer outra maneira, porque seus processos de pensamento não estão suficientemente intactos para que eles possam fazer contratos firmes de "não-suicídio" ou "não-homicídio". Podem estar psicóticos, com lesão cerebral ou transtornados pelo uso de álcool e drogas. Clientes deprimidos pelo uso de álcool e maconha precisam decidir a se abster até que não tenham mais tendências suicidas ou homicidas. Indivíduos histéricos, que se recusam a pensar no seu próprio bem, talvez sejam impulsivos demais para manter os seus contratos. Outros clientes, que poderiam ser bons candidatos para tratamento em regime de ambulatório, talvez estejam vivendo em circunstâncias econômicas e sociais tão difíceis que o ambiente poderá estar contribuindo de maneira significativa para o suicídio ou homicídio. Portanto, a hospitalização temporária talvez seja a melhor escolha. O terapeuta, juntamente com o cliente, deverá avaliar a capacidade de manter o contrato e qualquer um que não puder ou não quiser fazer um contrato firme de não-suicídio ou não-homicídio deverá ser hospitalizado até estar em condições de fazê-lo.

Clientes deprimidos talvez pensem em suicídio sem falar nisto com o terapeuta. Sempre que alguém diz que está solitário, triste ou deprimido ou apresenta material que indica uma falta de interesse na vida, perguntamos: *"Você tem tendências suicidas?"*

Alice: Quero modificar o que estou fazendo à minha filha.

Mary: Que idade tem ela?

Alice: Treze.

Mary: Diga isto a ela. Veja-a à sua frente e diga-lhe em termos específicos que você quer modificar o que está fazendo com ela.

Mais uma vez, esse procedimento mostra um exemplo, contado em Eu-Tu no presente, de modo que cliente e terapeuta entendam a realidade do paciente e como ele quer se modificar dentro da sua realidade.

Alice: Susan é a minha filha. Susan, quero ouvi-la. Quero ouvir mais e estar mais disponível. Quero que seja popular, que saia e se divirta. Acho que você está sempre perto de mim porque pensa que estou solitária.

Bob: E você se sente solitária?

Alice: Sim.

Bob: Tem tendências suicidas?

Alice: Penso nisto, mas não vou fazê-lo. Minha filha precisa de mim. *Mary:* Neste instante, sua depressão é mais importante do que o seu comportamento com sua filha. Quer continuar viva por esta semana enquanto trabalha em redecidir viver pelo *seu* próprio bem?

Alice: Sim.

Bob: Ótimo. Acredito que a verdadeira razão de você ter vindo aqui foi a de parar de estar deprimida.

Alice: É verdade.

Para testar a força de uma pessoa em manter um contrato, perguntamos se há algo que "poderia acontecer", que a faria mudar de ideia sobre o contrato.

Bob: Você disse que ficará viva esta semana. Há algo que poderia acontecer...qualquer coisa...que poderia usar como desculpa para um suicídio?

Alice: Não posso pensar em nada...nada irá acontecer à minha filha nesta semana...

Bob: Pense nisto. Não se apresse. Está disposta a decidir que ficará viva seja o que for que aconteça à sua filha? A qualquer um?

Alice: Uma semana? Sim. Sim, estou.

Bob: Tem certeza?

Alice: Sim.

Bob: Há algo mais em que possa pensar que poderia ser usado por você para fazê-la cometer suicídio esta semana?

Alice: Não. Não. Ficarei viva por esta semana.

Também usamos contratos de não-suicídio para clientes que não estão clinicamente deprimidos, mas que são um perigo para si mesmos porque voam ou dirigem sem cuidado, arriscam-se praticando alpinismo ou mergulho submarino, ou apresentam uma história de terem "tendência para acidentes". Oferecemos o mesmo contrato a pessoas que não se cuidam fisicamente, tal como diabéticos que tentam "trapacear" a sua dieta, clientes que estão sempre com a pressão alta e todos aqueles que se matam vagarosamente com drogas, nicotina, álcool ou excesso de comida. (Ver Capítulo 9).

Contratos de não-homicídio e redecisões são necessários para clientes que fantasiam assassinato ou agem violentamente. Fazem o contrato de não ferir ou matar ninguém, não importa qual seja a provocação. Usamos as mesmas técnicas e fórmulas descritas nos contratos de não-suicídio, juntamente com apelos à Criança do cliente para evitar o assassinato de modo a evitar a punição. Se o cliente não quiser ou não puder fazer tal contrato, queremos que seja mantido em custódia.

Um contrato de não-homicídio pode ser altamente aliviador para um cliente paranoico. Durante um curso intensivo de uma semana, um participante ficou gravemente paranoico, acreditando que outro participante estava dando um jeito de fazer com que ele fosse assassinado para poder casar com a sua esposa. Na época, a estação de caça ao veado acabava de se iniciar, de modo que havia um considerável ruído de tiros de rifle nas colinas que cercam a nossa propriedade. O homem usou esse fato para acreditar que seu pretenso assassino havia contratado pistoleiros para atirar nele. Inicialmente trabalhamos com o "outro homem", obtendo dele, com toda a facilidade, um contrato de não-homicídio, uma vez que ele não estava apaixonado pela esposa do outro e não tinha tendências homicidas. Fizemos então o mesmo trabalho com o participante paranoico. Depois de várias sessões, ele declarou com firmeza que não iria matar...que não iria matar o outro participante, sua própria esposa, Bob, Mary ou qualquer outra pessoa, não importava qual fosse a provocação real ou imaginária. Quando ele acreditou em si mesmo com firmeza, seus sintomas paranoicos diminuíram e ele foi capaz de reconhecer e lidar com suas raivas e ciúmes. Depois do curso intensivo, ele continuou com a terapia por vários anos, sem apresentar episódios paranoicos agudos.

Algumas vezes, os terapeutas classificam de assassinos em potencial somente aqueles que são loucos ou criminosos e esquecem-se da importância de fazer contratos de não-homicídio para clientes que poderiam matar acidentalmente. Fazem os contratos de não-homicídio com clientes que dirigem enquanto bêbados, para que fique claro para eles que seu comportamento é potencialmente assassino. Comesse contrato, eles param de dirigir quando estão bêbados. Uma vez iniciamos o mesmo contrato com uma senhora muito delicada, aparentemente inofensiva, que tinha estado dirigindo com um sério defeito de visão.

CONTRATOS DE NÃO-PSICOSE

Clientes com histórico de episódios psicóticos breves e agudos algumas vezes podem fazer contratos bem-sucedidos de não se tornarem psicóticos como reação a tensões futuras. Juntamente com eles, exploramos seus problemas atuais e maneiras alternativas de resolvê-los, e também examinamos o que poderão escolher fazer no futuro se surgirem problemas similares aos que experimentaram antes de um episódio psicótico agudo. Eles fazem a si mesmos ficarem conscientes desses sinais de perigo e os usam para se lembrarem de voltar a tomar a medicação ou seja o que for mais apropriado para afastar a psicose.

Clientes cronicamente psicóticos poderão vigiar o seu comportamento de modo a permanecer fora do hospital. Jan tinha estado internada quase que continuamente desde os dezoito anos até os quarenta e três e tinha recebido muitas séries de tratamento de choque. Quando se juntou a dois dos nossos grupos de terapia, cada um deles se reunindo uma vez por semana, tinha estado fora do hospital por somente uma semana e já os seus parentes estavam suplicando pela sua reinternação. Seu contrato foi simplesmente o de mudar o que tinha que mudar em si mesma de modo a continuar fora do hospital. Para fortalecê-lo, ela despediu a enfermeira particular contratada pela sua tia; parou de telefonar aos parentes, que, felizmente, não moravam perto e, finalmente, foi sozinha ao

Tribunal Superior e obteve uma mudança de tutela. Tudo isso foi feito tendo ainda alucinações periódicas e ainda mostrando sinais de deficiência orgânica no seu pensamento.

No grupo, muitas vezes ficava destrutiva, quando falava que os ingleses estavam envenenando o abastecimento de água e acusando os membros do grupo de serem loucos. Nós confrontávamos sua conversa psicótica dizendo, *"Ei, Jan, você está falando coisas malucas outra vez"*, e a acariciávamos quando saía da confusão. Gradualmente, ela começou a reconhecer por si mesma que ficava "maluca" para não poder escutar os outros membros falarem sobre raiva ou sexo. Então deu a si mesma a permissão para sair de uma sessão, se assim quisesse, para evitar esses tópicos. Mais tarde, passou a tolerar todos os assuntos, fez observações astutas sobre os companheiros e atingiu um certo grau de proximidade com eles. Terminou depois de dois anos e ainda está - 10 anos mais tarde - vivendo na comunidade.

Clientes que estão à beira do limite são solicitados a fazer contratos de não-psicose antes de trabalharmos com os outros aspectos da sua vida. Carl, um deles, está participando de um curso intensivo de fim de semana. Geralmente separamos esse tipo de clientes porque eles precisam de um grupo a longo prazo e porque a intensidade do trabalho feito pelos outros pode ser perturbadora. Carl conseguiu escapar da nossa "peneira".

Carl: Tenho afastado a minha atenção e depois faço-a voltar. Estou aprendendo mais sobre as pessoas e os seus olhos. Há horas em que eu gostaria de trabalhar aqui. Não estou certo sobre o que fazer. É que quando começo a trabalhar eu perco o contato. (Há longas pausas entre cada uma das suas sentenças.) Termino escolhendo o que outra pessoa gostaria de fazer ou aceitando a sua sugestão. Fico seguindo essas sugestões. Agora, o que quero é me afastar.

Bob: Você se afasta de qualquer modo.

Carl: Há algum valor nisto também. Eu estaria disposto... a... hum ... gastar tempo... hum... hoje... explorando.

A declaração de Carl sobre o que acontece quando começa a trabalhar não foi discutida porque esta é a primeira vez que falou no curso intensivo. Durante os intervalos, ele fala sem parar, não escuta e demonstra indícios de considerável confusão.

Carl: Gostaria... não quero me sentir violentado.

Bob: Muito bem.

Carl: A questão permanece...

Mary: Não estou disposta a perder tempo explorando a não ser que saiba o que é que você quer modificar em si mesmo.

Carl: Era isso que eu estava dizendo. *(Pausa longa)* Gostaria de... Não sei o que eu gostaria de fazer. Não consigo passar deste ponto... não consigo começar a pensar.

Mary: Você certamente se desvaloriza. Diga-me, em que se graduou?

Carl: Graduou?

Mary: Sim. Você é inteligente o bastante para ter se formado na universidade, certo?

Carl: Certo.

Mary: Você desvaloriza tanto sua força como sua inteligência.

Carl: (Pausa longa) Acho que você não compreende.

Mary: Então, diga-me.

Carl: Onde estou, certo? Minha experiência é um pouco difícil de descrever porque não encontro as palavras.

Bob: Frescura. Sinto que você é de falar muito e fazer pouco.

Carl: É isto!

Bob: Quer mudar ou quer ficar na mesma?

Carl: Tenho duas opções?

Bob: Não, você tem um monte de opções.

Carl: Acho que o que está me ofendendo agora é que você está tirando conclusões apressadas sobre o que eu sou.

Bob: Eu disse o que sentia sobre você. Você fala muito durante os intervalos, do qual muito pouco consigo entender. Ouço você falar em fazer alguma coisa e não o vejo fazê-la. Não sei o que está dentro da sua cabeça ou o que sabe sobre si mesmo. Só sei o que sinto.

Carl: Hummm.

Bob: E acho que o que está acontecendo dentro da sua cabeça é obsessão, não pensamento.

Carl: (Pausa longa) Gostaria de pensar nisso. Posso pensar nisso. Também tive um estalo de pensamento. Na verdade, gostaria ... O oposto também é muito verdadeiro.

Mary: O oposto de quê?

Carl: O oposto de não querer ser violentado. Posso pensar em querer... pôr a mim mesmo... aberto para ir onde vocês escolherem ir comigo.

Bob: Eu não pensaria em fazer isso.

Carl: O que me perturba agora mesmo *é*... Será que estou em contato? Não quero...

Mary: Mais uma vez, ouça como você se desvaloriza. Está desvalorizando a sua inteligência, desvalorizando o que sabe e o que quer fazer, desvalorizando que é o suficientemente forte para dizer "Não" a mim, que é o que você realmente está dizendo, uma vez que tem estado dizendo "Não" à sua própria maneira desde que começamos. Portanto, depois de todas essas desvalorizações, está achando que tenho que pensar por você.

Carl: O que você quer que eu diga?

Mary: Não quero nada. Como Bob disse, não vou conduzi-lo porque isto seria desvalorizar a sua inteligência.

Carl: Na verdade, eu desisti de pensar.

Mary: Há algo que quer modificar em você mesmo?

Carl: Gostaria de explorar a ideia em termos de...

Mary: Eu me rendo. Desisto. (Acena a bandeira branca).

Carl: Não é tão mau assim na minha experiência.

Mary: Sou eu que estou desistindo. Eu desisto. Você ganhou.

Carl:(Pausa longa) O que aconteceu? Não estou... Respeito o seu direito de desistir.

Mary: Compreende?

Carl: Acho que o que está querendo dizer é que tenho que me aproximar mais para vocês poderem trabalhar comigo.

Mary: Não. Quero ouvir de você o que quer modificar em si mesmo. Não vou explorar nenhuma ideia com você.

Carl: Quero duas coisas. Uma é esta. *(Pausa)* Ter fé.

*Bob:*O quê?

Carl: Quero ter fé em que vou pensar. Preciso ir mais devagar. Quero compartilhar com vocês o que está no meu pensamento. Quero trocar o desespero *(pausa)* pela capacidade de lutar.

Mary: Qual é a razão do desespero?

Carl: Estou ouvindo. Um segundo. Não bloqueie. Punição. Como uma... *(não é possível distinguir).*

Mary: O que há na sua vida para deixá-lo desesperado?

Carl: O que adianta. Preciso de alguma coisa agora mesmo. Hum ... eu sei. Hum... vocês andam muito depressa. *(O tom está raivoso).* Tenho consciência de que isto é uma defesa, certo? Vocês estendem a mão. Estou sempre estendendo a mão e sofrendo a dor de ser ignorado.

Mary: Estou disposta a ir mais devagar. Também gostaria de fatos em lugar de fantasias. Gostaria de saber o que acontece na sua vida diária para deixá-lo tão desesperado.

Carl: Eu me afasto de tudo na maior parte do tempo. Vejamos. Eu me envolvo em quatro ou cinco áreas diferentes e passo a maior parte do tempo tentando me realizar, tentando encontrar algum divertimento.

Mary: Dê-me um exemplo de uma das suas áreas.

Até agora, tivemos grande dificuldade em fazer transações Adulto-Adulto. O cliente dá respostas tangenciais. Queremos que ele fique no Adulto em vez de ficar na Criança confusa.

Carl: Certo. *(Suspiro)* Em relação a... tenho uma fascinação por pintura.

Bob: Você pinta?

Carl: Não. Fiz dois quadros... faz muito tempo. Fico fascinado com a sensação, com o sentido de fluxo...

Mary: Quero que você seja concreto. O que é que faz na vida?

Carl: Desculpe-me. Eu sou (dá o nome de um cargo público). Não tenho amigos. Não sinto... não sinto que estou fazendo alguma coisa. Não sinto esperanças. Não estou fazendo nada no serviço. Fico sentado na minha escrivaninha. Não me comunico.

Mary: Você vive com alguém?

Carl: Sinto-me frustrado. Não sei como alcançar os outros. Tenho uma amiguinha e isto aumenta ainda mais a complexidade dos problemas. É por isso que acho que preciso fazer alguma coisa por mim mesmo.

Bob: Você está deprimido?

Carl: Não sei.

Bob: Tem tendências suicidas?

Carl: Não. Tenho consciência de onde estou.

Bob: No seu desespero, pensa em suicídio?

Carl: Procuro ir contra isto... penso em suicídio. E eu... não vou me matar.

Mary: Agora você está falando claro. Também decidiu que não vai aceitar a ideia, escolhendo ficar louco?

Carl: *(Pausa longa)* Isso não é um pensamento para mim. Não tenho consciência de pensar em ficar louco.

Mary: Perguntei isso porque você estava falando tangencialmente. Estava se desvalorizando e agindo como se não pudesse pensar. *(Pausa)*

Vai se impedir de ficar louco?

Carl: Eu experimento uma tremenda inutilidade em tentar conseguir isto por mim mesmo e uma sensação de estar humilhado se tenho que pedir ajuda.

Mary: E agora? Agora que mostrou onde precisa de ajuda. O que sente agora?

Carl: Sinto-me envergonhado.

Mary: Verdade?

Carl: De repente tomei consciência de todos que estão nesta sala.

Mary: De todos que estão em perfeita saúde mental e que nem pensariam em pedir ajuda. *(Risos)*

Carl: Pode parecer brincadeira, mas isso me dá algum apoio. *(Começa a chorar.)*

Bob: J., quer passar os lenços de papel para ele, por favor? (Bob: Ao ouvir essa fita, fico surpreso em ter ficado impressionado com o seu desamparo. Geralmente não dou lenços de papel ao cliente a não ser que ele peça).

Carl: Não preciso.

Bob: Certo. Estão aqui se quiser.

Carl: Estou bem agora.

Mary: Sabe, gosto da sua honestidade.

Bob: Eu também.

Carl: Verdade?

Mary: Sim. Talvez tome a coisa mais difícil para você, recusando o lenço de papel, mas eu o admiro... porque não o pegou e fingiu usá-lo.

Carl: Não entendo a palavra "fingiu".

Mary: Você não fingiu usar o lenço de papel só porque Bob disse "passe o lenço de papel".

Carl: OK. Certo. E eu perco tempo sendo do jeito que sou.

Bob: É.

Carl: Onde é que estamos? Estou todo confuso agora.

Bob: Descobri alguns fatos sobre você. Descobri que você tem uma amiguinha e que tem complicações por causa disto. Que não está fazendo o seu trabalho direito e que se sente desesperado. É muito mais do que eu sabia há 15 minutos atrás. E tenho um palpite de que você precisa trabalhar muito em tomo da área que acha certa para você, mesmo que um outro queira que você o faça. Que é certo fazê-lo mesmo que outros queiram que você faça.

Carl: Mesmo que eles queiram?

Bob: Sim. Porque você é teimoso. Foi o que aconteceu com o lenço de papel. Quando alguém quer que faça alguma coisa, como usar o lenço de papel, você poderá dizer, "Foda-se", só para ir contra eles.

Carl: Isto poderia ser um perigo.

Bob: Sim. Isto se encaixa?

Carl: Sim. A palavra "rendição". Rendição. É uma sensação mágica... tentar submeter alguém até a impotência pela não cooperação com ele.

Bob: É.

(Pausa longa)

Mary: Onde estão seus pais na sua vida atual?

Carl: Minha família está no Sul. Tanto meu pai como minha mãe estão vivos. Meu pai tem cerca de 5O anos e minha mãe 45. Ela se casou novamente com um médico e meu pai continua solteiro. Ele trabalha em "x" trabalho. Estive em contato com ele há pouco tempo. Tomei consciência de que necessitava entrar em contato com meu pai. Tenho estado precisando disso há muito tempo. Por isso eu telefonei a ele. Nada de rodeios. Eu disse, *"Papai, sou eu. Gosto muito de você."* Ele fez o que tenho estado fazendo... não disse nada de claro. Como quando se tenta agarrar alguma coisa e não há nada. Nenhum sentido. Eu me afastei. E disse, certo. O contato com minha mãe... o mais recente foi quando eu estava na universidade. Mandei a ela alguns poemas... não posso me obrigar a escrever...

Bob: Não quer.

Carl: Não posso e então...

Bob: Não quer.

Carl: E...

Bob: (Grita) NÃO QUER!

Carl: Entendo. (Todos riem)

Mary: Vê, você acaba de encontrar alguém igualmente teimoso.

(O grupo ri)

Carl: Não tenho a capacidade... isso é um "não posso".

Bob: Você tem a capacidade de continuar... não quer. E isso está certo desde que você não diga "não posso". É perfeitamente certo escolher escrever ou não escolher escrever.

Carl: Estou entendendo. Então escrevi os poemas. Este é um problema interessante. Ela os mandou de volta completamente reescritos e xerocados. Ela os enviou a todos nossos amigos, meus e dela, reescritos. Então eu telefonei a ela. Eu estava com muita raiva.

Membro do grupo: Ela modificou as *suas* palavras?

Carl: Sim.

Bob: Não admira que ache difícil estender a mão.

Carl: Eu tinha que explicar a ela qual tinha sido a minha intenção. Ela não entendeu porque eu estava tão bravo. Quer dizer que isso também não funcionou. Então... no contato seguinte que tive com o meu pai, ele veio me ver. O homem está maluco. Está louco... paranoico. Obsessivo. Comportamento infantil. Um alcoólatra. E ele fez a viagem. Nós o levamos a passear. Ele trouxe uma mulher com ele. Com quem era rude, canalha e violento. Vomitava nas pessoas. Humm. Eu vou abraçá-lo quando ele chega e sua resposta é um desconforto, como se estivesse de cuecas... Esse desconforto durou por toda a visita. E minha namorada ficou ansiosa e com muito medo. *(A voz continua sem emoção durante todo o recitativo).*

Mary: Foi uma visita triste.

Carl: Terminou com, bem, eu me sentei com ele e disse ... eu estava como estou agora, tremendo. Eu disse, *"Você não pode fazer isso quando está na minha casa. Vai ter que ser educado com as pessoas e vai ter que acabar com tudo isto. (Luta contra os soluços)* Ele me disse... *(Soluça, socando os braços da cadeira)* Vocês estão vendo, o que ele disse me magoou. Magoou. Então ele disse... *(Soluça)* Ele não entendeu o que eu estava tentando dizer. E a sua resposta foi *"Estou chocado. Não acredito. Gastei três semanas da minha vida para ouvir isto"*. Eu falei, *"Papai, gosto muito de você"*. Ele disse, *"E mentira. Você nunca nem mesmo me chamou de Papai"*. Tive que lembrá-lo que agora estava começando a chamá-lo assim. Essa é a parte que realmente magoa, ter que lembrar ao próprio pai que o amamos. Então, eu, hã... cortei os laços com ele. Exceto pela mágoa. Ele é a pessoa que eu gostaria de matar.

Bob: Mas não vai?

Carl: Enquanto estou falando, a sensação é muito forte. Não acho que vou voltar para o Sul para matá-lo. Não, não vou.

Bob: Seus pais não são muito bons da bola.

Carl: Também acho.

Bob: Os dois são malucos. Meus parabéns por ter conseguido lidar com eles sem ficar louco.

Carl: Obrigado.

Mary: Agora entendo como você quer encontrar outro meio de ser adulto.

Carl: É isso, Mary. (Soluça novamente)

Mary: E você já descobriu outro jeito... o jeito como falou com seu pai – nada de violência e nada de maldade quando estiver na sua casa. *Carl:* Sim, Mary. Quero agradecer--lhe por não ter interferido.

Mary: E eu quero agradecer-lhe por me dizer quando estou. E quando estou indo muito depressa.

Carl: Preciso de tempo. Não posso trabalhar depressa.

Bob: Você pode e você trabalhou.

(Risos em geral)

Bob: Quero que saiba que no início você estava falando de um jeito maluco. Estava sendo o que chamamos de tangencial, o que significa que você se afastava de um assunto de um modo que não fazia sentido. Depois você parou de falar feito maluco e ficou completamente claro.

Carl: (Ri deliciado)

(O grupo aplaude)

Durante essa entrevista, valorizamos Carl insistindo que falasse de modo não-psicótico. Dirigimo-nos à sua saúde em lugar de falarmos com a sua patologia. Ele ainda tem um bom caminho a percorrer antes de esclarecer suficientemente as diferenças entre ele e os pais para ser capaz de dizer com firmeza que não vai ficar louco, não importa o quanto solitário, desesperado ou furioso se tomar. Precisa de carícias contínuas pelo seu modo astuto de pensar, bem como por se permitir sentir e pensar ao mesmo tempo.

CONTRATOS COM CLIENTES INVOLUNTÁRIOS OU RELUTANTES

O principal problema em se lidar com clientes involuntários ou relutantes é que eles partem da hipótese de que outras pessoas, que exercem algum tipo de poder sobre eles, estão encarregadas do contrato. Muitas vezes isto é verdade. Pais e terapeutas discutem quais são os sintomas na criança que precisa ser "curada". Terapeutas que trabalham no serviço do bem-estar social e na liberdade condicional, em cadeias e hospitais, muitas vezes realmente escolhem as metas dos seus clientes. O homem que se recusa a participar do grupo de terapia da esposa acredita que está exatamente na mesma situação... que o grupo e o terapeuta já determinaram o que está errado com ele e o que ele deverá mudar.

Com um cliente relutante, começamos com perguntas sobre o que "os outros" na sua vida querem que ele mude em si mesmo. Explicamos que precisamos saber isso para que possamos evitar nos aliar com essas pessoas... mesmo que os seus contratos estejam sendo feitos no interesse do cliente.

Mary: Certo, sua esposa quer que você pare de beber. Provavelmente ela está certa, você sabe. Esse negócio é veneno e, mais cedo ou mais tarde, você poderá ter uma lesão cerebral ou morrerá de problemas no fígado. De qualquer modo, é o que ela quer. Se você quisesse se modificar à sua própria escolha, qual seria o seu desejo?

ou

Bob: Soube que o seu assistente social quer suspender o auxílio do bem- estar social e que você quer ficar em casa para brincar com os seus filhos e cuidar da horta. Por isso, eles estão dispostos a pagar por seis sessões de terapia de grupo para você. Durante essas sessões, o que vai querer mudar em si mesmo que agradaria *a você?*

Há muitos anos atrás Mary foi solicitada a ajudar um rapaz que estava em liberdade condicional e que afirmava querer exatamente o que o juiz desejava para ele... parar de fugir da escola, tirar boas notas e tornar-se "um bom cidadão". Mary disse que não acreditava que ele queria ir à escola regularmente e que tinha certeza de que ele não o faria. Então explicou as regras: *"Você terá que vir aqui uma vez por semana durante seis semanas ou então voltará para o Juizado de Menores. Foi o que o juiz disse para você e para mim. Se não vier, terei que chamar o oficial que está encarregado da sua condicional. Se você vier, não vou fazer com que faça aquilo que o juiz quer. Vou ajudá-lo a decidir como você quer ser".* Durante a terceira sessão, o rapaz confessou, meio desafiador, meio desejoso, que gostaria de poder deixar de ficar ruborizado. *"Parar de ficar ruborizado ou deixar de se importar por ficar ruborizado"* tornou-se o contrato. Seis semanas mais tarde ele não estava mais preocupado com isto e estava de volta à escola, seguindo um programa trabalho-estudo, no qual estava se saindo muito bem. Por sua própria escolha, continuou o tratamento além das seis semanas exigidas.

Com clientes hospitalizados ou encarcerados, queremos saber se o que o cliente quer é possível. Obviamente, a primeira resposta é, *"Quero sair daqui".* Ótimo! Perguntamos quais são as regras do lugar... como é que uma pessoa sai? Se o paciente não sabe, é importante reunir as informações necessárias. Depois, perguntamos se o cliente está fazendo o que é preciso para sair. Se um dos requisitos é a frequência às aulas de terapia ocupacional ou "se socializar com outros pacientes", e o paciente não está fazendo o que é necessário, significa que alguma parte dele está decidida a permanecer na instituição. Uma vez estabelecido isto, o contrato talvez seja o de fazer exatamente o que é necessário para ser libertado.

No caso de prisioneiros, a modificação no comportamento talvez não "apresse a saída daqui". Então, a pergunta é: *"Como qualquer modificação que você possa sofrer não vai diminuir a sua sentença, o que poderá mudar em você mesmo para fazer a sua vida ficar melhor aqui dentro?"* Os internos na penitenciária de Marion, que participavam da comunidade terapêutica, interessaram-se em se tornarem terapeutas, estudaram com afinco e certamente tiveram momentos muito mais criativos e felizes do que a maioria dos prisioneiros experimenta.

MODIFICANDO CONTRATOS INACEITÁVEIS

Contratos de Pai

Um contrato de Pai é um contrato que o cliente *gostaria* de cumprir. Só aceitamos esse tipo de contrato se houve algum envolvimento da Criança na sua elaboração. Todos os contratos para parar de comer, beber, fumar e de usar drogas são, primariamente, contratos de Pai... e provavelmente não serão cumpridos até a Criança redecidir a viver e ser saudável. Portanto, desde o início a Criança deverá participar do contrato.

Alguns contratos de Pai são difíceis de diagnosticar, porque o que é Pai para uma pessoa talvez não seja para outra. Geoff quer parar de ficar com raiva, um contrato de Criança, porque o modo como usa essa raiva o impede de ter maior intimidade. Gordon também quer parar de ficar com raiva –

o seu é um contrato de Pai. Recentemente, ele se casou pela primeira vez e está se afligindo porque sente raiva dos seus enteados, que não guardam as suas coisas, que amolam o seu cachorro e que, de maneira geral, agem como seria esperado de dois meninos com um novo padrasto. Na sua própria infância, Gordon obedecia aos pais, reprimia a sua raiva e aprendeu a se sentir culpado por causa disto. Agora, cada vez que sente uma irritação entre fraca e moderada com os meninos, experimenta uma sensação de culpa. Não aceitamos o seu contrato de suprimir a raiva e em lugar disso sugerimos que fique conhecendo o seu eu que sente raiva e que depois aprenda a ser positivo para saber exatamente o que deseja.

Ann sugere um contrato que não tem intenção de cumprir, como pode ser visto pelas suas palavras, *"Eu devia..."*

Ann: Meu problema é manter a casa limpa. *(Pausa) Eu devia* mantê-la limpa.

Mary: Por quê? ("Por que" é o tipo de pergunta que usamos muito pouco em nossa terapia. Tendemos a restringir o seu uso a ocasiões onde os clientes acham que as razões estão claras.)

Ann: Porque ela está suja.

Mary: E daí? Quando meus filhos eram pequenos e eu estava em casa com eles, sempre deixava o aspirador de pó perto da porta da frente. Desse modo, se aparecia uma visita, eu podia pegá-lo bem depressa, fingindo que estava começando a limpeza.

Ann: (Rindo) Bem, eu devia...

Mary: Claro que devia. Uma pessoa tão agradável como você... o mínimo que pode fazer, se não está limpando a casa, é se sentir culpada. Está disposta a fazer pelo menos isso?

Ann: Você é engraçada.

Mary: Eu sei. E pessoas engraçadas não são obrigadas a fazer coisas idiotas como limpar casas.

Ann: Bem, se você não aceita o meu contrato, que é honesto, não sei em que vou trabalhar nesta semana.

Mary: Oh, droga! Então você terá perdido o dinheiro que gastou para vir aqui. Se não limpa a casa, deveria, pelo menos, limpar a sua psique.

Ann: Não faz mal. Vou ficar sentada aqui bem contente e não vou me sentir culpada.

Alguém ofereceu a Bob um contrato de Pai similar e ele usou uma abordagem diferente. Durante um curso intensivo de um dia para psiquiatras, ocorrido no Sul, ele estava fazendo uma conferência para uma grande plateia quando um dos membros lhe pediu para demonstrar suas técnicas na formulação de um contrato. O homem se ofereceu para ser o paciente e veio até a frente do auditório. *(Como a sessão não foi gravada, isto está escrito de memória.)*

Bob: O que você quer mudar em si mesmo hoje?

Psi: O quê?

Para o terapeuta clássico, a noção de "mudar hoje" é surpreendente, uma vez que a maioria dos treinamentos prepara os terapeutas para longos períodos de trabalho com os pacientes. A pergunta, no entanto, é muito importante. Alerta o paciente para o fato de a modificação ser possível, que é possível agora e não na próxima semana ou próximo ano, e também mostra ao cliente que ele estará encarregado da sua modificação. Alguns terapeutas perguntam, *"Em que você quer trabalhar?"*. Bob gosta de usar *"modificar"* porque, de outro modo, os pacientes poderão escolher trabalhar, trabalhar, trabalhar, sem nunca se modificar.

Psi: Acho que talvez gostaria de...

Bob: Acho...talvez...gostaria (Bob enfatiza as palavras de escape).

Psi: (Rindo) Quero parar de adiar as coisas. (Ele dá, como exemplo, o fato de estar sempre adiando a entrega de um trabalho para a publicação.)

Bob: O que você diz a si mesmo sobre não escrever?

Psi: Fico me lamentando, é claro. Fico triste e com raiva de mim mesmo e sinto-me culpado por estar adiando o trabalho.

Na nossa experiência, o problema não é a procrastinação, mas o que as pessoas fazem a si mesmas por causa dessa procrastinação. Elas se criticam, sentem-se mal, prometem agir melhor e ficam obcecadas com o produto inacabado. Preferimos um contrato para parar com a aflição, que é um contrato em benefício da Criança, antes de aceitarmos o contrato de acabar alguma coisa que o cliente tem estado adiando. Se não for assim, se ficarmos do lado do Pai, o paciente também poderá nos "derrotar", para poder criticar a si mesmo ainda mais e se sentir ainda mais culpado.

Bob: Está disposto a primeiro abandonar seus maus sentimentos e parar de se afligir?

(Risos do psiquiatra e do auditório.)

Psi: Sim.

Bob: Muito bem. Está disposto, toda vez que começar a se lamentar por estar adiando, a mudar e ter uma fantasia sexual em lugar disto? *(Novamente, o paciente e o auditório dão risadas)*

Bob sugere a substituição por uma fantasia sexual para provar ao paciente que ele está encarregado dos próprios pensamentos e que não precisa ter pensamentos desagradáveis, tais como aflições.

Psi: Ótimo!

Bob: Certo. Então, agora que isso está combinado, qual é o título do artigo que você vai escrever?

Psi: (Pensa por alguns instantes e depois dá um título)

Bob: Quer escrever o título num pedaço de papel? *(O Psi escreve)* Quer agora escrever a primeira sentença? *(O Psi escreve)* Agora, quer escrever a sentença final? *(O Psi escreve)* Certo, agora você tem um título, uma sentença de abertura e uma sentença de fechamento. Quando vai pôr o que vai ficar no meio?

Psi: Antes da próxima primavera.

Bob: Então, quer ter uma fantasia sexual toda vez que começar a se afligir com isso?

Ele poderá escrever ou não o trabalho. Escreverá se quiser mais escrever do que não escrever. Quer ele escreva ou não, Bob acredita que o psiquiatra aprendeu a parar de se afligir por procrastinar.

Algumas vezes, a dificuldade na elaboração de um contrato ocorre porque a Criança rebelde do cliente vê o terapeuta somente como um Pai a ser enfrentado. Seja qual for o contrato, o cliente o transformará num contrato de Pai logo que o terapeuta o aceitar. Nosso colega, Bob Drye[1], sugere que o terapeuta, ao reconhecer a situação, imediatamente deverá chamar a atenção do cliente sobre isso e até acariciá-lo positivamente pela criatividade, força e entusiasmo na sua rebelião. Bob Drye nos dá o seguinte exemplo:

Pat: Tenho muita raiva. Em outro grupo vi as pessoas libertarem a sua raiva enquanto o terapeuta e os membros do grupo as seguravam. Talvez isso seja útil. Estou tendo dificuldade em respirar.

Bob Drye: Primeiro, gostaria de ter mais informações sobre a sua raiva.

Permita-se respirar com maior profundidade.

Pat: (Não respirando bem) Minha raiva é como uma bola de fogo. Tenho tanta raiva da minha mãe que fico parada na porta pensando, "Se ela não me escutar, vou ficar louca".

Bob: Você não está respirando profundamente.

Pat: Se penso em respirar, fico triste.

Bob: Como se eu quisesse tirar alguma coisa de você? Quer fazer um exercício de raiva e eu peço que respire profundamente.

Pat: Sim. (Sorri)

Bob: Aposto que sua mãe não conseguiria obrigá-la a fazer tanto. Você ainda não está respirando profundamente.

Pat: Ela passa um mau pedaço comigo. *(Ri)*

Bob aceitou uma parte do contrato de Pat, o de permitir a si mesma respirar melhor, e imediatamente isto se tornou um contrato de Pai a ser enfrentado por Pat. Quando ele realmente elaborar um contrato, poderá precisar acrescentar: *"Serei bem-sucedida mesmo que meu sucesso agrade o meu terapeuta, meu grupo e minha mãe."*

Contratos para Modificar Outros

Outro contrato em que é impossível trabalhar é aquele que tem dentro dele o requisito de que outra pessoa tem que mudar. John, alegando querer se modificar, oferece, em vez disso, um contrato de Pai para sua esposa, Shelley. Eles estão participando juntos de um curso intensivo.

John: Preciso mudar uma coisa. *(Pausa)* Oh, diabos, não sei por onde começar.

Mary: Comece com "quero", não "preciso". A necessidade é para a sobrevivência e o termo é usado por pessoas que não sabem que é certo querer.

John: Bem, eu sinto como uma necessidade. Eu...eu quero e preciso mudar o modo como me relaciono com Shelley.

Bob: Diga a ela.

John: Quero mudar o modo como me relaciono com você. Esse é o meu contrato.

Bob: Diga mais a ela e seja específico.

John: Quero ser capaz de ser livre...

Bob: Você *é* capaz.

John: O quê?

Bob: Você é capaz. (Mesmo antes de sabermos sobre o que ele está falando, estamos atacando a sua posição de vítima, enfatizando a diferença entre "querer" e "precisar" e a diferença entre "não capaz", "não posso" e "não vou".)

John: Quero encontrar um meio de ser livre.

Mary: Dê algo específico. Um comportamento que você quer mudar em si mesmo. Não use rótulos como "livre", porque isso não significa nada.

John: Não sei. Eu só me sinto muito controlado. Por exemplo, no avião. Viajamos na parte reservada aos fumantes. Se quero ficar com você tenho que ficar nas poltronas dos fumantes.

Shelley: É verdade. Quero fumar. Estou disposta a me sentar sozinha se essa for a sua escolha.

Mary: Quer dizer que este contrato em particular é fazer a sua esposa mudar, certo?

John: Quero que ela pare de fumar.

Mary: Então... de volta ao começo. O que você escolhe mudar em você de modo que irá se sentir livre e se relacionar melhor... essas foram as metas que você mencionou... quer sua esposa fume ou não?

Mais tarde, poderemos perguntar a Shelley se ela quer, pelo seu próprio bem, parar de fumar. Não aceitamos um contrato de parar para que ela se sinta melhor. Isto é chantagem.

Muitas vezes, um parceiro tem uma agenda para o outro:

Russ: Quero ser mais nutritivo para minha esposa e não-crítico. (Este é um contrato de Pai... o que ele *devia* querer.) Não gosto das nossas discussões. (Talvez seja a sua Criança.)

Bin: Não concordo com a sua definição de discussões. Muitas vezes não estou discutindo, estou entusiasmada. Como quando estava falando sobre o Governador e você disse que eu estava discutindo. Eu estava me divertindo e não gosto que me digam que estou falando alto demais. (Ela já está discutindo.)

Russ: Eu diria que você está certa. Tenho tido algumas dificuldades em tomar posições afirmativas e depois em permitir que você seja afirmativa sem me sentir com medo ou com raiva. (Ele recua na discussão, portanto sua Criança provavelmente *tem* medo de discussões.)

Mary: (Deixando passar a discussão e a capitulação) Estou entrando *nesse "permito".*

Bob: É claro. (Dá risada)

Russ: Acho que esse é o meu problema. (Capitula de novo)

Bin: Não gosto quando você diz, *"Vou deixar você fazer"* isto e *"Vou permitir"* aquilo. É exatamente por isso que fico tão furiosa. De alguns modos, também sou responsável. Eu costumava gostar disso. Mas agora, desde que voltei à escola e estou fazendo coisas por minha conta e tenho sido muito criativa, não quero mais.

Membro do grupo: Um viva para você!

Os membros do grupo comentam vários aspectos dos problemas de Bin e Russ e falam do que acreditam, bem como dão algumas sugestões do tipo "Por que você não" como solução.

Membro do grupo: Quer dizer que você está mudando, Bin e você (Russ) não está gostando . . .

Russ: Estou gostando, mas...

Bin: Esta é a principal razão por que quis vir aqui, quero que ele me solte. *Membro do grupo:* Então os dois vieram para modificar o outro.

Mary: Grande comentário! Você foi bem no alvo. Certo, então vamos voltar ao que cada um de vocês quer mudar em vocês mesmos.

Bin: É importante. Quero que ele me solte. O que há de errado nisso? *Bob: (Dando um cinto para os dois)* Cada um pegue numa ponta. Agora digam um ao outro para soltar.

Bin puxa forte, gritando, *"Solte!"* Russ solta e Bin continua a segurar o seu lado do cinto.

Bob: Bin, você ainda está segurando.

Bin: Oh. (Pausa)

Mary: Entendeu?

Bin: Sim. Entendi. Entendi. *(Atira o cinto no chão).* Quando fico com raiva porque você está segurando, na maioria das vezes sou eu que não estou querendo soltar. Obrigada. Aprendi uma coisa.

Bob: Às ordens.

Mary: Joia. Outro ponto... Russ, você veio de um lar tranquilo?

Russ: Muito tranquilo. Eu era filho único. Minha casa era muito silenciosa.

Mary: Bem, como exercício e diversão, na próxima vez que a sua mulher ficar barulhenta, finja que você é Zorba, o Grego... um homem bom, barulhento e cheio de gestos... quando responder. *Russ: (Ri)* Certo.

Mary: E divirta-se.

Russ: Vou fazer isso.

Contratos de Jogo

Contratos de jogo são aqueles onde o cliente pede a aprovação do terapeuta para fazer alguma coisa que irá resultar em deixar o cliente magoado ou infeliz. Ele, é claro, não tem consciência disso quando procura estabelecer o contrato.

Marg: Quero mudar minha sensação quando estou frente a frente com meu pai. Que sou um fracasso. Especificamente, estou separada do meu marido há um ano e ainda não contei a Papai. Ele tem 84 anos.

Mary: Continue.

Marg: Tenho medo de que isso seria um golpe tão grande para ele que eu não deveria contar. Ficaria tão desapontado que poderia ter um ataque do coração. Poderia porque é velho e frágil.

Bob: Há uma razão por que ele deveria ficar sabendo?

Marg: Eu mesma.

Bob: Por quê?

Marg: Sinto-me desonesta por não ter lhe contado.

Mary: Que reação ainda está querendo do seu pai... sobre você?

Marg: Quero aprovação e não quero desaprovação.

Mary: Certo, então o modo de você garantir que a velha história... que ele morra desaprovando... é contando-lhe que você está separada do seu marido. Então ele poderá dizer, *"Ah, mais uma prova para minha caixinha de desaprovações!"* E você pode se sentir culpada.

Marg: Sim, eu me sentiria culpada. Onde você está querendo chegar? Não entendi.

Mary: Etapa um: *"Quero que desaprove a mim e minha separação do meu marido* (Mary está escrevendo as etapas do jogo na lousa e referindo-se à primeira etapa no diagnóstico de um jogo, a mensagem ostensivamente direta. Em seguida vem a mensagem secreta, depois a resposta à mensagem secreta e depois o prêmio. Ver Fig. 16).

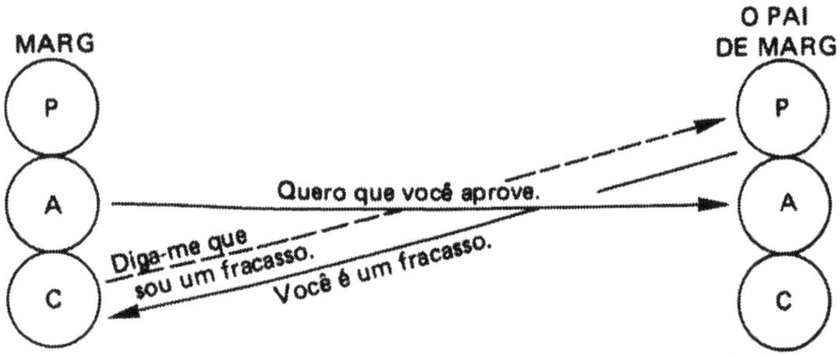

DIAGRAMA DE UM JOGO

Fig. 16

Mary: Etapa 2: *Diga-me como sou má".*

Marg. Não, não é má". É, "Diga-me que sou um fracasso Mary. Certo. Etapa 2: *"Diga-me que sou um fracasso".* Etapa 3: *"Eu certamente lhe direi que você é um fracasso".* E depois você pode ser desaprovada novamente. E diga o que quer que diga sobre você mesma e sobre ele. E sinta o que você sente. Isso é o prêmio.

Marg: Que eu não quero.

Bob: O único modo de poder ganhar desse modo é se ele mudar. Quais são as probabilidades de ele se modificar? De aprovar a sua separação?

Marg: Muito poucas. Inexistentes.

Mary: Certo. Então não vou aceitar o seu contrato. Aceitá-lo só iria significar que estou ajudando-a a fazer o seu jogo.

Marg: Onde ele se sente mal e eu me sinto pior. É isto. Na verdade, não quero isto. Deve ser por isso que não contei a ele.

Bob: Boa.

Naturalmente, outra opção seria Marg contar ao pai e não "se sentir pior" com o que ele dissesse, mas em vista da sua idade e da crença da filha de que ele poderia reagir mal, realmente parece um pouco sem sentido contar-lhe. Ele tem estado tão convencido, ao longo dos anos, de que a filha pode "fazê-lo" sentir, que acredita piamente nisto ... e ele não é nosso paciente.

Quando suspeitamos de um jogo, pedimos ao cliente para ir ao futuro, quando o jogo já está terminado, para experimentar o "melhor" e "pior" resultados possíveis. Como os jogos são iniciados pela Criança ou pelo Pai e não são controlados pelo Adulto, o cliente poderá bloquear a consciência do resultado "pior". Se isso acontece, damos a ele nossa fantasia sobre o que poderá resultar de negativo.

Mary: Muito bem, então você diz ao seu chefe que você vai pedir a conta e não vê nenhum mau resultado possível. Não acha que está dando um jeito de ignorar que ele poderá lhe dar referências tão ruins que você não conseguirá encontrar outro emprego?

ou

Bob: Muitos casamentos abertos acabam fracassando. O que vai sentir se ele decidir que ama mais uma dessas parceiras do que você?

Contratos para Sempre

Alguns clientes trabalham eternamente em direção de uma meta futura com um plano secreto de continuar infelizes até estarem perfeita- mente curados. Talvez tenham passado por anos de psicoterapia porque acreditam que têm que dragar o último pedacinho de psicopatologia, compreender a última pista do que a causou e ventilar a última gota de sentimento negativo antes de poderem ser felizes. A razão original para a terapia fica esquecida e torna-se irrelevante. Eles continuam para poder receber as mesmas carícias que recebiam na infância, carícias por trabalhar duro e por sofrer. Com tais clientes, aceitamos só um único contrato: o de parar de sofrer por causa do passado.

Irv: Tenho um negócio não acabado com o meu pai.

Bob: O pai está morto?

Irv: Sim.

Bob: E como esse negócio não acabado com o seu pai falecido afeta a sua vida hoje?

Irv: Tenho raiva de você. Raiva porque você não se defendeu... porque não lutou para ser você mesmo ... (Imediatamente ele começou um diálogo de duas cadeiras com o pai, ignorando a pergunta de Bob.)

Mary: Bob lhe pediu para dizer, em primeiro lugar, como a ligação com o seu pai afeta sua vida atual.

Irv: Hum... Como? O que... estou preso a ele.

Bob: Como?

Irv: Hum... tenho consciência disto... se eu não ficar com raiva dele, não vou terminar esse negócio. Ele continua sempre voltando... *Bob: Você* está sempre falando nele por uma razão ou outra e escolhe não dizer que modificação planeja fazer em você mesmo quando tiver feito este trabalho.

Irv: A ligação que faço é que tenho que aprender a lutar... a defender a mim mesmo.

Bob: Continue com isso.

Irv: Estou furioso com você porque você não me ensinou a lutar. Você fugia de todas as situações emocionais e eu faço o mesmo porque foi isso que você me ensinou. (Irv, rangendo os dentes, continua a criticar o pai amargamente. Bob e Mary esperam até ele começar a se acalmar.)

Bob: Onde é que você está agora?

Irv: Estou consciente da tristeza por minha mulher e meu filho. Ele é aleijado. (Exagera a respeito da esposa e filho.)

Mary: Não acho que o pai seja um aspecto importante. O que ouço é que você tem todas essas histórias tristes e dramáticas para contar a você mesmo, e fica contando-as sem parar. Quanto tempo de terapia você já fez?

Irv: Dez anos. Mais de dez anos.

Mary: Santo Deus! Quer dizer que por mais de dez anos você tem encontrado todos esses motivos para tristeza.

Bob: Você certamente está disposto a pagar um monte de dinheiro para justificar a sua tristeza. Está disposto a abandonar essa posição de tristeza?

Irv: Sim. (Olha para cima)

Bob: (Ri) Parece que você está esperando o céu desabar na sua cabeça. *Irv:* Até que poderia. Se eu largar a minha tristeza, ela poderá voltar de novo.

Mary: Pense na sua enorme bola de tristeza como sendo um ioiô. Pode fazê-lo subir e descer por outros dez anos ou pode cortar o fio.

Durante o curso intensivo de quatro semanas, nos concentramos somente em fazer Irv aceitar-se e gostar de si mesmo. Recusamo-nos a ouvir quaisquer contratos de "mudança" exceto o de se auto aceitar e de se divertir. Ele começou a aproveitar a estada e, depois que voltou à sua própria clínica de terapia, relatou com entusiasmo que estava obtendo bons resultados no uso de terapia a curto prazo para muitos dos seus clientes que estavam sendo tratados há muito tempo.

TERAPIA SEM CONTRATO

Terapeutas gestalt puros raramente procuram contratos e, em vez disso, trocam conscientização com os clientes, procuram fazer contato e trabalham com blocos ou incongruências que possam surgir. Algumas vezes começamos desse modo apesar de, ao contrário dos puristas, terminarmos com um contrato.

Bob: O que está acontecendo?

Kay: O que está acontecendo? Me dá um branco.

Bob: Diga mais.

Kay: Acabo de parar de respirar.

Bob: Diga mais.

Kay: Eu não devia estar aqui. *(Pausa)* Certo, agora estou dizendo que não sei o que está acontecendo.

Bob: Não sabe o que está acontecendo com o que?

Kay: Não sei.

Bob: Você balançou a cabeça. O que significa isto?

Kay: Estou com medo de lhe dizer. Sei o que está acontecendo entre nós. Quero dizer-lhe que sou uma boa terapeuta.

Bob: Preste atenção na sua cabeça. Não a endireite. Tome consciência do ângulo da sua cabeça. Agora, endireite-a e repita, *"Sou uma boa terapeuta"*.

Kay: *(Com a cabeça ereta)* Sim, sou uma boa terapeuta. *(Em lágrimas)* Isso é completamente diferente.

Bob: Quer dizer "Eu" em vez de "Isso"?

Kay: Eu sou diferente. Com a cabeça ereta sou competente. *(Inclina a cabeça)* É difícil ser uma boa terapeuta assim. *(Endireita a cabeça)* Terminei. Muito obrigada.

Seguindo essa linha de trabalho, Kay formula o seu contrato de atestar a sua importância tanto pessoal como profissionalmente.

Joan termina o trabalho antes do seu contrato ficar claro:

Joan: Estou contente de estar aqui. Estou me sentindo muito bem, verdadeiramente viva. E depois me sinto mal e desisto. Não sei por quê.

Mary: Por exemplo.

Joan: Não consigo pensar em nenhum. Minha mãe está lá dizendo para eu praticar; o meu pai está vacilando. Eu me sinto com vontade de desistir. Nunca me sinto bem por muito tempo.

Bob: Alguém a elogia por ser ótima do jeito que você é?

Joan: (Pausa longa) Não estou certa de que sou ótima do jeito que sou. Na minha cabeça, aceito o que você diz, mas não sei onde estou lá por dentro. Lá por dentro não acredito que esteja certa.

Mary: Ei, por acaso sua heroína foi Joana D'Arc? (Mary disse isto seguindo um palpite, porque moças que não se sentem "certas", provavelmente deviam ser meninos.)

Joan: Oh, sim!

Bob: Sempre fazendo mais e mais.

Joan: E sempre com a expectativa de ser queimada na fogueira. Está certo. Toda a minha vida tenho dito, *"Vou lutar só mais esta batalha"*.

Mary: O que havia de errado com você quando nasceu? (Pergunta óbvia)

Joan: Eu era uma menina.

Mary: Foi o que houve de errado com Joana D'Arc. Ei, soube que na Escola de Medicina da Universidade de... eles estão fazendo operações para as mulheres trocarem de sexo. Um verdadeiro achado. Não é só como cosmetologia. O que eles fazem cirurgicamente é...

Joan: Não estou interessada nisso! Estou ótima do jeito que sou! Puxa! ESTOU ÓTIMA DO JEITO QUE SOU! É impressionante... porque estou mesmo. Realmente sinto isso agora.

Bob: Ótimo. Então o seu contrato é de fortalecer a sua decisão de que está ótima sendo do jeito que é... assim não vai ter que ficar lutando batalhas a não ser que queira fazê-lo.

Joan: Gosto disso. E acho que acabo de fortalecê-la.

Algumas vezes, apesar de isto ser raro, trabalhamos sem contrato porque o cliente não sabe o que quer. Não deixamos que isto vá além de uma ou duas sessões.

Mac: Não sei o que quero. Eu me mantenho muito afastado das outras pessoas. Algumas vezes, desde que cheguei aqui, consegui me libertar. Mais do que nunca em minha vida. Outras vezes eu me afasto de tudo. Antes eu costumava me afligir por causa disso, mas agora não é mais assim. Não sei se há uma modificação que eu queira.

Mary: Escolha alguém nesta sala, alguém de quem você se afastou, e converse com ele. Quero ver e ouvir o que acontece com você.

Mac: Certo. Estou afastado de você, Pete. (Pete é um amigo nosso que não faz parte do curso intensivo. Está observando em troca de algumas palestras e só vai ficar aqui por dois dias.) Acho que me sentiria um pouco tolo se chegasse e começasse a falar com você.

Pete: Por quê?

Mac: Você vai embora amanhã. Não há nada que possa querer de você.

Mary: Vai embora logo... então não quero conhecê-lo. Isso se ajusta a algo quando você era menino?

Mac: Não, ninguém me deixou.

Bob: Você partiu, mudou muito de casa?

Mac: Xiii! Eu era sempre o menino novo todo o ano. Nunca ficamos mais de dois anos num mesmo lugar. (Descreve dificuldade em fazer amigos). Tenho uma vaga sensação do que é. É só uma ... na noite passada estava falando com você, companheiro *(dirige-se a outro participante)* e, no meio da conversa, pensei, oh, Deus, será que realmente quero isto, quero mesmo estar aqui conversando com ele? Eu fiquei e depois de algum tempo estava me divertindo. Passando algum tempo juntos. É isto, passando algum tempo... não sei.

Bob: Sim, você sabe. Termine a sua sentença. "É isto, passando algum tempo juntos..."

Mac: (Chorando) É disso que contínuo sentindo falta.

Bob: É. Diga de novo.

Mac: De apenas passar algum tempo juntos, é disso que sinto falta.

Bob: É. E depois, você diz, "Oh, o que adianta, eu irei embora amanhã".

Mac: É verdade.

Bob: Isso é do que você sente falta na vida e é tudo o que existe na vida.

A vida é hoje, não amanhã. Você age como se a vida fosse amanhã.

Mac: Sim, eu... eu entendi. E o difícil é entrar no hoje.

Mary: Então, o que quer dizer a Pete sobre hoje?

Mac: (Chorando) Que gostaria de conhecê-lo por hoje.

Mac não precisa soletrar o seu contrato. Fez um importante contato com uma pessoa que estava evitando e aprendeu alguma coisa sobre o viver aqui e agora.

De vez em quando os clientes não querem fazer contratos porque têm assuntos mais prementes do que a própria modificação. Uma mulher recebeu a comunicação de que foi aceita para entrar na universidade e quer compartilhar o seu triunfo. O filho de um homem foi preso roubando uma loja e o pai quer compartilhar a sua dor e a sua raiva com os amigos do grupo. Um parente morre e a cliente quer falar sobre a sua dor. Nessas ocasiões, encorajamos os outros participantes a responder com seus pensamentos e sensações, e também fazemos o mesmo.

CONTRATOS ULTERIORES

Todo cliente quer crescer, se modificar, ter uma vida melhor... e todo cliente, fora da consciência do Adulto, luta contra o seu contrato terapêutico. *O contrato ulterior é o pacto entre o terapeuta e o cliente para impedir que este atinja as suas metas.* Se o cliente restringe as suas sensações, o terapeuta pode analisar, em vez de montar um ambiente onde ele experimenta as suas emoções. Se o cliente restringe os seus pensamentos, o terapeuta dá conselhos. Se o cliente não age, o terapeuta concorda que ele "não pode" agir no seu próprio interesse. Enquanto cliente e terapeuta negam o poder do cliente, ele é uma vítima. Quando eles acreditam que ele tem um poder que não é dele, como o de modificar uma outra pessoa, o cliente, além de ser uma vítima, fica cheio de convencimento.

O modo mais fácil de se resguardar de um contrato ulterior é ficar consciente das palavras do terapeuta e do cliente que negam a autonomia. Sugerimos que os terapeutas? gravem as sessões para poderem escutar cuidadosamente o vocabulário que foi empregado. O terapeuta deve perguntar a si mesmo, *"Como eu reforcei a falta de autonomia com minhas palavras?"*

"Gostaria de *tentar* me dizer?"

"Você *consegue* descrever seus sintomas?

"Talvez pudesse dizer um pouco mais?"
"Como isso o *fez* se sentir?"
"Quando começou a sua depressão?"

Tentar

Quando um cliente diz, *"Vou tentar..."*, suspeitamos que ele está querendo adiar o esforço de modo a falhar no que está querendo conseguir. As crianças aprendem a dizer *"Vou tentar"* para os pais deixarem de amolá-las. Estes, cansados de brigar, aceitam a tentativa como um substituto para fazer. Naturalmente, há usos legítimos da palavra. Podemos tentar nadar mais rápido do que atualmente somos capazes de fazer, podemos tentar experimentar um novo sabor, ou tentar influenciar os outros mesmo sabendo que a escolha é deles.

Terapeuta e cliente precisam estar conscientes do "tentar" que é uma súplica da Criança para que o terapeuta se junte a ele num pacto contra a realização. O cliente "tenta" deixar de fumar, "tenta" ser pontual ou "tenta" desfrutar um dia na praia. Terapeutas parentais patronizam o cliente pedindo a eles para "tentar" ou oferecem conselhos para fazer esse "tentar" ficar mais simples.

Bob tem um sininho, que chamamos de "sininho de tentar", que ele toca com força toda vez que alguém usa mal a palavra. Pedimos ao cliente que perceba como está planejando sabotar a si mesmo quando diz "tentar" em vez de "fazer".

Não consigo

"Não consigo", como "tentar", é um substituto para "não quero", nas famílias que proíbem a autonomia do "não quero". Há bem poucas coisas que não conseguimos fazer em termos de modificar nosso modo de sentir, pensar ou comportar. Há muitas coisas que não iremos fazer desde que acreditemos no "não consigo".

Uma cliente disse, *"Não consigo falar ou escrever sobre mim mesma. Preciso escrever uma carta muito importante para poder ter uma promoção e simplesmente não consigo"*. É óbvio que ela consegue mas não quer. Enquanto acredita que "não consegue", continua uma vítima. Seu trabalho na terapia começa com a declaração, "Não quero escrever sobre mim".

Os terapeutas, como os clientes, usam "não consigo" seletivamente de modo a obedecer às suas próprias injunções e contra injunções. Uma vez, enquanto explicava isto, Mary notou que uma assistente social balançava vigorosamente a cabeça, concordando com o que ela dizia. No entanto, na hora do intervalo, a mesma assistente social disse a uma amiga, *"Se ao menos eu* conseguisse *desligar o telefone quando meus clientes me ligam à noite!"* É óbvio que ela não ouviu o seu próprio "não consigo". Enquanto essa assistente social não se conscientizar de que sua mão é capaz de pôr o fone no gancho, provavelmente não vai conseguir trabalhar com sucesso com pessoas que estão presas nas suas próprias armadilhas por causa de regras de boa educação que eles acham que não "conseguem" quebrar.

Fazer sentir

As crianças são ensinadas a acreditar que elas são responsáveis pelos sentimentos dos outros. A avó de Mary, uma mulher sensacional e amorosa, costumava servir uma salada de *bacon* e alface que Mary era obrigada a comer para "não ferir os sentimentos da vovó". Por que a preferência de Mary seria usada pela avó para ela se fazer ficar magoada e por que então culparia Mary pelos sentimentos que causava a si mesma? Porque, é claro, ela foi ensinada que os outros a faziam sentir. Quando uma criança se comporta mal, um pai enraivecido diz, "Você me faz ficar triste", e um pai culpado diz, "Você me faz sentir culpado". A criança cresce para ser um terapeuta que prende um cliente na armadilha do estado de vítima, perguntando, "O que sente por causa disso?"

Observamos um ótimo behaviorista dessensibilizando um cliente fóbico e o ouvimos dizer, *"Quando o avião o assustar, levante o dedo indicador da sua mão esquerda e, quando estiver se sentindo confortável, levante o dedo indicador da mão direita"*. Suas palavras deixam implícito que o cliente é uma vítima do avião. Consideramos crucial que o cliente reconheça que *ele assusta a si mesmo* quando voa ou se imagina voando.

Os terapeutas de AT que se prendem à crença de que outros estão encarregados dos seus sentimentos escrevem sobre *"fazer as pessoas não-OK"* e se apropriaram da palavra *"desqualificação"* para expressar a mesma crença. Se alguém pede para você passar o sal, você deve ouvi-lo, atender o pedido e passar o saleiro. Se não for assim, dizem eles, você a desqualifica e ela tem o direito de se sentir triste ou com raiva e de chantageá-lo para que você reconheça a sua culpa. É certo que as pessoas precisam saber quando não respondem adequadamente aos outros. No entanto, cada um de nós sozinho é responsável pela decisão de nos considerarmos ou não desqualificados. O seguinte cliente tem tido considerável terapia de um terapeuta de AT que acredita que as desqualificações são responsáveis por fazerem as pessoas sentir:

Paul: Havia algo de insidiosamente mau em ver JoAnn. Ela fazia duas coisas que eram enormes desqualificações para mim, sabe?

Mary: Não sei.

Paul: Certo, vou esclarecer isso. JoAnn fazia duas coisas que eram grandes desqualificações e nem mesmo percebia isso.

Bob: Ponha JoAnn na sua frente e conte exatamente o que ela fazia. *Paul:* (Explica a JoAnn que ela esqueceu de enviar um material muito importante que tinha prometido levar ao correio e que ela voltou para visitar uma velha vizinhança depois de ter prometido nunca mais ir lá.) JoAnn, eu não vou conseguir viver com você se ficar me desqualificando. Você me faz sentir como se eu fosse um menininho.

Bob: Ela não o fez sentir nada. Você escolheu se sentir como um menininho.

Paul: É assim que me sinto, como um menininho fodido.

Bob: Ela não fez o que você queria ou o que tinha prometido e você decidiu se sentir como um menininho.

Paul: Eu me sinto como um menininho. Você me disse que ia fazer uma coisa e não fez. (Ele está muito bravo agora.) Se você me diz que não vai fazer, está certo, mas se você me diz que vai fazer e não faz, faz eu me sentir não-OK. Você desqualifica... e eu me sinto como um menininho fodido. (Trabalhamos com ele por cerca de 15 minutos no padrão que ele monta para se sentir do modo como se sentia quando criança. Enfatizamos que ninguém "faz" ninguém se sentir "não-OK". Isso é uma ilusão.)

Mary: Então. Ela faz o que faz. Talvez um jogo ou outro. Não estou interessada no que ela faz. Você pode decidir resolver o problema avaliando o que ela faz de bom em vez do que faz de errado, ou pode decidir não continuar vivendo com ela. Você decide sobre você. E só você decide se quer se sentir um menininho por causa das ações dela. Entendeu?

Paul: É uma ideia nova. Estou pensando. E estou espantado com a importância do que estou aprendendo agora. Estou sentindo alguma liberdade. Eu escolho. Esta é uma ideia nova, o oposto de tudo o que aprendi no meu antigo grupo. Preciso pensar nisto mais um pouco.

Mary: Muito bom. "Desqualificar" é uma palavra nova que os "fazedores de sentir" se apressaram a adotar.

Bob: Logo vamos acabar com essa graça.

Grupo: (Risadas)

Eu-Ele/Ela

"Ele/Ela" em lugar de "Eu" nega a autonomia. Alguns clientes recusam a responsabilidade e aceitam a culpa quando dizem, por exemplo, *"Ele* (meu discurso) *estava indo muito bem até eu esquecer o que ia dizer em seguida"*. Outros fazem o contrário e dizem, *"Eu estava fazendo um ótimo discurso e depois ficou tudo atrapalhado"*. Se o cliente usa frequentemente "Eu" para perseguição e "Ele/Ela" para diminuir a autoestima, suspeitamos de depressão. Pessoas com desordens de personalidade têm maior tendência para usar "Ele/Ela" de modo a negar a responsabilidade.

Os clientes falam como se os seus sintomas fossem enviados do espaço sideral... e os seus terapeutas também. *"A depressão costuma vir..."*, em vez de *"Eu me deprimo e entristeço"*. *"Minha raiva toma conta de mim", em vez de, "Eu me deixo ficar com raiva e depois finjo que não tenho controle sobre o que escolho fazer e sentir"*. Frases como *"Um pensamento acaba de passar pela minha cabeça"* negam que o paciente pensa. *"Aconteceu"* nega a autonomia de ação do cliente.

Alguns terapeutas da AT transformam os seus estados do ego em "Ele/Ela", dizendo, *"Vamos levar nossas Crianças para tomar uma cerveja", "Meu Adulto tem consciência de que..."*, ou, *"Meu Pai quer ajudá-lo"*. Em nossos grupos, apesar de falarmos sobre os estados do ego com nossos clientes como parte do tratamento, queremos que reconheçam "o todo das minhas partes", usando "Eu".

Um cliente diz, *"Se não trabalho muito duro quando estou fazendo alguma coisa, ela parece sem valor"*. Mary pede a ele que troque *"Ela"* por *"Eu"*. *"Se não trabalho muito duro, eu não tenho valor"*. Imediatamente ele começa a chorar, lembrando-se de si mesmo como o menininho que "não tinha valor" na sua casa e que, por isso, trabalhava terrivelmente duro numa tentativa de ser importante. O foco do tratamento para ele então se torna, *"Eu tenho valor!"* Algumas sessões mais tarde o cliente fala sobre um novo empreendimento e diz, *"Ele é verdadeiramente emocionante!"* Novamente pedimos que use o "Eu". Quando diz, *"Eu sou emocionante!"*, ele sorri e respira profundamente, *"Eu SOU emocionante". "EU SOU EMOCIONANTE".* Trocando "Ele" por "Eu", ele experimenta uma nova gama de poder, importância e entusiasmo.

Eu-Você

Quando uma pessoa troca o *"Eu"* por *"Você"*, a mudança assinala uma mudança no estado do ego de Criança para Pai. Crenças, mitos, frases familiares e instruções parentais são repetidas dessa forma. *"Gostaria de conhecer mais pessoas, mas* você *não pode ir entrando assim, sem mais nem menos"*, disse um rapaz, que aceitava as injunções familiares *"Não se aproxime"* e *"Não"*. *"Sinto-me ótimo, mas* você *não pode esperar que uma modificação assim tão rápida seja duradoura"* foi dito por uma mulher cujo terapeuta insistia que uma mudança de personalidade poderia ser rápida. Não pedimos aos clientes que substituam o *"Eu"* por *"Você"*, uma vez que é importante que eles compreendam o significado dos seus lados *"Eu"* e *"Você"*.

Eu-Nós

No tratamento de família, o cliente que usa *"Nós"* em vez de *"Eu" é* o porta-voz autodesignado. Para que cada membro seja autônomo, declarações com *"Nós"* são cuidadosamente examinadas para vermos se elas refletem os sentimentos e opiniões de cada membro.

Talvez

Essa e outras palavras desse tipo precisam de um questionamento do terapeuta. Frequentemente, quando um colega traz uma gravação de uma entrevista onde se sentiu "emperrado", ouvimos que o cliente disse *"talvez"* e o terapeuta continuou fingindo que ele tinha dito, *"sim"*.

Cliente: Acho que talvez eu... o que quero é fazer mais amigos. *Terapeuta:* Ótimo!

A resposta deveria ter sido, "Talvez?" ou "Veja os dois lados... você realmente quer mais amigos e não quer mais amigos".

A Primeira Isca

A primeira isca em cada sessão é tremendamente importante porque, se ela não for confrontada, toda a sessão poderá ser dedicada a se agir fugindo dela. Um cliente disse, *"Eu nunca faço o que digo que vou fazer"* e depois combinou um contrato para deixar de fumar. O terapeuta estagiário trabalhou diligentemente e sem sucesso por meia hora antes de pararmos a sessão para ouvir de novo a gravação com a isca: *"Eu nunca faço o que digo que vou fazer"*. O terapeuta exclamou, *"Santo Deus, eu nem prestei atenção nisso!"*

Uma isca, lançada na primeira sessão e não confrontada a tempo, pode montar o cenário para todo o tratamento. Quando um cliente diz ao terapeuta, *"Já estive em 17 terapeutas e soube que você é bom em casos como o meu"*, cuidado, Malandro, você pode cair no laço. A resposta tem que ser, *"E como vai me derrotar?"*. Então, Bob diz: *"Pelo seu próprio bem, gostaria de vê-lo atingir as suas metas na terapia. Se você não se modificar, minha vida vai continuar a mesma e eu me lembrarei de você por alguns dias, como mais um sujeito que está emperrado e que poderá, ou não, se modificar algum dia"*. Então, se a pessoa não mudar, poderá, no futuro, se lembrar da nossa previsão e essa lembrança talvez o ajude na próxima vez em que decidir se submeter à terapia.

Riso da forca

As pessoas riem de um comediante quando ele se mostra ignorante, ingênuo ou incompetente, ou quando, de alguma maneira, magoa a si mesmo. Quando os clientes caçoam de si mesmos, o riso que provocam nos terapeutas ou nos outros membros do grupo reforça a sua patologia e é chamado *"o riso da forca"*. Um jovem executivo que participava de uma maratona contou o caso de ter dado uma batida com a sua lancha enquanto olhava para uma mulher que tinha perdido a parte superior do biquíni. Muitos participantes deram risada. Mary disse, *"Não é engraçado estragar o seu barco"*. Seus sócios, que também estavam no grupo, lembraram-lhe que ele costumava contar muitas histórias que sempre envolviam algo que prejudicava a sua diversão. O cliente recusou- se a considerar as implicações que havia nisso, insistindo que esses casos *"não significavam nada"*. Bob pediu-lhe para fazer uma experiência. *"Durante um mês, não conte nenhum caso a você mesmo ou a outros, que implique em caçoar de si mesmo por ter estragado seus momentos de diversão e depois venha nos contar os resultados"*.

Seis meses mais tarde ele escreveu, *"Ainda acho que meu jeito de brincar não tem significado, mas não gosto mais dessas piadas. Embora ache que isto não tem significado psicológico, estou escrevendo para dizer que tenho me divertido mais do que nunca em minha vida e que não tive mais acidentes ou problemas dos quais poderia caçoar"*.

As injunções e decisões podem ser identificadas por meio do humor da forca. Há clientes que riem de acidentes quando, na verdade, estão agindo como *"Vou quase me matar"*; por perder dinheiro quando estão num jogo, *"Não consiga"*; de não pensarem, de não crescerem ou de não serem infantis. A maioria das pessoas se irrita, de início, e insiste que seu riso é *"apenas nervosismo"*. Pedimos que se conscientizem de que só exibem esse "riso nervoso" quando estão respondendo a certos problemas das suas vidas.

Bea muitas vezes usava o "riso da forca" durante o seu trabalho. Seu contrato nesta sessão foi o de parar de se perder enquanto estava dirigindo o carro.

Bob: Veja-se no carro e que entrou na esquina errada. Por quanto tempo continua dirigindo até perceber que pegou o caminho errado?

Bea: Bem, eu *(risadinha)* levo um bom tempo antes de perceber.

Mary: Você riu. Ficar perdida não pode ser engraçado para você.

Bea: Não, não é. Mas minha risada é só por causa do nervoso.

Mary: Você usa muito "sim, mas" quando fala dos seus risos e sorrisos.

Acho que eles têm um significado. Não sei qual é ele.

Bob: Certo.

Bea: Oh... a coisa que eu lembro... minha associação é que quando costumávamos fazer viagens longas quando eu era pequena, quando era meu pai que estava dirigindo, ele sempre se perdia. *(Risadinhas)* Isso também não era engraçado. Não sei por que estou rindo. Minha mãe sempre pegava no sono e depois, quando acordava, via que estávamos perdidos. *(Sorriso)*

Bob: Você sorriu e deu risada.

Bea: *(Ri enquanto fala)* Minha mãe ficava furiosa com ele.

Mary: Na última vez em que trabalhamos, você disse que seu pai era cruel... que costumava lhe bater. Imagino que uma parte de você se divertia em vê-lo perdido e levando uma "dura" da sua *mãe.*

Bea: Hummm. Interessante. Quando eu... quando saíamos para viajar, eu o ajudava a ver os mapas. Como se eu estivesse ao seu lado.

Bob: Você o ajudava a se perder?

Bea: (Explode em gargalhadas de Criança) Acho que sim. Bem, eu não vou mais me perder!

Muitas vezes, uma observação da forca é tão engraçada que até o terapeuta dá risada. Exemplos típicos são as histórias que os alcoólatras que estão sóbrios contam sobre as coisas que fizeram quando estavam bêbados. Assim que o terapeuta reconhecer que seu próprio riso foi uma resposta a um humor patológico, poderá dizer, *"Retiro minha risada. Vou rir de alguma coisa que não é engraçada para você"*. Os membros do grupo também aprendem a identificar o humor patológico em vez de rir com as piadas.

Linguagem corporal

Um cliente pode dizer *"sim"* enquanto balança a cabeça em sinal de *"não"*, puxar a aliança do dedo enquanto insiste que seu casamento é feliz, largar o corpo depois de dizer *"Quero trabalhar"* ou manter as mãos numa posição defensiva enquanto fala sobre o seu desejo de fazer amizade com os outros membros do grupo.

Nós não interpretamos a linguagem corporal e, em vez disso, pedimos ao cliente que sinta o seu corpo e aprenda o que ele está querendo dizer. Se o cliente encontra dificuldade em fazê-lo, sugerimos que aumente e exagere a sua postura ou gesto. Durante o tratamento, reforçamos a linguagem autônoma, o riso que apoia a saúde em lugar da patologia e uma linguagem corporal congruente.

CAPÍTULO 5

Carícias

Mary está observando sua filha Claudia brincando com seu filho de sete meses, Brian. Estão sobre o tapete, sentados um ao lado do outro, segurando um inseto de madeira multicolorido. Uma antena está na boca do bebê, as outras giram no ar quando ele balança a cabeça. Claudia pega uma delas na boca e eles riem. Brian solta o brinquedo, agarra o cabelo da mãe, fica olhando para ela muito interessado, lambe o seu nariz e Claudia assopra no rosto dele. Brian levanta a mão e pega no rosto dela. Ela começa a beijá-lo suavemente, vai descendo e depois dá beijos barulhentos na barriguinha dele. Brian grita, começa a soluçar, Claudia imita seus soluços e então eles riem. Ele soluça novamente e eles repetem a brincadeira. Depois se abraçam em silêncio.

Seu contato é total, absorvente, desinibido e maravilhosamente puro. Na linguagem da AT, mais seca, eles estão trocando carícias incondicionais positivas físicas e não verbais. Como a maioria de nós aprendeu a inibir nosso oferecimento e recebimento de carícias, parte do tratamento é a modificação e expansão dos padrões de carícia.

Al: Gosto do contato físico, mas tenho um bloqueio de demonstrar afeição em público.

Bob: Bloqueio? (Bob está reagindo às palavras passivas "tenho um bloqueio".)

Al: Sim.

Bob: Então, quando você decidir se desbloquear, com quem aqui gostaria de fazer contato?

Al: Provavelmente, qualquer mulher.

Mary: Desse jeito, você não vai conseguir nada.

Bob: Escolha uma.

Al: (Pausa longa) Ann. (Ele começa a andar em direção dela.)

Mary: Espere um minuto, Al. Diga-lhe exatamente o que quer e pergunte se ela concorda.

Al: Como quiser.

Mary: Não. Assim não serve.

Al: Quero poder...

Bob: Assim também não vai dar. Você "pode" agora.

Al: Quero passear segurando a sua mão. Sem me sentir desconfortável ou embaraçado.

Mary: Oh, Al. Se está pedindo para segurar a mão dela, não pode pedir que faça alguma coisa pelo seu desconforto e embaraço. Está disposto a segurar a mão dela, seja que diabos vai sentir?

Há vários aspectos importantes nos comentários de Bob e Mary sobre o desejo de Al em procurar e aceitar carícias durante esse trecho de trabalho. Eles sublinham que o modo dele evitar conseguir o que quer é o de generalizar os seus pedidos: "Como (ela) quiser (dar)", "Provavelmente, qualquer mulher". Ele é solicitado a dizer exatamente o que quer a uma mulher em particular, sem impor condições sobre o que vai sentir quanto a receber o que quer. É solicitado a descobrir se a parceira concorda, para evitar jogos onde poderia tentar forçar o consentimento e depois ficar desapontado.

Al: Você quer?

Ann: Sim.

Eles andam pela sala segurando as mãos.

Al: Eu me sinto bem. Sinto calor.

Ann: Que bom. Estou gostando de você e estou entusiasmada. Estou passeando enquanto essas pessoas só estão sentadas e olhando. Gosto do seu sorriso.

Al: Gosto do seu, também.

Ann: Vamos procurar os outros e conversar com eles ou vamos só continuar passeando?

Al começa a falar com os outros e continua a conversar com Ann com facilidade.

Al: (A Mary) Estou descobrindo que posso ficar deste jeito sem ficar embaraçado. Acho que a razão no fundo disso é...

Mary: Vai desfrutar a sua experiência ou ficar enchendo-a de razões?

Al: (Rindo) Vou gozar a experiência.

Al está feliz e entusiasmado enquanto continua o contato que sempre fora difícil. Antes disso, não tocava ou entrava em contato com os outros sem, de início, começar a falar sobre política ou psicologia.

DANDO CARÍCIAS

As carícias incondicionais são feitas a um bebê, por exemplo, pelo fato de ele *existir.* Elas podem ser verbais, como, "*Amo você* não-verbais, como sorrisos, gestos e ruídos; e físicas, como toques, segurar no colo. De forma negativa, pode-se dizer a um bebê, "*Não o amo porque você existe*", por meio de palavras, caretas e manuseio desagradável ou dolorido.

As carícias condicionais são feitas pelo que o bebê faz, não por existir. Quando ele aprende a sentar, mães e pais falam com ele entusiasmados, batem palmas, sorriem e beijam. Quando ele derruba alguma coisa ou chora demais, poderá receber palavras cheias de raiva, caras feias ou palmadas.

O aprender como e quando fazer carícias é um dos mais importantes aspectos de se tomar um terapeuta eficiente.

Reg segura a caixa de lenços de papel no colo e passa-os, folha por folha, a uma mulher que chora. Enquanto ela continua a chorar e ele continua a ter o monopólio sobre os lenços, ele será necessário. À medida que dá cada folha, sorri cheio de simpatia, desse modo acariciando-a pelas suas lágrimas.

Tom é do tipo salvamento-por-ambulância. Sai correndo para pegar os lenços de papel e leva-os para a vítima antes de ela perceber que precisa deles.

George, o confortador dos fracos e infelizes, quer abraçar todos que choram.

Joan diz a Ronald, "*Estou tão feliz em ver você sentindo. Estou muito feliz que finalmente tenha se juntado ao grupo.*"

June diz ao grupo em geral, "*Gosto de ouvir os outros falarem porque então fico sabendo que não sou a única pessoa no mundo que tem problemas.*"

Ned diz a Frank, "*Fico aborrecido com você. Pensei que quisesse saber. Fico aborrecido com sua atitude de dizer que não tem problemas. Isso faz com que fique fora do grupo.*

Todos esses participantes, de modo carinhoso, ressentido ou banal, estão dando as injunções, *"Não seja saudável"*, *"Não seja feliz"* ou *"Não seja independente"*. Todos, exceto June, são terapeutas de grupo. Ensinamos a eles como e quando evitar carícias. Geralmente, o melhor guia é o contrato do indivíduo. Se a pessoa está aprendendo a ser dependente, então o ato de pedir pelo lenço de papel em vez de ir buscá-lo é uma mudança de comportamento que deverá ser acariciada.

Quando lidamos com clientes que reprimem as lágrimas, os acariciamos quando choram pela primeira vez. Com chorões crônicos, evitamos carícias quando choram e os acariciamos pelas suas outras qualidades. Não permitimos que ninguém acaricie alguém por demonstrar sua sensação negativa típica e estereotipada. Quando alguém que tem mania de abraçar começa a se aproximar, dizemos, *"Pare. Não agora"*. Depois explicamos que as carícias reforçam a patologia e pedimos ao salvador se está interessado em descobrir maneiras novas, e mais saudáveis, de fazer contato.

Raramente fazemos carícias negativas verbais nos clientes. Achamos que o enfoque, *"Vamos todos dizer a Johnny o que não gostamos nele"*, é destrutivo. Quando um cliente tem "ressentimentos" contra os outros membros do grupo, nós nem o encorajamos nem desencorajamos a dizer quais são eles pela primeira vez, sabendo que ele provavelmente veio de uma família ou grupo de terapia que preza a "honestidade", desde que "honestidade" seja igual a carícia negativa. Se o cliente continua a acariciar negativamente, perguntamos se ele gostaria de aprender novos padrões de carícia.

Nunca usamos carícias físicas negativas. Não apreciamos um mundo onde os seres humanos imitam a violência numa tentativa de evitar a violência. Pedimos aos pais, professores e terapeutas que façam contratos de que nunca irão bater, beliscar ou humilhar verbalmente as crianças... e acreditamos que os adultos também têm o direito de não serem feridos.

June: Tenho uma fobia. Não deixo meus pés saírem do chão. (Ela explica que não consegue mergulhar ou fazer esqui-aquático.)

Bob: O que teme que vai acontecer?

June: Não sei.

Bob: Quero que fique com o que tem medo que aconteça. Finja que está à beira da piscina. O que experimenta? Que história assustadora conta a você mesma?

June: Meus pés vão sair debaixo de mim. Vou perder o controle.

Bob: E depois?

June: Não sei. Estou com medo demais. Sabe, meu pai costumava me agarrar e me segurar pelos pés. Eu ficava pendurada e não podia tocar o chão. Ele fazia de brincadeira.

Mary: Não, não fazia. Fazia por sadismo.

Membro do grupo: Por que diz isso? Ele estava brincando, não é?

Mary: Cócegas, brincadeiras violentas, cubinhos de gelo por dentro da roupa, atirar em lagos e piscinas, segurar alguém pelos tornozelos... todos esses são atos desprezíveis quando forçados por uma pessoa mais forte sobre uma mais fraca. São estupros. Você preferiria que eu chamasse o pai dela de estuprador?

Membro do grupo: Mas, se ele estava brincando. . .

Mary: Ela foi violentada. Onde está você, June?

June: Nem tinha percebido. Minha mãe era terrível, pensava que meu pai era perfeito. Ele era gentil, carinhoso e totalmente irresponsável. Além desse negócio de me segurar de cabeça para baixo... *(Chora)* Acho que estou chorando pela minha menininha que não levou uma boa vida.

Bob: Não sou o seu pai e não vou pedir que faça nada que não queira. Posso ensiná-la a mergulhar em 10 minutos. Quer que eu a ensine a mergulhar?

June: Sim.

Bob: Eu a verei na piscina depois do almoço.

Logo depois do meio-dia June aprendeu a mergulhar... e não era mais fóbica. Todo o grupo ficou observando e aplaudindo. Depois de cada trecho de trabalho bem-sucedido, os participantes festejam. Assim, todos aprendem a fazer carícias positivas pelo amadurecimento. Uma ocasião, quatro participantes franco-canadenses ficavam em pé e cantavam *"Bravo, Bravíssimo"*, cada vez que um membro trabalhava com sucesso. Cursos intensivos e grupos de terapia fornecem ótimo treinamento em novos métodos de fazer carícias, com isso aumentando a intimidade.

Há uma dificuldade que pode surgir do bom contato e intimidade entre os participantes. Eles podem decidir que seus amigos de grupo são mais interessantes e entusiasmantes do que os familiares que estão em casa, e isso pode ser verdade. Pessoas que, no passado, não sabiam acariciar bem, podem ter casado com pessoas semelhantes. Damos três sugestões para evitar o afastamento dos cônjuges. A melhor delas, por inúmeras razões, é a de os casais virem juntos. Se isso não for possível, criamos fantasias de cenas domésticas onde os participantes podem imaginar novos meios de usar seus novos talentos para fazer carícias de modo a promover mais intimidade em casa. Também, durante os cursos, pedimos aos participantes que não tenham experiências sexuais com qualquer pessoa a não ser com o próprio cônjuge. Essa regra desencoraja jogos, onde o membro do grupo faz sexo para fazer a si mesmo ou o outro ficar infeliz depois, e também faz com que haja intimidade não-sexual durante o curso.

ACEITANDO CARÍCIAS

Algumas vezes, ouvindo amigos, colegas e clientes, imaginamos que cada um tem um livro de regulamentos secreto, alguns pequeninos, outros maiores do que uma enciclopédia, com todos os itens sobre como recusar carícias. Essas regras não são baseadas na lógica. Uma mulher que é uma ótima cozinheira poderá criticar seus próprios pratos no instante em que receber um cumprimento e aceitar elogios feitos a um vestido bastante sem graça que ela mesma fez. Algumas mulheres bonitas rejeitam a apreciação da sua beleza, outras a adoram. Alguns aceitam carícias incondicionais, outros só querem as condicionais. Essas regras são muito detalhadas e, obviamente, foram escritas há muito tempo.

Bob: Muito bom discernimento!

Hank: Muito obrigado. Eu estava contando sobre meu. . .

Mary: Você ouviu Bob dizer que você tem bom discernimento?

Hank: Sim. Ontem quando eu...

Mary: Ei, você acreditou nele?

Hank: Para falar a verdade, não muito. Pensei que vocês estivessem querendo aumentar a minha confiança. (Hank continua com o assunto de ontem e com o da sua esposa.)

Bob: Agora pouco, Hank, bati na sua porta para entregar a mensagem dizendo que você tem bom discernimento e uma parte de você recusou-se a ouvi-la. É uma parte que se recusa a receber elogios sobre sua inteligência.

Hank: Não compreendo.

A esta altura, seria antiterapêutico alguém querer "entender" por ele. Hank está manobrando para conseguir carícias, positivas ou negativas, por não pensar, para afastar a carícia por raciocinar.

Bob: Quando tiver uma ideia de como é essa parte, avise-me.

Hank: A parte que fecha a porta? *(Pausa longa)* Eu não tenho bom discernimento. É o que essa parte diz. Eu não sou tão treinado quanto os outros que estão aqui. Todos sabem mais do que eu. *Você* é burro. (Aqui ele substitui a Criança Adaptada por acusações do seu Pai, quando diz *"Você"* em vez de "Eu".) Você é... você nunca vai aprender. Vive se metendo onde não é chamado. Nada do que diz vale a pena ser ouvido. Puxa! É o meu irmão mais velho.

Bob: Bom discernimento.

Hank: *(Ri)* Sim, ouvi. Demonstrei bom discernimento por duas vezes durante meia hora e foda-se meu irmão.

Clientes como Hank não são ajudados por carícias contínuas ou garantias por parte do grupo, depois que recusaram uma carícia. Em grupos incompetentes, os membros tentariam fazê-lo mudar de ideia insistindo que concordasse que tem bom discernimento. Este grupo esperou até Hank aceitar essa qualidade e depois apoiou sua modificação dando-lhe outros exemplos de criatividade e discernimento.

Os clientes têm muitas racionalizações para rejeitar carícias: *"Ele só está dizendo isso para aumentar a minha confiança"*, *"para ser gentil"*, *"para tentar me modificar"* ou *"para conseguir alguma coisa"*. Com efeito, eles maculam a carícia em vez de aceitá-la, sugerindo que o outro é mentiroso, manipulador ou extorsionista. Pedimos aos clientes para reconhecer o que estão fazendo, dizendo ao que está fazendo a carícia, *"Você é um mentiroso"*, e depois, *"Você não é mentiroso"*, para ver o que se ajusta.

As pessoas são treinadas para comer a salada da vovó não só porque ela vai ficar feliz, mas também porque *"Ela é sempre tão boazinha com você"*. Nas famílias que disfarçam "o anzol" com carícias amorosas, a criança poderá se manter distante, desconfiada delas ou, quando faminta por carícias, poderá aceitá-las e, junto com elas, martírios em maior ou menor escala. Por isso, é importante ensinar aos clientes como receber carícias e como recusar quaisquer obrigações não desejadas que possam vir com elas. *"Aceito um cheque de papai como pre-*

sente de aniversário, mas não vou acreditar que tenho de ouvi-lo falar mal de mamãe". "Aceito um convite para um jantar, mas não concordo em fazer sexo com você depois".

Outra desculpa comum para rejeitar carícias é, *"Se eles me conhecessem de verdade, saberiam que não sou digno"*. Uma boa técnica é pedir ao cliente para fazer o papel das duas partes, a "digna" e a "indigna". O lado "indigno" raramente vem com algo mais significativo do que, *"Quando eu era pequena, era uma menina má porque..."*

Algumas pessoas, incluindo muitos delinquentes, usam uma armadura invisível para se proteger de todas as carícias. Os funcionários do Juizado de Menores da Califórnia chamam isso de "ligar o brilho". Se alguém "liga o brilho" quando você está falando com ele, nada do que disser terá qualquer impacto, apesar de ele fingir que está escutando e de até reagir de modo aparentemente adequado. Esta é uma tática de sobrevivência para aqueles que estão em instituições penais, hospitais psiquiátricos para carentes, e lares ou vizinhanças onde qualquer tipo de reação emocional pode causar ferimento ou morte. Rapazes negros e chicanos têm passado anos e anos insultando uns aos outros, como um treinamento para nunca demonstrar seus sentimentos diante de qualquer provocação. Com isso, conseguem viver numa sociedade branca - e em cortiços.

Os terapeutas que não conhecem a técnica do "brilho" poderão condenar a si mesmos pelo seu trabalho infrutífero com esses clientes. Em vez disso, deverão reconhecer a recusa em receber carícias e cumprimentar o indivíduo por usar esse método na segurança pessoal. Poderão pedir que o cliente faça um contrato de dizer quando não está "com o brilho ligado", embora admitam que esperam que ele vá tentar enganá-los várias vezes só para testá-los. Uma das metas do tratamento é que o cliente aprenda a ser criterioso na sua rejeição de carícias.

PROCURANDO CARÍCIAS

Ensinamos os clientes a pedirem as carícias que querem, em vez de ficarem esperando e desejando que elas apareçam. Muitas pessoas acreditam que é falta de educação pedir e que o fato de pedir diminui de algum modo o valor da carícia. O filho e as filhas de Mary sabem que é da sua responsabilidade lembrar aos outros quando os seus aniversários estão se aproximando e pedir os presentes que estão querendo. Em algumas famílias, ninguém é lembrado e depois mensagens de culpa são enviadas àqueles que esquecem.

Al, que andou de mãos dadas com Ann, estava disposto a aceitar "o que você quiser dar" de "qualquer pessoa". Com essa declaração, poderia ter recebido carícias ainda melhores do que simplesmente segurar a mão, mas teria continuado a ser a vítima que passa a iniciativa aos outros.

No entanto, há ocasiões onde temos que fazer a escolha para o cliente, quando sentimos que uma carícia em particular é mais importante do que o problema de pedir ou não pedir.

Mary: Diga ao seu pai o que quer dele.

Kay: Quero que você diga que posso ser eu mesma e fazer as minhas próprias coisas.

Mary: Diga-lhe o que você realmente quer.

Kay: *(Pausa longa)* Acho que quero que ele diga que aceita...

Mary: Ouço que você está falando muito depressa. Está correndo muito depressa. Você esteve correndo muito depressa... colégios internos, escola de medicina, sempre se saindo muito bem... não ouvi você dizer que havia alguém para dizer *"Eu a amo"*.

Kay: *(Balança a cabeça e começa a chorar.)*

Mary: E então desistiu de pedir.

Bob: E continua correndo para evitar a tristeza.

Kay: Não há jeito, não há jeito dele dizer *"Você é boazinha"*. Nenhum jeito.

Bob: É triste. Que pena que não havia ninguém.

Mary: Você precisava de elogios e precisa ser tocada. Gostaria que alguém fosse Papaizinho para você? Permitiria que isso acontecesse aqui?

Kay: *(Pausa longa)* Quer dizer isso de novo?

Mary: Estou pensando que você precisa de alguém que a trate com o carinho de um Papaizinho. Você tem sido uma menininha solitária, esforçada e mal acariciada.

Kay: *(Outra pausa longa)*

Bob: O que está fazendo?

Kay: Estava pensando, *"Preferia fazer isso eu mesma"*, sabendo que essa é a história da minha vida. Estou achando difícil. Não gosto da ideia de que estou procurando por um Papaizinho.

Mary: Não a estava acusando disso. Estava dizendo exatamente o oposto. Estava sentindo que há muito tempo você está precisando de um pouco de carinho de um Papaizinho.

Kay: Certo. Acho que vou gostar disso.

Mary: Quer escolher alguém?

Kay: Bob, você está incluído?

Bob: Venha cá. (Ele a pega, abraça-a com força e Kay encosta a cabeça no peito dele, soluçando. Bob também está chorando e eles ficam juntos por algum tempo.)

Kay: Muito obrigada.

Bob: Foi um prazer. Um verdadeiro prazer. Quando quiser.

Membro do grupo: Kay, você está bonita e suave.

Kay sorri e encosta-se na cadeira. Seu rosto não está mais tenso e ela continua a sorrir.

Nessa cena, nosso trabalho foi o oposto do que fizemos com Al. Kay, uma médica bem-sucedida que cuida de todos menos de si mesma, precisava aceitar o receber sem pedir. Seu pedido pela metade, *"Bob, você está incluído?"* foi suficiente. De fato, se tivesse dito, *"Quero que Bob me abrace e quero chorar no seu ombro..."*, um de nós teria perguntado se ela estava disposta a relaxar e não programar o que ia receber. E essa é a dificuldade em ensinar terapia. O trabalho com clientes para ensiná-los a dar e receber exige do terapeuta um diagnóstico acurado, respeito pelas diferenças e liberdade pessoal para fazer contato de modos diferentes.

AUTOCARÍCIAS

"Festejo e canto a mim mesmo" não era uma atitude popular no tempo do poeta Walt Whitman e ainda não é considerada muito elegante, a despeito da existência de movimentos do tipo Libertação Feminina e *Black is Beautiful*. Nossos cursos e maratonas começam com uma hora tranquila, onde pedimos aos participantes que entrem em contato com "o que você gosta em si mesmo". Fazemos isso para ir contra a crença de que a psicoterapia consiste primariamente em se aprofundar na patologia para expor quaisquer segredos que o cliente considera maus ou doentes. Nosso foco está em enfatizar os poderes que o cliente já sabe que possui e em criar um ambiente onde ele se toma consciente de poderes novos e até entJo negados. Seja qual for o contrato terapêutico, o cliente o cumprirá com mais facilidade se houver autoestima do que ódio por si mesmo.

Jack Dusay[1] inventou o egograma, para servir como um perfil de personalidade facilmente compreensível que pode ser desenhado impressionisticamente por qualquer pessoa que conheça o indivíduo. Ele mostra à pessoa como ela é percebida. Vemos um "típico" terapeuta nutritivo no desenho da Fig. 17, e um "típico" terapeuta intelectual na Fig. 18.

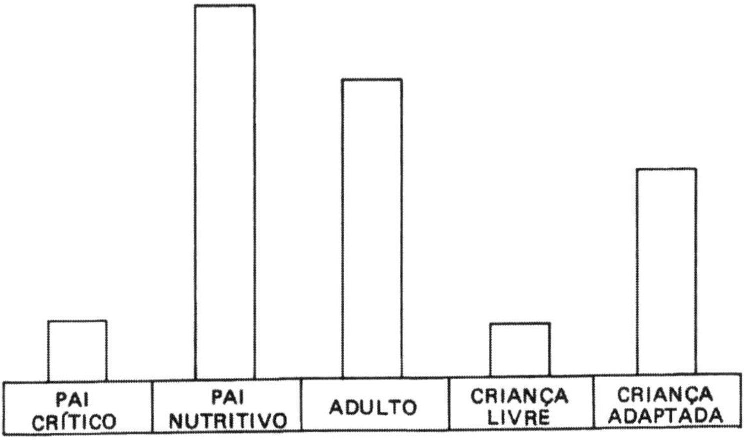

UM TERAPEUTA NUTRITIVO

Fig. 17

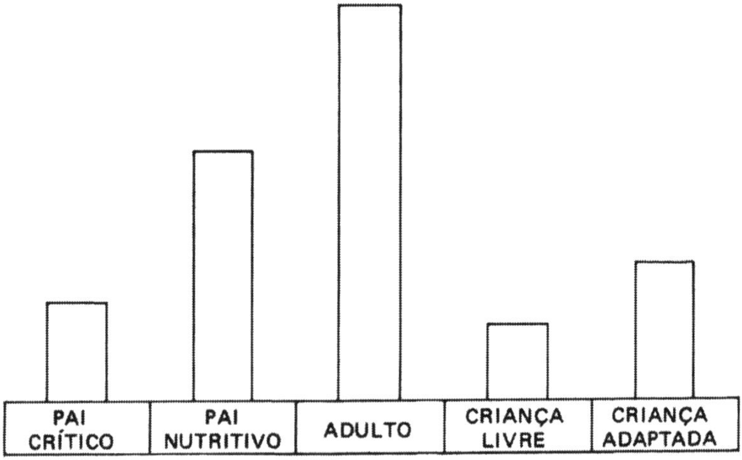

UM TERAPEUTA INTELECTUAL

Fig. 18

Nesses perfis, existe muito pouco Pai crítico, apesar de ele ser ligeiramente maior nos terapeutas intelectuais do que nos nutritivos. O Pai nutritivo é alto no primeiro e moderado no segundo. O funcionamento do Adulto é moderado no primeiro e alto no segundo. A Criança Livre é muito pequena nos dois, o que é responsável pela surpresa dos terapeutas a nos verem curar enquanto rimos e nos divertimos. A Criança Adaptada é moderada nos dois.

Esses são os perfis que o mundo vê. Cada vez mais, descobrimos que esses perfis internos são muito diferentes dos que mostram ao mundo. (Ver Fig. 19.) Esse diagrama interno, oculto, é visto quando o terapeuta é o cliente. Ele se mostra muito afastado da Criança livre e muito baixo em autoestima e auto nutrição. Em lugar de carícias positivas, o terapeuta se aflige e se persegue, exigindo um nível de perfeição que nunca sonharia impor aos seus clientes. Para ele, o principal contato é ver a si mesmo como digno de ser amado e encontrar meios de amar a si mesmo.

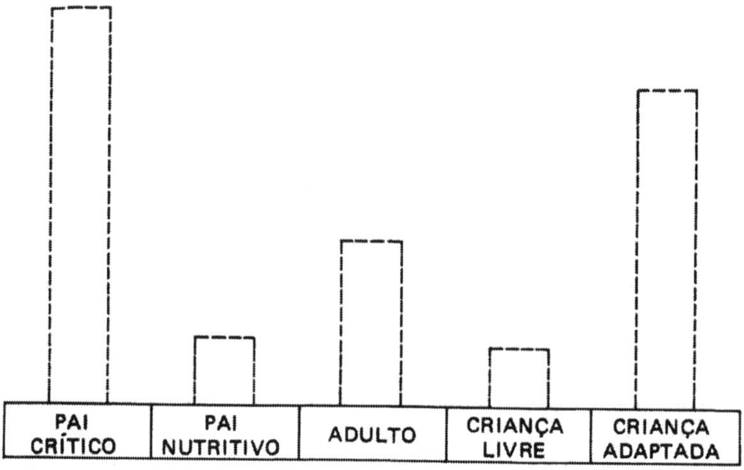

ECOGRAMA INTERNO DE TERAPEUTAS AUTOCRÍTICOS

Fig. 19

O primeiro passo para o terapeuta-cliente será reconhecer exatamente o que diz dentro de si que é auto perseguidor. *"Você é burro". "Você parece incapaz de ajudar qualquer pessoa!" "Por que John se sai muito melhor com os pacientes do que eu... ele nem mesmo é formado!"* O próximo passo é se responsabilizar pela perseguição, admitindo que ela não tem nada a ver com "gravações na cabeça" ou "pais porcos" ou "bruxo", ou qualquer outra coisa fora do controle de si mesmo. *"Uso essas palavras para me perseguir"*. Então, o cliente poderá voltar para cenas primitivas, para se lembrar que disse originalmente as palavras e para redecidir se elas não são úteis ou aplicáveis.

Depois disso, há técnicas de diversão para acabar com a autoperseguição. Uma pessoa pode transformar a perseguição em algo ridículo, colocando-a em música e cantando as palavras ou fazendo sons engraçados, ou então representando a perseguição de forma não-verbal, com gestos exagerados. Por exemplo, um de nossos psicólogos favoritos passou dois dias de um curso de quatro dias cantando sua autoperseguição ao som de árias de ópera muito conhecidas. Ele começou com, *"Está tudo bem agora, mas eles logo se cansarão de você, sua filha da puta"*, numa bela voz de barítono.

Outros usam a frase favorita de Bob, *"Quando estiver a ponto de começar a perseguir, substitua por uma fantasia sexual"*. Outros treinam ficar continuamente conscientes, ficando abertos a tudo o que sentem, veem, experimentam ou ouvem no presente.

John Howard[2] nos deu uma interessante técnica para parar com a perseguição.

John Howard: Na próxima vez que fizer a si mesmo uma carícia negativa, levante-se e peça desculpas a você mesmo.

Cliente: Não estou entendendo.

John: Assim *(Fica em pé)*. Peço desculpas a mim mesmo. Sinto muito por ter acabado de dizer que sou burro. Peço desculpas por tudo o que eu disse... não trato ninguém do modo tão mesquinho como acabo de fazer comigo e nunca deveria fazer isso comigo mesmo. Na verdade, sou um bom sujeito.

Cliente: É isso que quer que eu faça quando me critico?

John: Exatamente.

Damos tarefas como: *"Esta noite, antes de vocês pegarem no sono, mexam os dedos dos pés até ficarem conscientes de que eles são interessantes e dignos de serem amados"*. Então, digam, *"Dedos, eu amo vocês"*. Em seguida, passem para os seus tornozelos e repitam. Façam isso para o corpo inteiro e depois comecem tudo de novo se quiserem.

Algumas vezes, usamos um exercício para o grupo todo: *"Olhem pela janela e vejam tudo o que puderem ver"*. Esperamos um ou dois minutos e depois pedimos que falem. Geralmente eles veem as montanhas, colinas, pássaros, nossas árvores, flores e gado. Algumas vezes os falcões estão caçando e os campos totalmente coloridos por causa das papoulas. Em seguida, dizemos: *"Agora finjam que estão numa sala de espelhos. Vocês tiraram todas as suas roupas e estão se vendo sob todos os ângulos. O que veem?"* Quase sempre eles relatam os defeitos... excesso de gordura, seios ou traseiros caídos, rugas e problemas de postura. Dizemos, *"Olhem novamente para o panorama, desta vez com os olhos que olharam para vocês mesmos. Vejam o tipo de defeitos que relataram"*. Finalmente, pedimos, *"Voltem à sala de espelhos e desta vez olhem vocês mesmos como olharam para o panorama da primeira vez. Vejam o que é bonito"*.

Quando lidamos com clientes que não se lembram de terem tido pais amorosos, usamos um exercício onde pedimos que imaginem que são os pais que sempre desejaram ter:

Abe: Sinto muita tristeza quando os outros estão revivendo cenas tristes, especialmente como meninos. Não sei como me sair dessa.

Mary: Qual é o seu palpite? Não é necessário que esteja perfeitamente certo de qual é a razão. (Dito porque Abe é um perfeccionista.)

Abe: Bem... nunca me senti muito chegado ao meu pai. Acho que, basicamente, nunca houve lugar para mim na vida dele.

(Abe já trabalhou em aspectos do seu passado, de modo que Mary decide não o fazer voltar a cenas específicas com o pai.)

Mary: Então faça uma coisa. Invente um novo pai.

Abe: O quê?

Mary: Fique em pé e converse com Abe. Seja o tipo de pai que gostaria de ter.

Abe: (Fica em pé). Ele... eu... hã... me preocupo muito com o que você sente. Não fico bravo com você. Não estou sempre procurando para ver o que há de errado em qualquer coisa que esteja fazendo. Gosto do que está fazendo. Você é um funcionário muito dedicado. E você está se saindo muito bem. *(Vira-se para Bob e Mary)* Isto é embaraçoso.

Bob: Continue, você é um pai sensacional.

Abe: Estou interessado no que você está interessado. Entendo o que quer fazer e aprovo. E, quando você começar a se diminuir, vou dizer-lhe para parar com isso. É a única vez que vou criticá-lo. Eu... gosto de você. É isso. Eu gosto de você. *(Começa a chorar e volta para a sua própria cadeira.)*

Bob: Quer ser pai de novo e dizer a Abe o que gosta nele?

Abe: (Em pé) Acho que você é muito divertido.

Mary: Pai, enquanto está dizendo isso, está se afastando e pondo as mãos nos bolsos.

Bob: Como acha que poderia usar as mãos para dizer o que disse, junto com as palavras?

Abe: (Faz gestos de abraçar) Acho que você é legal. Sempre quis ter um filho como você. *(Chorando)* Gosto de você. Não é só isso, eu o amo. *(Volta para a cadeira)* Nem sabia o quanto desejava isso, por quanto tempo desejei isso. Quanto esperei que algum dia, se fosse suficientemente bom...sinto-me forte. Sinto-me amado.

Mary: Ótimo. E vai continuar a se tratar desse jeito? Nutrindo e amando a si mesmo?

Abe: Vou. Estou muito satisfeito.

Mais tarde, Abe relata: *Percebo que o que fiz tem um outro aspecto. Tenho um filho. Também vou tratá-lo do modo que eu queria ser tratado. Tratarei de nós dois desse jeito.*

A essa altura, o egograma interno de Abe está mudando da Fig. 20 para a Fig. 21.

À medida que o cliente passa da auto mortificação para a auto nutrição, aprende a gostar de si mesmo. Junta o fazer carícias, aceitar carícias e auto carícias e torna-se cada vez mais consciente da sua condição de ser amado. "Sou o único eu que jamais haverá". Esta é a base filosófica da afirmação da AT, "Estou OK".

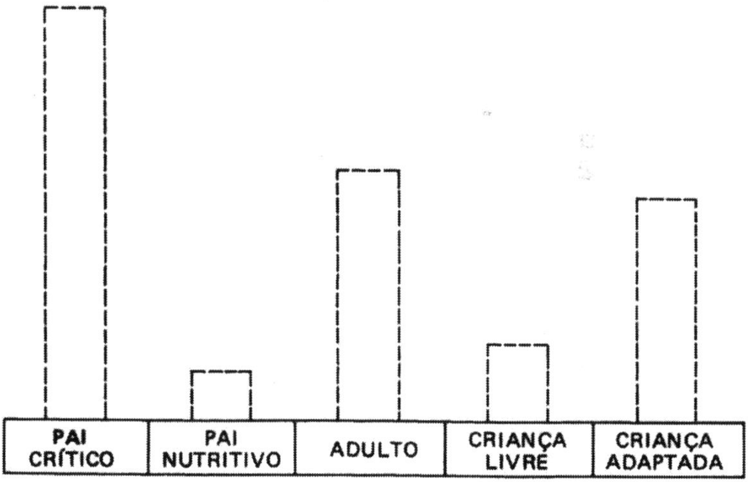

ECOGRAMA INTERNO DE ABE

Fig. 20

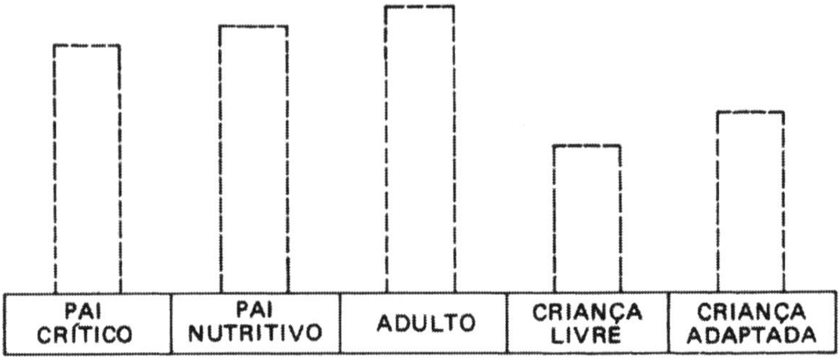

EGOGRAMA INTERNO DE ABE DEPOIS DE SE PARENTALIZAR IMPRESSÃO DE GOULDING

Fig. 21

CAPÍTULO 6

Emoções

A infelicidade e a procura pela felicidade são universais. A razão primária para os clientes procurarem terapeutas é porque não se sentem felizes. Seus terapeutas procuram outros terapeutas pelo mesmo motivo. As pessoas se casam, divorciam, têm ou não têm filhos, compram ou economizam, trabalham duro, aceitam ou repudiam religiões, tudo isso na esperança de que algo lhes trará a felicidade. Alguns anseiam pela felicidade agora, enquanto outros estão dispostos a enfrentar a infelicidade se tiverem garantias de que no futuro, seja nesta vida ou na próxima, finalmente serão felizes.

Trabalhando com pessoas de muitas nacionalidades e culturas diferentes, temos observado que cada um considera o seu grupo como o menos feliz. Alguns chegam a sentir um certo orgulho do grupo como um todo pela infelicidade, como fazem os brancos preconceituosos que acusam os negros de serem mais felizes e igualam isso a ser infantis, ignorantes ou moralmente inferiores. Nas famílias fundamentalistas, a mensagem é, *"Não se sinta bem demais! Se você se sente bem demais, deve estar pecando"*. Essa mensagem é transmitida quando uma criança é apanhada em brincadeiras sexuais ou quando está rindo em vez de trabalhar. Nas famílias judias, ouvimos, *"Não se sinta bem demais ou algo de mau irá acontecer"*.

Uma psicóloga de Israel estava aprendendo a boiar na nossa piscina. Quando perdeu o medo e começou a apreciar o seu feito, riu deliciada... e depois saiu correndo, soluçando, para longe da área da piscina. Bob a seguiu e perguntou, *"O que há de errado?"*. Ela respondeu que, subitamente, tinha se lembrado do sobrinho, que havia morrido na guerra. Bob começou a imaginar, em voz alta, por que ela teria pensado no rapaz no preciso instante em que estava se sentindo alegre. Sorrindo meio sem jeito, ela disse, *"Acredito que sei por quê. Quando ele foi morto, eu estava participando de uma convenção na Dinamarca e me divertindo muito. Como estou fazendo agora. Parece bobagem, mas estou com medo. Fico com medo de que, se ficar muito feliz, algo acontecerá a Israel"*. Na mágica da infância, ela estava mantendo Israel em segurança através das lágrimas.

Os bebês não nascem para ser felizes ou infelizes. São os fatores internos e externos que determinam seus períodos de bem-estar e sofrimento. Durante essa época, a injunção, *"Não seja feliz"* é dada pela doença, falta de cuidados, penúria ou maus tratos, porém, como nossa cultura reforça o amor entre pais e bebês, a maioria deles é amada. O mundo todo brinca com eles e eles copiam a felicidade que veem.

Tudo isso pode mudar de modo terrivelmente súbito durante o estágio em que a criança começa a andar, quando os pais definem a pequena pessoa como sendo "uma criança" em vez de "um bebê" e, portanto, alguém que pode ser castigado. Uma criança brinca com seus órgãos genitais, quebra um vaso ou grita de raiva por alguns instantes e, sem aviso, é punida. As pessoas gritam com ela, beliscam ou batem. Aqueles que ama e de quem precisa transformaram-se temporariamente em monstros. Isso "acontece com ela", "vem sem mais nem menos" e a *"faz ficar triste ou assustada"*. Todas as palavras que as pessoas usam para negar a autonomia são realidades para a criança não-autônoma. Sem palavras, ela decide, "lá por dentro", contra a felicidade, para poder evitar uma dor semelhante no futuro. À medida que a criança cresce, poderá se lembrar só do trauma, esquecendo-se da lição que imaginava- se que esse trauma iria ensinar. *"Lembro-me de papai batendo em mim... não me lembro por quê"*. Poderá também reprimir o trauma, mantendo-o só nos seus músculos. Não tem a mínima ideia por que fica tensa com a alegria ou sensações sexuais, ou por que se cala subitamente quando vai dar risada.

Acreditamos que as crianças continuam a ser felizes a despeito de atitudes parentais destrutivas se os pais lhes ensinam a felicidade pelo exemplo. Bebês e crianças precisam de alguém de quem copiar a felicidade e de alguém com quem possam ser felizes. Se os pais estão envolvidos na própria infelicidade, este será o modelo que haverá no lar. Usamos um exercício para aumentar a consciência de como os padrões de carícias familiares podem reforçar a felicidade ou infelicidade:

"Fique pequenina e lembre-se da casa onde você viveu. Ponha todas as pessoas da sua família dentro dela. Você está do lado de fora. Vai entrar correndo, e dizer-lhes e mostrar-lhes como está se sentindo".

Primeiro, você caiu e machucou o joelho. Uma gota de sangue está escorrendo pela sua perna. Mesmo que nunca tenha feito isto, entre correndo na casa, soluçando, dizendo que feriu o joelho. Mostre-lhes a gota de sangue. Agora veja a expressão no rosto de cada pessoa. O que estão sentindo? O que estão dizendo a você... e uns aos outros? O que estão fazendo com você? Com o seu joelho? Na próxima vez em que machucá-lo, o que acha que eles vão sentir... dizer... fazer?

Repetimos o exercício, usando emoções diferentes.

"Entre em casa chorando. Você está muito triste porque perdeu seu caracol de estimação".

"Você está brava, gritando, tendo um acesso de raiva. Um menino grande roubou o seu doce".

"Você está tão furiosa como antes. Desta vez está com raiva da sua mãe, que esqueceu de pôr os biscoitos na sua lancheira".

"Você corre para casa e está muito assustada. Pensou ter visto um enorme animal atrás de uma árvore".

"Você diz que está com inveja da menina que mora na casa vizinha porque ela ganhou uma corda de pular nova e você quer uma igual".

"Você fala baixinho que está envergonhada. Aconteceu uma coisa horrível. Você fez xixi na calcinha e as crianças maiores começaram a caçoar".

"Você entra correndo e dando risada. Está muito feliz porque ganhou uma estrela de ouro no seu caderno".

A maioria dos clientes ainda está reprimindo as emoções que eram inaceitáveis em seus lares de infância. Usam, como substitutos da felicidade, as emoções que eram premiadas ou permitidas. Alguns deles, com grande alegria, descobrem, nos exercícios, que sua felicidade era apreciada. Geralmente, tais clientes sabem como ser felizes.

Os pais ensinam e modelam sensações infelizes específicas. Um filho pode ser encorajado a ficar com raiva, quando a família ri e diz que "está no sangue", quando ele tem um acesso de cólera. Quando a mãe usa a tristeza para manipular a família ou para evitar ter que pensar com autonomia, a filha pode crescer sendo uma réplica chorosa ou uma triste guardiã de todas as mães do mundo, tentando fazê-las felizes.

Os homens na nossa cultura acham que têm que "voltar exaustos para casa", mesmo depois do seu dia de "trabalho duro" ter consistido unicamente em ficarem sentados atrás de uma escrivaninha. Copiaram a "exaustão" dos seus pais, que a copiaram dos seus que, por sua vez, copiaram dos seus pais que realmente ficavam exaustos derrubando florestas e arando a terra sozinhos.

Uma vez que a criança aprende qual infelicidade deve demonstrar, usa esse disfarce para manipular os outros:

Mary: Talvez forçar e ficar furioso fossem importantes... foram úteis quando você era criança?

Marta: Oh, foram. Consegui muitas coisas que queria. Só Deus sabe, era o único jeito. Eu não podia simplesmente pedir e ganhar alguma coisa. Tudo era conseguido com luta. Mamãe fazia muita onda, mas se eu quisesse pra valer, como ir a festas de aniversário ... oh, Deus, quando fiquei com idade para dirigir! Tive que ter verdadeiros acessos de cólera por seis meses!

Bob: Então é por isso que você agora procura pessoas que digam "Não". Assim, pode continuar com a velha raiva e ficar forçando os outros. Bem, é bom que fique sabendo que mesmo que fique fazendo espetáculos por um mês inteiro, não vou permitir que mude minha regra de não permitir que se fume nos quartos.

Se uma criança demonstra suficiente infelicidade, poderá, como Marta, conseguir dirigir o carro da família. Poderá persuadir os pais a ficarem em casa, a pararem de brigar ou mesmo se reconciliarem depois de um divórcio. Apesar de a maioria das crianças não causar um impacto tão importante por ser infeliz, elas continuam a fantasiar que, se forem infelizes o suficiente, poderão modificar os pais ou, pelos menos, fazê-los se sentirem culpados.

Genitores de 80 anos e seus filhos e filhas de 50 continuam a usar sua infelicidade em tentativas de modificar um ao outro. Também continuam a pensar no passado como se, de algum modo, pudessem modificá-lo, sentindo-se bastante mal atualmente. Nenhum de nós precisa se importar, quando adultos, como foi a nossa infância. Ainda assim, os clientes podem se manter parados por anos, se lamentando sobre o que não pode ser modificado. O desejo mágico de mudar o passado é usado para fomentar a infelicidade no presente.

A criança aprende que se se sentir mal o suficiente estará dispensada de fazer o que não quer. Se o pai volta do serviço exausto, não terá que consertar a máquina de lavar, brincar com os filhos ou conversar com a mulher. A esposa infeliz não terá que fazer o jantar e será levada para comer fora. O psiquiatra descrito num dos capítulos anteriores não será obrigado a escrever o trabalho enquanto ficar se culpando por não escrever.

Tendo aceito as injunções "Não seja feliz", nossos clientes copiaram a infelicidade dos seus pais, receberam carícias por serem infelizes, aprenderam exatamente quais sensações infelizes devem experimentar, descobriram que podiam manipular os outros e desculparem a si mesmos quando usavam essas sensações... e, finalmente, a infelicidade se tornou um hábito.

Jane: Não sei se vale a pena lutar por isso. Voltar a trabalhar. Adoro trabalhar, você sabe. É que detesto as amolações.

Mary: Quem são os amolados e amoladores na sua casa?

Jane: Bem, quando eu... se eu voltar a trabalhar, os meninos vão ter que entrar nos eixos. Não vou poder fazer tudo... não vão poder continuar sendo do jeito que são agora.

Mary: Veja-os à sua frente e diga-lhes.

Jane: (Alternando entre raiva e lamentos, diz a eles tudo o que espera que façam na casa para ela poder ter tempo livre para trabalhar fora.)

Mary: Não estou entendendo. Se, ou quando, voltar a trabalhar, quanto dinheiro haverá mais na sua casa?

Jane: Terei que descontar as despesas. Tirando as despesas e impostos, calculo que terei uns 800 dólares por mês.

Mary: Então, por que diabos não está planejando usar parte do dinheiro para contratar alguém que arrume e cozinhe?

Mary sabe por quê. Jane foi ensinada desde cedo a não ser feliz. É justo dizer que, no início, uma mãe raivosa a "fez infeliz". Jane choramingava porque era uma menininha infeliz presa num lar infeliz. Como acreditava que ser mãe significava ser infeliz e uma pessoa raivosa, disposta a pôr a culpa nos outros, cresceu para se transformar numa mulher que alterna entre raiva parental e choramingos de criança. Se desistir de ser infeliz por ficar em casa quando tem vontade de trabalhar fora, e desistir de culpar os filhos por não poder sair, estará "correndo o perigo" de conseguir o que mais deseja e menos sentiu: felicidade.

April, como Jane, não tem, atualmente, um verdadeiro motivo para se sentir infeliz. Está participando de um curso intensivo na nossa casa no Monte Madonna, onde o ambiente é lindo, a comida é saborosa e onde pode desfrutar da companhia das pessoas mais interessantes que poderia encontrar. Em vez de se divertir, relata, na segunda-feira, que teve *"um fim de semana horrível"* e que está *"aborrecida comigo mesma... estraguei o meu fim de semana.*

Mary: Certo. Vamos pegar o domingo. E conte o que fez como se estivesse acontecendo.

April: Não fiz nada de útil. Comecei a escrever e desisti. Fui nadar, mas achei que não tinha tempo porque não fiz umas coisas que devia ter feito. *(Fala rapidamente, num tom seco e cheio de raiva, suspirando com frequência).* Então, nadei uma ou duas voltas, saí da água, vim cá para cima e decidi que gostaria de fazer um contrato sobre carícias. Eu me distraí e esqueci disso. Também queria muito aproveitar o tempo livre para ouvir as minhas gravações ... nem comecei. No final do dia, estava exausta e completamente irritada comigo mesma.

Trabalhamos por cerca de 20 minutos, não chegando a nada. April não sabe o que quer mudar, não tem certeza do porquê se fez ficar tão infeliz e toda sua energia está dedicada a fazer uma arenga sobre si mesma.

Mary: Ei, que tal fazer algo diferente? Finja que você é a pessoa mais feliz que jamais encontrou. Comece tudo de novo sobre o domingo... tempo presente ... da posição mais feliz. Fazendo exatamente o que fez.

April: (Reluta um pouco, pede que as instruções sejam repetidas, e depois começa.) Certo. Bem, eu... hã... vou pegar um livro sobre gestalt e começo a ler. Leio por algum tempo ... mas decido que, na verdade, não estou com vontade de ler... *(Risadinha)* É um livro muito chato para um domingo... Então eu me levanto e começo a andar por aí. Estou com alguém e temos uma ótima conversa. Vejo todo mundo nadando, percebo que estou com muito calor, entro na piscina e estou me sentindo ótima. *(Risada)* Nado por algum tempo e depois digo a mim mesma, oh, acho que vou fazer outra coisa. Há tanto a fazer, e aqui fica muito agradável quando a maioria do pessoal sai e os poucos de nós que ficam são praticamente donos do lugar. Tudo o que fazemos é ótimo. E... esqueci as gravações... que pena...

Bob: Que bom que esqueci das minhas gravações e não estraguei o meu dia escutando essas coisas chatas.

April: Você está certo! Se tivesse me lembrado delas ficaria enfiada naquele quarto, sozinha, sem ninguém para conversar e eu... Todas aquelas malditas coisas que devia ter feito ... Em vez disso, passei um dia sensacional com um grupo de pessoas realmente formidáveis.

Membros do grupo: (Risos e aplausos)

April: Estou incrédula... sinto-me totalmente incrédula. Tive um ótimo dia e me fiz sentir mal o tempo todo. Eu me diverti muito. Vou ficar com isso. *(Ri, balança a cabeça como se não pudesse acreditar).*

Ficamos contentes em ver que ela entendeu a mensagem. No outro fim de semana, já tinha parado de se mortificar e estava se divertindo imensamente. Começou a andar com um passo mais elástico, mais jovial, e falava com animação.

Nossa meta na terapia é fazer os clientes experimentarem sensações que enterraram há muito tempo e depois usar todas elas como um estímulo para o pensamento e ação. Nossa posição é que os clientes querem ser felizes e, portanto, desejam passar o menor tempo possível na tristeza. Para fazer isto, eles precisam abandonar suas sensações de infelicidade crônicas e estereotipadas, que chamamos de disfarces.

RAIVA

Lembramo-nos com prazer de um homem, colérico, que participou de um dos nossos cursos intensivos em Nova York. Bill acredita na justeza da sua própria raiva e desafia qualquer um que discorde dele. Está furioso com o governo, sua ex-esposa e, no momento, está especialmente furioso com nossa teoria de que as pessoas são responsáveis pelas próprias emoções. Quando acaba de dizer isso, Mary atira-se no chão, fingindo soluçar. *"Meu Deus, você está certo. Olhe como fez me sentir!"* Ele ri e, pelo resto do dia, fica menos argumentative.

No dia seguinte, Bill explica que sempre esteve com raiva e concordamos que ele lembra-se de si mesmo desse modo. Seu impasse é um de terceiro grau, porque experimenta sua raiva como algo geneticamente adquirido e como uma parte integral de si mesmo. Dizemos, *"Onde morou quando era pequeno?" "Brooklyn"... "Certo. Entre pela porta da frente e veja o que está acontecendo. De que você está com raiva?"* Ele descobre que não estava tão furioso então como está agora. Fica assustado com a ira demonstrada pelos seus pais e parentes. *"Eles são impossíveis... terríveis. Estão atirando sopa uns nos outros, xingando, fazendo tudo para estrepar uns aos outros..."* Bill trabalha numa cena primitiva e se distancia das raivas da sua família.

Na terceira manhã, Bill relata, *"Foi uma loucura o que aconteceu comigo quando estava vindo para cá. Vim pela mesma estrada que costumo usar e o trânsito estava tão ruim como sempre. Então, digo a mim mesmo, não tenho que ficar com raiva dessa merda de trânsito. Depois, vejo esse guarda e digo a mim mesmo, não tenho que ficar com raiva dessa merda de guarda. De repente, acontece essa coisa maluca. Vejo esse lindo cavalo branco numa colina toda verde. Devo tê-lo visto uma centena de vezes antes... e nunca o enxerguei até esta manhã. De repente, estou me divertindo, vendo todos os tipos de coisas que nunca vi antes."* Durante aquela semana, Bill trabalhou para fortalecer sua decisão de levar uma vida feliz e de se divertir. É um homem vital, corajoso e desejamos a ele muitos anos de alegria vendo cavalos brancos, colinas verdes e gostando de si mesmo.

Quando trabalhando com um cliente irado, o primeiro passo é ajudá-lo a separar o sentimento do comportamento, de modo que por mais irado que decida ser, seja qual for a provocação, ele não agirá de uma maneira que poderá ferir a si mesmo ou a outra pessoa. *"Posso ficar o mais furioso que escolher e ainda assim escolher meu comportamento"*. Uma pessoa com raiva pode exteriorizar, descobrindo comportamentos irados não perigosos, como quebrar galhos secos ou atirar ovos numa árvore.

O passo seguinte é reconhecer que ele pode pensar e sentir ao mesmo tempo e que pode continuar a raciocinar mesmo quando fortemente emocionado.

Mary: Certo, você está dizendo que está furioso com o seu chefe do departamento... e que acredita que tudo o que pode fazer é reclamar e espumar de raiva...

George: Estou tão louco da vida que nem consigo pensar.

Mary: Não, não está. Você é muito inteligente e sempre pode pensar. Experimente. Continue cheio de raiva como está e ponha o banquinho à sua frente... assim... agora, enquanto soca e berra, dê duas ideias criativas de como lidar com a situação.

Depois de reconhecer que consegue raciocinar muito bem mesmo quando está com raiva, e que não vai ferir ninguém, o cliente poderá precisar de permissão para desfrutar da sua cólera, em vez de usá-la para se martirizar.

Bob: Então, você está louco da vida com ele. Fantasie o que gostaria de fazer com ele.

Queremos que os clientes aprendam que fantasias são ótimas, desde que não se realizem. Bob costuma contar aos clientes sobre a ocasião em que estava furioso com Eric Berne. Foi falar com Fritz Peris, seu amigo íntimo, e esta foi a conversa que tiveram.

Bob: Fritz, estou furioso pra danar com Eric e vou dar um jeito nele. *Fritz:* "Ya". O que gostaria de fazer com ele?

Bob: Gostaria de matá-lo!

Fritz: Como gostaria de matá-lo? Fale-me das suas fantasias.

Bob: Oh...gostaria de pendurá-lo pelos dedões dos pés e ir deixando-o cair vagarosamente num tacho de água fervendo.

Fritz: (Rindo) "Ya". Conte mais.

Os clientes podem pensar que eles precisam da raiva para serem poderosos. *"Se eu não ficasse com raiva, nunca conseguia o que queria"*. Isso pode ser verdade em famílias que não reagem até alguém alcançar um certo nível de fúria. Esta crença pode ser eliminada em terapia de grupo ou família, à medida que os indivíduos aprendem e praticam a diferença entre asserção e agressão.

Will está com raiva da filha e acredita que se aprender a ficar ainda mais bravo será mais eficaz ao lidar com ela:

Will: (Falando com Vicky em fantasia) Estou com raiva de você, Vicky, porque você age como se tivesse nascido em berço de ouro. Já faz dois anos que você saiu da universidade e fica brincando de esquiar, trabalhando um pouquinho aqui, um pouquinho ali. Agora está de volta à casa e diz que está procurando emprego. Estou sustentando você e...

Mary: Então, por um lado você diz a ela para não crescer... está sustentando-a... e por outro, fica com raiva porque ela não cresceu.

Will: Está certo. Quando brigo com você fico realmente mesquinho...

Bob: Seja mesquinho e diga a ela o que pretende. Seja vigoroso.

Will: Que diabos, Vicky, quero que viva por sua própria conta.

Bob: Não fale sobre ela. Diga-lhe qual é a sua.

Will: Pois esta é a minha... estou cansado de ser molenga, cansado de ser embrulhado e de dar mais do que quero e...

Bob: Você não está sendo embrulhado, você embrulha a si mesmo.

Will: É verdade. Eu me faço ficar embrulhado e dou mais do que quero e acabo ficando com raiva de mim e de você.

Mary: Esse é o problema com os contratos de raiva. Que importa se você está ou não com raiva... ainda vai continuar dando dinheiro a ela. E, uma vez decidido a sustentá-la, acho que seria mais agradável ficar feliz com isso. Terei prazer em trabalhar com você de modo que gostará de lhe dar dinheiro pelo resto da sua vida, se for isso que escolher, ou ficar satisfeito por não lhe dar mais nada. Pelo que ouvi, seu ponto "emperrado" é que você acha que tem que se sentir mal de qualquer um dos modos... com raiva se fizer e culpado se não fizer.

Will: Hummm. Sim, quero parar de me sentir culpado por recusar e com raiva.

Mary: Então você está sendo ambivalente. Certo. Experimente. O que quero é que se lembre quando tinha a idade de Vicky. Entendeu?

Will: Sim. Estava terminando a escola de medicina.

Mary: Ótimo. Seu pai ainda estava vivo?

Will: Sim.

Mary: Então, imagine-se dizendo ao seu pai, "Decidi ficar vagabundean- do por uns dois anos, esquiando, fazendo coisas assim. Sei que você vai me sustentar

Will: (Cai na risada)

Mary: Por que está rindo?

Will: Papai nunca entraria nessa. Ele nunca mais me deu nada depois que fiz 16 anos. *(Pausa)* Se eu fosse como ele, acredito que minha filha já seria financeiramente independente. Ou talvez já estivesse casada. Não estou com raiva agora. E não adianta me sentir culpado.

Mary: Bem, Will, você não está sozinho. A maioria de nós chegou onde estamos obedecendo mensagens "*Não seja criança*". Na verdade, ótimas mensagens. Deveríamos agradecer nossos pais. O que aconteceu, então, é que, secretamente, todos nós gostaríamos de continuar a ser crianças, e usamos nossos filhos como substitutos. Dizemos a eles, não se preocupem, cuidaremos de tudo. Vocês podem continuar a esquiar, fazer tudo o que não pude, ter tudo o que não pude... e eles terminam sendo bebês e terminamos ressentidos com eles.

Will: Absolutamente certo. Foi em cima. Meus filhos são muito inteligentes e criativos.

Mary: Acho, então, que assim que você vir sua filha como mulher e não como uma menina, ela encontrará um meio de ser financeiramente independente.

Bob começou por seguir a diretriz que Will desejava, montando o trabalho de base de modo que ele sentisse e expressasse a sua raiva. Naturalmente, isso raramente traz a resolução. Will estará mais feliz resolvendo sua ambivalência do que praticando sua ira. Como o cliente que não terá que escrever o artigo enquanto se sente infeliz por não o escrever, Will não terá que atirar a filha para fora do ninho enquanto continuar com raiva dela por não sair por sua própria conta.

Alguns clientes usam a raiva para justificar um comportamento que, de outro modo, jamais se permitiriam. Na AT isto é chamado colecionar figurinhas de raiva para poder ganhar uma dispensa do serviço, um divórcio ou uma bebedeira sem sentir culpa. Ao trabalhar com tais clientes, primeiro pedimos que aceitem que podem se divorciar, pedir a conta ou beber, se quiserem, sem ter que colecionar figurinhas para poderem trocar por isso.

Mary: Ei, o que há de errado em simplesmente decidir que você não quer mais morar com ele? Por que tem que ficar furiosa para se separai?

Gwen: Não faria sentido... você não pode simplesmente deixar alguém sem ter uma boa razão...

Mary: (Faz voltar a fita no gravador) Ouça o que disse. Preste atenção no "você". "Você não pode deixar alguém". Essa é a programação. "Você não pode deixar", diz uma parte sua. A outra diz, "Oh, Mamãe, mas eu tenho boas razões, ele é tão mau! Ouça todas as razões que tenho para ter raiva dele!"

Gwen: Hummm... Bem, isso encaixa. Ninguém na minha família se divorcia. De fato, já escrevi várias cartas à minha mãe contando sobre ele, esperando que ela irá dizer, *"Peça o divórcio"*. Em vez disso, ela diz, *"Tente com mais empenho"*. *(Sorri)* Acabo de pensar num negócio engraçado. Cada vez que ela diz *"Tente com mais empenho"*, tento encontrar mais coisas erradas nele.

Apesar de cada um de nós ter muitos outros meios de nos estimular a fazer certas tarefas neste mundo, o cliente irado acredita que precisa da raiva como um estopim para a ação. Costumamos dar a tais clientes as seguintes perguntas para fazerem a si mesmos sempre que ficarem com raiva:

1. *A situação que o faz sentir raiva (ou tristeza, culpa, etc.) é real ou imaginária?* Se ele está com raiva do que poderá acontecer no futuro, a situação é imaginária. Se está com raiva como uma reação a uma interpretação ou adivinhação que fez sobre o comportamento de alguém, é uma situação imaginária até ele se certificar sobre os fatos.

Sara: Meu marido não se importa com o que eu penso e isso me deixa louca da vida.

Mary: Diga-lhe o que pensa e descubra se ele se incomoda ou não com esse pensamento. Enquanto não perguntar, só vai poder ficar adivinhando.

2. *Há algo que eu possa fazer?* Se Sara descobre que, de fato, o marido não está interessado no que ela pensa, pode se divorciar dele, pode parar de contar seus pensamentos, descobrir em que ele está interessado ou continuar a dizer o que pensa - mas sem ficar com raiva quando ele não se importa.

3. *Eu escolho fazê-lo?* Depois de ouvir todas opções possíveis, Sara pode escolher seguir uma delas ou não fazer nada. Seja qual for a sua escolha, sua raiva não mais terá valor para ela.

Quando um cliente acha que sua raiva é inevitável porque é a única reação lógica ou possível a uma situação, está acreditando que as pessoas e situações podem fazê-la sentir. Frequentemente usamos a fantasia para mostrar que cada pessoa escolhe suas próprias sensações:

"Feche os olhos. Finja que está dirigindo seu carro. Você está um pouco acima do limite de velocidade permitido. O carro que está à sua frente para de repente, sem fazer sinal, e você freia imediatamente. Você bate no carro da frente, mas não sai ferido. Continue sentado por um instante. O que está sentindo? Desça e verifique os dois carros. Você vê que o para-choque e o radiador estão amassados. O que está sentindo? O que você diz dentro da sua cabeça?"

Quando um grupo de clientes faz essa experiência juntos, imediatamente percebem que cada um deles teve sensações diferentes e que essas sensações foram determinadas não pelo acontecido, mas pelo que cada um disse a si mesmo sobre o acidente. Os medrosos inventam histórias do tipo, *"Eu poderia ter morrido"*. Os culpados repreendem a si mesmos e imaginam que o seguro será cancelado porque estavam acima do limite de velocidade. Os tristes poderão decidir que terão que gastar o dinheiro reservado para as férias para mandar consertar o carro. Os raivosos focalizarão sua atenção no pateta que freou sem fazer sinal.

Se um cliente continua a acreditar que as pessoas ou situações o fazem ficar com raiva, o terapeuta poderá ficar tentado a capitular, especialmente se ele também costuma reagir com raiva a situações similares e, assim, acredita secretamente que ela pode ser justificada. Os dois poderão, então, se envolver num "aconselhamento" em vez de em um contrato de terapia, à medida que ignoram a patologia do cliente enquanto avançam na resolução dos problemas. Essa abordagem pode resultar na solução dos problemas externos do cliente, mas se ele os resolve e continua com raiva, irá criar novos problemas para justificar sua posição de vida com ira.

Há muito tempo, quando começamos a liderar grupos, ouvimos Ruth e Si brigarem. O assunto favorito de Si era a recusa da esposa a fazer a limpeza de dois apartamentos que tinham para alugar. Três meses depois que os inquilinos saíram, as unidades ainda estavam desalugadas porque não tinham sido limpas. Ruth alternava entre se confessar culpada e atacar Si por só querê-la como uma faxineira. Enquanto Si continuava com as reclamações, Bob interrompeu-o para perguntar alguns fatos, que escreveu no quadro-negro:

Perda do aluguel:	$150 x 3 meses	$450
	$200 x 3 meses	$600
Custo da terapia:	$15x6 sessões	
	x duas pessoas	$180
		$1.230

Bob perguntou quantas horas levaria para limpar os apartamentos e escreveu:

Uma mulher de limpeza $ 3.00 x 40 horas $ 120

	$1.230
-	120
	$1.110

Bob disse, "Sua raiva é muito importante para você. Está disposto a perder $1.110 só para ficar louco da vida com sua mulher."

Há vários modos de se trabalhar com um casal como esse. O método antiterapêutico seria o grupo e o terapeuta decidirem qual dos dois era mais culpado e depois pressioná-lo a se modificar. O método não-terapêutico seria ajudá-los a resolver o problema. Cada membro do grupo poderia ter uma solução ou o casal seria solicitado a encontrar e relatar soluções. Se for esse o único foco, duas pessoas cheias de raiva iriam resolver um problema, só para aparecer na próxima semana com um outro. Continuariam a inventar situações onde poderiam magoar a si mesmos e continuariam longe um do outro a serviço de manter as velhas posições de vida.

Para passar ao largo da resolução de problemas, Bob introduziu uma solução óbvia e depois rapidamente levou o foco para a patologia do homem, para a sua raiva não funcional. Antes de a sessão terminar, mostramos o jogo "*Chute-me*" feito pela esposa, onde ela fica pedindo pontapés ao prometer que vai limpar os apartamentos e depois não cumprindo a palavra. Trabalhando com ambos, voltamos o foco para suas dificuldades em serem emocionalmente chegados.

Na sessão seguinte, mostramos-lhes seu Muro de Trivialidades:

Bob: Você, Si, diz que tem raiva porque ela não quer sexo pela manhã.

Ruth: É claro que não quero sexo de manhã. As crianças estão acordadas. Você não se incomoda com as crianças. Na verdade, algumas vezes acho que as únicas coisas com que se importa são a maldita TV e seus apartamentos.

Si: É um caso perdido! (Dito num tom alto, cheio de raiva).

Bob: (Desenha os três círculos para cada um deles e depois dois tijolos, escrevendo "Sexo" em cada um deles. Ver Fig. 22.) Os dois estão irados por causa do sexo. Ruth, você está com raiva de Si por causa de uma ou outra coisa a respeito das crianças e sobre Si e a TV. (Bob desenha outros dois tijolos, escrevendo neles "Crianças" e "TV".) Do que mais você tem raiva, Si?

Si: Não estou entendendo onde você quer chegar. Raiva? De um monte de coisas. Do modo como ela cuida da casa... como não cuida, devia dizer. A bagunça que faz no talão de cheques...

Bob: Certo, é o bastante. *(Desenha mais dois tijolos e depois traça as linhas transacionais entre os estados do ego.)* Isto é o que chamamos de Muro de Trivialidades. São coisas banais

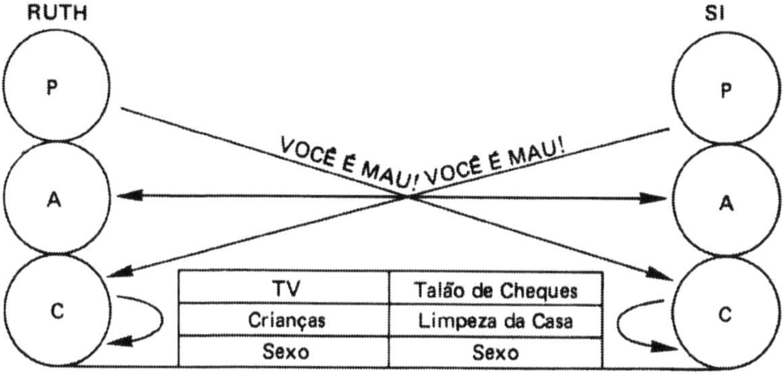

MURO DE TRIVIALIDADES

Fig. 22

que vocês transformaram em algo mais importante do que a intimidade. Veem o que ele faz a vocês? O muro é suficientemente baixo para ficarem reclamando um do outro a partir dos seus Pais. Também é bastante baixo para poderem, às vezes, conversar de Adulto para Adulto.

Mas vejam o que acontece quando vocês querem brincar. O muro impede. Vocês constroem e conservam esse muro.

Ruth: Isso significa que temos que resolver todos esses problemas...

Bob: Nada disso. Não iria funcionar. Para cada tijolo que removessem, colocariam outros seis. A questão é, vocês querem ficar unidos, íntimos? Se não quiserem, tudo bem. Focalizaremos como os dois poderão manter essa distância sem precisar usar o muro.

Na sessão seguinte, eles estavam prontos a examinar como suas decisões primitivas estavam afetando sua vida atual.

Ruth: Não compreendi bem nosso Muro de Trivialidades. Não acho que sejam trivialidades, mas de modo geral, entendi a ideia. Se estivéssemos furiosamente (!) apaixonados, encontraríamos tempo para fazer sexo e não... Tenho raiva demais dele para querer sexo.

Mary: É, você o acha difícil. De quem sentiu raiva antes de Si?

Ruth: De ninguém do modo que tenho dele.

Mary: Faça um teste. Feche os olhos e volte à sua infância...

Ruth: *(Nem perde tempo em fechar os olhos)* Oh, quis dizer na infância?

A droga do meu irmão é exatamente igual a Si.

Usamos a cena entre Ruth e o irmão para fazê-la reconhecer suas decisões primitivas sobre meninos e meninas, homens e mulheres, raiva e intimidade. Ela ri à vontade à medida que vai percebendo, ao reviver uma cena de infância, que o antagonismo do irmão era seu modo de criar uma distância para abafar seus possíveis desejos sexuais por uma irmãzinha realmente atraente. Enquanto vai tirando o rosto do irmão de cima do rosto do marido, está mais livre para procurar os meios de conseguir intimidade com ele.

Trabalhando com cenas primitivas, Si reconhece que sua raiva original era dirigida ao pai, que o abandonou, e à mãe, que o perseguia.

Si: Tenho todo o direito de ter raiva de você. Você nos deixou quando eu só tinha seis anos. Achou que eu ia aguentar minha mãe... seu filho da puta!

Bob: Você tem todo o direito, se essa for a sua escolha. Diga-lhe, "Escolho ficar com raiva de você até você se modificar".

Si: Está certo. Vou ficar com raiva até você se modificar e você nunca vai mudar.

Bob: Vou ficar com raiva de você até você se modificar quando eu tinha seis anos de idade.

A essa altura, a maioria dos clientes percebe a idiotice da sua posição e desistem espontaneamente da raiva. Si é muito mais teimoso.

Si: Vou ficar com raiva de você para sempre.

Mary: É exatamente onde você está emperrado.

Si: Bem, sabem, ele ainda está vivo... ainda o vejo. Continua o mesmo... vive só para si. Para ninguém mais. *(Está furioso.)*

Aqui, Poderíamos parar com o trabalho, deixando Si experimentar sua permanência no impasse, ou então Poderíamos sugerir, *"Sonhe com isso esta noite e veja o que seu sonho lhe diz"*, ou Poderíamos fazer várias outras coisas. Mary decide levá-lo a uma viagem de fantasia que é uma de suas favoritas:

"Feche os olhos e finja que está mandando seu pai participar de nosso próximo curso intensivo de quatro semanas. Quer tanto que ele se modifique que economizou e está disposto a torrar 1.200 dólares para ele vir aqui. Agora, imagine que o curso acabou, que seu pai se modificou mais do que você jamais poderia sonhar. Ele é um homem totalmente novo. É carinhoso, gentil, cheio de consideração e adora tudo o que você faz. Seja o que for e fizer, você é exatamente tudo o que ele sempre quis. Continue imaginando. Ele está vindo pela rua, aproximando-se da sua casa. Toca a campainha. Você o deixa entrar e ele o abraça. Diz, "Perdoe-me pelo passado. Não agi certo quando você era pequenino e nem mesmo quando ficou adulto, e agora vou compensar tudo. Vou mudar para cá e ficar com você pelo resto da minha vida".

Quando Mary termina a última sentença, Si grita, *"De jeito algum!"* e começa a rir. Todo o grupo está rindo. Com essa fantasia, Si corta abruptamente o cordão umbilical simbiótico com o passado e desiste de esperar que o pai se modifique.

Frequentemente, a raiva é usada pelas crianças para se defenderem das pessoas que dão as injunções. Mesmo as que vêm de ambientes aparentemente excelentes, podem usar a raiva para evitar capitular diante de atitudes parentais adocicadas. Pais bonzinhos, sufocantes, dizem: "Estou com frio, vista o agasalho", "Não é verdade que está com raiva do seu irmãozinho, você está só cansada" ou "Meu homenzinho valente não pode estar com medo". A injunção é "Não sinta o que sente, sinta o que eu sinto". Os pais também dão injunções contra o pensar: "Menininhas não sabem nada sobre motores, querida", "Os cachorros estão só brincando... não preocupe sua cabecinha com isso" ou, "É claro que Papai Noel consegue descer pela chaminé". As pessoas que acreditam em tais mensagens se tornam tão banais e pseudos ignorantes como seus pais. As crianças iradas poderão preservar seu direito de pensar e sentir, o que fará com que se tornem adultos muito mais interessantes do que seus irmãos e irmãs mais dóceis.

Alguns clientes usaram sua raiva primitiva para se defenderem contra injunções letais. Ao invés de aceitarem que são inúteis, loucos ou os destruidores da vida dos pais, defendem-se com a raiva. Ouvindo as histórias da infância de delinquentes e criminosos, muitas vezes reconhecemos suas atitudes de ira como uma alternativa a uma capitulação que significaria uma profunda depressão ou psicose. Tais clientes precisam conhecer e apreciar esse aspecto das suas raivas, que serviram para preservar sua vida, enquanto são ensinados que agora têm outras opções para resolver os problemas atuais.

RAIVA REPRIMIDA

Algumas vezes, crianças raivosas assustam-se a si mesmas quando percebem o que fizeram ou o que poderiam ter feito e, daí em diante, passam a reprimir sua raiva. Hank, que foi criado numa série de péssimos lares adotivos, abafou sua raiva e depois, repentinamente, sem terapia, redecidiu. Terminou a universidade, tomou-se um ótimo terapeuta... e durante esse processo continuou tentando esquecer da sua raiva.

Hank: Ontem, um dos homens que estão aqui me deu uma cotovelada nas costelas. O que me preocupa mais... sinto-me bem dizendo, *"Ei, pare com isto, não gosto dessas besteiras"*. E, logo depois, eu estava novamente começando a inventar estúpidas briguinhas verbais com as pessoas. Quero parar com essa minha mania de procurar discussão por bobagens.

Mary: Mas você não quis e não quer brigar com o homem que lhe deu a cotovelada.

Hank: Não conte ele. Não briguei com ele. Na verdade, teria gostado de atirá-lo no chão. Escolhi não fazer isso e não vou fazer. Não sei o que fazer com meus sentimentos. *(Fala num tom muito casual).*

Bob: O que gostaria de fazer a ele?

Hank: Só queria dizer. . .

Bob: Diga a ele.

Hank: Minha fantasia é, "Pare com essa merda. Não vou ser objeto da sua raiva. Não faça isso de novo comigo".

Bob: Você teve fantasias de bater nele.

Hank: Não foi bem assim.

Bob: Quis atirá-lo no chão?

Hank: Não foi bem assim. Não. Eu só desejei que não me desse a cotovelada.

Bob: Crie a fantasia de que está batendo nele... fale alto.

Hank: Tenho medo de bater nele.

Bob: Só em fantasia.

Hank: Tenho mesmo muito medo de bater nele.

Mary: Do que tem medo?

Hank: (Num tom de voz muito contraído) Tenho medo de que se começar a bater em você não vou conseguir parar. *(Começa a soluçar, para)* Tenho medo de que haja algo de errado comigo... vejo pessoas como você, pessoas como eu, cheias de raiva como sou, e quero... aprender a não ter raiva. Não quero mais ser assim.

Bob: Pelo que estou entendendo, você se recusa até mesmo a fantasiar sua raiva.

Hank: É isso mesmo.

Bob: Você disse, *"Não sei o que fazer com minha raiva"*, e recusou-se a criar uma fantasia com ela. Está disposto a fazê-lo agora?

(Mary traz algumas almofadas pesadas.)

Hank: Não quero... tenho medo *(Pausa longa)* Quero que você tire esse cotovelo das minhas costelas... vá se foder...

(Bate duas vezes nas almofadas, bem fraco, e para.)

Mary: O que acontece é que você está com raiva e consegue reprimi-la rapidamente ficando temeroso, com medo. Você se assusta com o que poderia fazer na realidade. Permita a si mesmo ficar fisicamente com raiva em fantasia...

Bob: Soque as almofadas.

Hank:(Balança a cabeça.)

Mary: Comece com, "Eu não me atrevo a bater na almofada".

Hank: Eu não me atrevo a bater na almofada.

Mary: Por quê?

Hank: Não tenho vontade. É besteira.

Bob: E daí, é besteira mesmo. Mas, bata.

Hank: (Explode... soca as almofadas, dá-lhes pontapés, atira-as para longe.)

Mary: Como se sente?

Hank: Cansado. Minhas mãos estão formigando, meus músculos ainda estão tensos.

Mary: Então bata um pouco mais.

Hank: *(Soca, bate e grita "AH"e "FODAM-SE". Depois para e senta-se.)*

Mary: Como se sente?

Hank: Sinto-me em paz. Meu estômago está relaxado. Estou consciente da minha respiração. Acho que estava precisando fazer isso.

Bob: Claro.

Hank: É. Quando sinto raiva, não tenho certeza do que fazer. Eu a seguro lá dentro. E, quanto mais seguro, mais fico procurando por discussões para deixá-la ir saindo aos poucos.

Bob: Foi por isso que quis que você fizesse alguma coisa física... dentro de uma fantasia.

Hank: Agora isso está ficando muito claro para mim.

Mary: Quer fazer o favor de agradecer a parte de você que tem raiva? Até agora você reprimiu... veja que tipos de vantagem ela lhe deu.

Hank: Sim. Ah. Você é a parte de mim que não me deixa sentir medo. Reconheço e agradeço por você ter sido tão útil quando eu era pequenino. Foi muito gentil da sua parte ter me energizado quando as pessoas faziam coisas que não deviam estar fazendo comigo. Você me ajudou a me manter. E é danado de bom ter você por perto se o negócio ficar duro demais e eu precisar de você.

Mary: Está disposto a reconhecer, também, que é você quem manda e não sua parte...

Hank: Não é bem isso. *(Pausa longa)* Tive muito medo da minha parte raivosa que costumava ficar fora de controle. Sim, costumava ficar. Eu é que mando em você. E sou eu que direi quando vou usá-la...

Mary: E como.

Hank: E como. Não vou deixar que faça qualquer coisa que possa me deixar em má situação... que possa ferir as pessoas. Que possa ferir minha vida.

Mary: Verdade?

Hank: Oh, sim.

Mary: Então é OK experimentar sua raiva.

Hank: Não é muito confortável. É OK ter raiva. Não é OK sentir tanta raiva como sinto algumas vezes.

Mary: Não é verdade. Tente, posso me sentir com tanta raiva como quiser...

Hank: Certo. Estou entendendo. Posso me sentir com tanta raiva como quiser porque sou eu quem manda. Assim faz mais sentido. É OK me sentir com tanta raiva como, às vezes, acontece... hã, mesmo se vocês, meus sentimentos de raiva, forem muito intensos, não vou agir baseado em vocês.

Bob: Criou alguma fantasia para saber a origem dessa raiva?

Hank: Eu sou... ainda me sinto muito responsável pelas coisas violentas que fiz no passado.

Mary: Faz muito tempo?

Hank: Sim. Bem, fui muito destrutivo durante toda minha adolescência.

Bob: Minha pergunta é, tem alguma ideia de qual foi a sua raiva original?

Hank: Sim. Eu... já trabalhei com Ruth e Jim (nossos sócios). Aprendi a ficar com raiva e furioso porque todas as pessoas à minha volta... nos meus lares adotivos... nas ruas... sentiam raiva. Acabei com isso. Vivo feliz, nunca mataria a mim mesmo ou a ninguém. Acho que isto foi a última coisa que faltava... descobri que posso ficar fisicamente com raiva e continuar no controle... de modo a bater em almofadas, não em pessoas. Quando era criança, usei a raiva... Todas as vezes que era mandado para um lugar diferente, nunca desisti.

Mary: Quer dizer que usou sua raiva para evitar ficar psicótico?

Hank: Acho que é isso mesmo, Mary. Soube, quando trabalhei no hospital do Estado, como cheguei perto de terminar ali... fui mesmo um moleque fodido.

Mary: Completamente fodido.

Hank: É. Acho que alguma parte de mim talvez ainda queira acertar as coisas com o passado, mas estou satisfeito por enquanto. Sinto-me muito bem.

Hank aprendeu que poderia gostar do seu eu raivoso, que tinha precisado da sua raiva quando era criança e, mais importante, que pode sentir raiva sem ficar violento. Na manhã seguinte, ele terminou o trabalho:

Bob: Hank, quando você trabalhou pela última vez, decidiu que você é quem manda quando está com raiva ou quando mostra sua raiva.

Hank: Sim, está correto. Sinto-me aliviado. Sinto-me muito livre.

Bob: Mais uma coisa. Gostaria que experimentasse... gostaria que ficasse conhecendo aquele menininho cheio de raiva de antigamente. Está disposto?

Hank: Puxa! Sim, estou disposto.

Bob: Feche os olhos e veja-se quando era violento.

Hank: Sinto vergonha...

Bob: Não. Veja-o como um terapeuta bondoso o veria. Que idade tem ele quando começa a ser violento?

Hank: Acreditaria se lhe dissesse sete anos?

Bob: Sete, acredito. Veja o menino de sete anos. Agora veja-se como é agora. O que diria àquela criança?

Hank: *(Chorando)* Eu devia estar dizendo que o amo. Mas, ele é tão pouco digno de amor... acho que nunca vi uma criança tão pouco merecedora de amor. É muito difícil.

Bob: Segure-o nos braços.

Hank: Ele lutaria como um tigre. *(Pausa. Está soluçando e rindo alterna- damente)* Você é digno de amor e eu vou ficar do seu lado. Eu o amo. Amo por você ter revidado. Sinto muito saber que você cometeu crimes quando era tão pequenino, e que magoou fisicamente algumas pessoas quando ficou mais forte. Eu o vejo, digno de amor e não amado. Sim. Muito obrigado, Bob.

Joe também reprimiu sua raiva. Seu contrato é de apreciar a competição em vez de "agir como se cada joguinho de pingue-pongue fosse um assunto de vida ou morte".

Joe: Estou velho demais para fazer toda essa onda por causa de competição. Sinto-me como se estivesse no ginásio.

Mary: Veja-se no ginásio. O que está acontecendo?

Joe diz que é o melhor jogador de futebol do time e que também é muito bom no basquete.

Joe: Mas não gosto disso.

Mary: Por quê?

Joe: Por algum motivo... não sei. Tenho que provar... *(Pausa longa) Bob:* O que tem que provar?

Joe: Começa ainda mais cedo, quando tenho oito ou nove anos. As pessoas não gostam de mim.

Mary: E por que isso?

Joe: (Pausa longa) Por causa... da minha família. Sou de origem espanhola...

Mary: Veja-se lá.

Joe: Minha mãe é espanhola. Todos os descendentes de espanhóis costumam ir para a outra escola... a escola de gente pobre. Eles não podem me expulsar porque meu nome é O'Brien. Mas ninguém gosta de mim. Ninguém me convida para ir à sua casa... nunca. E eu não conheço nenhum menino mexicano. *(Fala com tristeza)*

Pedimos a Joe que crie uma cena específica onde está competindo e não sendo apreciado. Ele se lembra de ser a estrela do time e não ser convidado para uma festa particular onde seria comemorada a vitória no campeonato.

Bob: O que quer dizer a eles?

Joe: Nada.

Bob: Veja o que você está fazendo com o seu pé direito.

Joe: Estou batendo.

Bob: Bata com mais força. (O ato de exagerar o movimento corporal é um modo excelente de romper a emoção reprimida)

Joe: Certo. (Bate o pé com força) Maldita!

Bob: Espere um instante. O chão é duro demais. (Ele e outros membros do grupo trazem uma pilha de almofadas. É importante proteger os clientes, evitando que se machuquem durante as cenas de "raiva".) Joe: (Explode, chutando, socando e gritando) Malditos sejam todos vocês! ODEIO VOCÊS! ODEIO VOCÊS TODOS! (Continua a bater e gritar e depois descansa sobre as almofadas)

Bob: Como está agora... em relação àqueles garotos?

Joe: Sou tão bom quanto eles.

Bob: Talvez melhor. Você foi tratado de um modo desprezível.

Joe: É verdade. E isso foi há muito tempo. Não tinha ideia do quanto me importava. Não tenho que provar nada a ninguém. Acho que levei um bocado de tempo para descobrir isso. Gostaria de abraçar vocês dois.

Joe e Hank não precisam mais fugir dos seus próprios sentimentos. Ambos relatam uma sensação de alívio e uma habilidade de relaxar que nunca antes haviam experimentado. Não correm mais perigo de se tornarem "homens raivosos". De fato, quando os clientes param de reprimir, quase sempre descobrem poucos motivos atuais pelas sensações que procuravam abafar. A experiência primária é o enriquecimento e uma maior intimidade consigo mesmo.

ACUSAÇÃO

Os acusadores podem ser tristes ou raivosos. Apesar de acreditarem que querem modificar outra pessoa, sua meta primária é a de fazer o outro admitir a culpa. Si, queixando-se de que a mulher não limpava os apartamentos que estavam para alugar, queria que o mundo todo ficasse sabendo que ela era a culpada pela falha. Como os acusadores têm baixa autoestima, escolhemos inicialmente encontrar um modo de simpatizar com sua Criança acusadora.

Sue está falando mal do marido:

Bob: Já entendi o quadro e estou sentindo pena de você.

Sue: Está? Por quê? (Ela ficou surpresa. Apesar de desejar compreensão, espera ser contra-atacada.)

Bob: Por que você deve ter sofrido o diabo na sua casa quando era pequenina.

Sue: Talvez. Por que diz isto?

Bob: Porque imagino que queria desesperadamente ser tratada com consideração e não sabia como conseguir isso. De modo que estou imaginando que você era uma menininha boazinha que não era tratada com consideração.

Bob: Sinto pena de você.

Yates: Sente mesmo? Por quê?

Bob: Acho que quando estava crescendo fizeram uma enorme onda por causa do leite que já tinha sido derramado em vez de limparem a sujeira. Afinal, é isso que você está fazendo agora.

Bob: Sinto pena de você.

Will: Por quê?

Bob: Porque seu pai deve ter sido um horror.

Will: Como ficou sabendo disso?

Bob: Porque as crianças imitam seus pais. Estive escutando sua parte de pai, acusando seu filho.

Will Cupchick[1] ensinou-nos uma técnica para usar com um cliente que está sempre acusando. Pedimos a ele que pegue tantas cadeiras quantos são os membros da sua família original, incluindo todas as pessoas com quem convivia, até as menos chegadas. Em cada cadeira, identificará quem é e a quem acusa de quê.

Verna: (Sentada) Sou minha mãe. Culpo meu marido por arruinar minha vida.

Mary: Muito bem, mãe. Diga-me, o que fez ele para arruinar a sua vida? *Vema:* No segundo ano em que estávamos casados, ele fugiu com outra mulher. Acabou voltando, mas nunca me esqueci...

Mary: Troque de cadeira.

Verna: Sou papai. Acuso minha mulher de arruinar a minha vida. Vivia me amolando.

Mary: Troque.

Verna: Sou vovó. Acuso meu marido de ter arruinado a minha vida. Ele me levou para longe da minha mãe e nunca ganhou o suficiente na América. *(Começa a rir enquanto vai mudando de cadeiras.)* Sou vovô. Um sujeito bem razoável. Culpo a conspiração capitalista internacional. *(Muda de cadeira, ainda rindo.)* Sou tia Maude. A velha tia Maude. Seu... o homem com quem ia se casar levou um coice de uma mula... ela morreu solteirona. Sou tia Maude. Acuso uma mula de ser a culpada da minha eterna virgindade!

A esta altura, todo o grupo está rindo junto com ela e Vema diz: "*E agora, o que vou fazer? Cada vez que for acusar alguém, irei me lembrar da tia Maude e da mula*".

Uma outra técnica é pedir à pessoa que finja que ganhou, que já convenceu a todos que não tem culpa e que os outros, sim, é que são os culpados. Pedimos que se veja lá, que olhe à sua volta para ver quem é que ficou impressionado no final. Em direção de quem está correndo, dizendo: "*Eu ganhei! Finalmente consegui provar que estava certa!*" Pedimos que visualize qual é o prêmio por vencer. Frequentemente, o acusador está operando a partir de uma Criança desesperada, tentando encontrar um meio de persuadir o mundo de que ele é tão bom quanto seu irmão mais velho ou o caçula. O prêmio tão ambicionado é o amor. Reconhecendo isto, a pessoa está pronta para redecidir que é digna de ser amada, apesar de não ter recebido o amor daqueles que importavam na sua infância, e a procurar meios eficazes para conseguir esse amor, deixando de acusar os outros.

Para trabalhar com sucesso com esses acusadores, é essencial que o terapeuta evite tomar partido, não importa qual seja a provocação, comparando ou dando prêmios, positivos ou negativos, por culpar os outros.

TRISTEZA

Venha a mim, bebê tão melancólico,
Abrace-me e não fique assim...
Sorria, meu amor,
Enquanto beijo cada lágrima,
Ou fico melancólico também...

"Melancholy Baby" pode ser uma linda música, mas há meninos e meninas que pautam sua vida em letras como essa para fugir de se tomarem adultos. Se uma moça encontra um marido "papaizinho", que gosta de "bebês melancólicos", será acariciada pela sua tristeza enquanto ele concordar em ficar preso a essa simbiose cheia de lágrimas. "Meninînhos tristes" casam-se com mamãezinhas dispostas a beijar seus arranhões e a fazer tudo dar certo. Herman casou-se com uma bebê melancólica e depois a enganou. Em vez de gastar sua energia tentando consolá-la, escolheu competir, tentando ficar ainda mais triste do que ela. Cada um deles quer ser o confortado, em lugar de confortar.

Herman: Quero ser feliz em casa.

Mary: Certo. Feche os olhos. Você está entrando em sua casa. Entre feliz.

Herman: Certo.

Mary: Onde é que você está?

Herman: Na cozinha.

Mary: Ainda está feliz?

Herman: Sim.

Mary: Olhe em volta. Diga-me sobre o que você estava feliz ou infeliz. *Herman:* Estou na cozinha. Minha mulher está lá trabalhando em algo.

Eu digo, *"Oi"*, e tiro o paletó, colocando-o sobre uma cadeira.

Mary: Ainda feliz?

Herman: Sim. Sinto-me bem-disposto. Eu... ah... agora estou num beco sem saída. Quero falar sobre mim... só falar... e começo a lutar comigo mesmo. O motivo é... bem, devo dizer o que estou pensando ou devo falar sobre o que ela quer falar?

Bob: Então comece a ensaiar o que vai dizer.

Herman: Não as palavras, o assunto. É comum, não?

Mary: E então?

Herman: Começo a falar. Uma conversa do tipo... digo...

Bob: Veja-se lá. Diga a ela.

Herman: Estou entrando e digo, *"Tenho sentido muita tristeza por causa da Annie Mary: Quem é Annie?*

Herman: Nossa filha, que morreu há três anos atrás.

Mary: Então você entra e diz alguma coisa triste a ela. Depois... *Herman:* Estamos ambos tristes. Depois de uma ou duas sentenças, ela fala sobre sua tristeza por causa de Annie e depois começa uma longa conversa sobre seus sentimentos em relação à morte dela e então eu fecho o bico e escuto. Estou tenso, não consegui falar sobre os meus sentimentos...

Mary: Certo, um contrato é dizer adeus a Annie. Também, entendi que vocês dois competem na tristeza.

Herman: Não fico com raiva de ela estar mais triste, mas é que ela não ouve meus lamentos.

Mary: Sabe, é muito mal ter um filho que morreu. Tenho a impressão de que você encontrava outros motivos de tristeza antes disso. *Herman:* É verdade. Não estou acostumado à... à felicidade.

Embora não consideremos Herman um suicida em potencial, sempre procuramos nos certificar disto quando tratamos de clientes tristes. Ele diz que não é, que só uma vez teve uma fantasia suicida em termos bastante românticos, imaginando um salvamento no último minuto. Fala que jamais fará uma tentativa e declara, com facilidade, que nunca se matará acidentalmente ou de propósito.

Pedimos a Herman que experimente contar só histórias alegres aos outros participantes e que venha relatar os resultados na sessão do dia seguinte. Por enquanto, não trabalhamos mais com ele. Quando se trata de um cliente eternamente tristonho, imediatamente começamos a mudar os padrões de carícias. Se simplesmente as negamos, ele poderá ficar deprimido devido à falta delas. Queremos estar certos de que ele irá pedir por carícias felizes, consegui-las e absorvê-las.

Nas sessões posteriores ficamos sabendo a origem da sua infelicidade e fizemos o trabalho de redecisão com ele, onde Herman encontrou um modo de ser feliz a despeito do que esteve acontecendo à sua volta durante sua infância. O último passo foi acariciar a si mesmo por sua própria felicidade, criativa e efervescente. Ao preparar sua volta à casa, recriou várias vezes a "cena da cozinha" até reconhecer que a esposa tinha o direito de sentir o que sente e que seus próprios sentimentos não têm que ser dependentes dos dela. Saiu planejando convidá-la para uma das nossas maratonas junto com ele e disse que vai passar a apreciar a vida mesmo que ela não aceite a ideia ou faça modificações pessoais.

Julien, um arquiteto francês de 50 anos, veio por indicação de um amigo porque "não tem nenhuma razão real para ser triste", mas vive numa eterna tristeza. Nos primeiros dias do curso intensivo, esquivou-se de trabalhar no seu problema apesar de ter nos informado, fora da sessão, que estava muito triste por causa da diminuição da sua atividade sexual. No quarto dia, ele começou a trabalhar:

Julien: Estou tão cansado. Tão cansado. Estou exausto. Estou cansado demais para fazer amor, cansado demais para viver.

Bob: É difícil manter um bom nível de energia quando você tem coisas não resolvidas. Acho que usa muita energia para não sair do ponto onde está emperrado. *(Dito com muita simpatia)* Como era quando você era um menininho e se sentia triste?

Julien não se lembra de ter sido triste quando criança. Foi um gênio infantil, estimulado pelo pai a ser precoce. Todas as tardes, o pai voltava para casa a fim de ensinar-lhe matemática avançada e depois o levava à universidade para exibi-lo aos professores e estudantes graduados. Julien diz que adorava isso, que amava o pai e adorava a mãe. Não encontra nada de triste em toda sua infância. Então, pedimos que se lembre quando começou a se sentir infeliz.

Julien: Quando estou com 13 anos e sou mandado para uma universidade. Amo demais minha mãe e vou sentir falta dela. Sei que para ser um homem tenho que viver longe dela. Assim é que é a vida. É isso que acontece quando se cresce.

Mary: Tinha tendências suicidas nessa época?

Julien: Não, nunca. E não tenho agora. Eu não me mataria.

Mary: Ótimo. Está disposto a considerar a ideia de desistir de sofrer?

Julien: Oh, sim! É por isso que estou aqui.

Mary: Seu programa é sofrer... o modo de se tornar um homem é através do sofrimento... você mesmo disse, ao falar sobre sua ida para a universidade, que tinha que sofrer para provar sua virilidade.

Julien: Sim?

Bob: Você não parece muito certo.

Julien: Eu... está sugerindo que faço sofrer a mim mesmo?

Mary: Mais ou menos. Imagino que a Igreja e os colégios católicos lhe ensinaram como fazê-lo. Todos sabem que os santos mais importantes são aqueles que passaram pelos maiores martírios em vez dos que fizeram alguma coisa que valesse a pena.

Julien: (Rindo) É verdade. E eu costumava me imaginar como um padre... um padre muito melancólico. Eu me faço ficar triste? Estou impressionado. Não consigo explicar. Quer dizer que pensava que minha tristeza fosse muito complicada e é muito simples? Que faço as coisas serem tristes?

Mary: Sim. Ei, quem o ensinou a sofrer? Quem é o sofredor, sua mãe ou seu pai?

Julien: Os dois. Principalmente minha mãe. Sim. Foi ela.

Mary: E como foi que ela fez isso?

Julien: Como? Faz quarenta anos que ela tem o que chamo de câncer galopante. Desde que eu era menino.

Mary: Ela tem câncer?

Julien: Não, nunca teve. Sempre tem uma dor que acredita ser por causa do câncer. Sente dores terríveis por causa de um câncer que não existe ou acredita que terá câncer se não sentir mais dor. Estou indo visitá-la agora. Eu a amo, certo? Ela tem 8O anos. Entro na casa e, antes de fechar a porta, fico sabendo que um primo está com pneumonia. *(Julien começa a fazer gestos, fala de modo expansivo e dá risadas.)* Um vizinho está morrendo, minha mãe tem uma dor tão terrível no ombro que não consegue fazer nada e foi com muito esforço que preparou uma sobremesa para mim. *(Está rindo com vontade.)*

Os membros do grupo também estão rindo.

Enquanto conta sua história, Julien começa o processo de se separar

do credo de tristeza de sua mãe. Pela primeira vez, desde que chegou ao

curso, está respirando com profundidade e sua voz tem vivacidade.

Mary: Certo, Julien. Veja sua mãe lá... lamentando, sofrendo, mostrando sua tristeza. Imagine-se junto dela. Certo? Agora diga-lhe algo diferente. Por exemplo, *"Mamãe, estou me sentindo ótimo. Nunca estive mais feliz em minha vida"*.

Julien: Oh, não. Seria muito mau. Seria cruel. Não se deve ser feliz quando nossa mãe está sofrendo. *(Ri)* Estou compreendendo muitas coisas.

Julien deu a ordem de Pai: *"Não se deve ser feliz quando nossa mãe está sofrendo"*. Se ele fosse um terapeuta, voltaríamos a fita no gravador para que ele pudesse escutar e entender suas palavras, a passagem sutil do Eu para Você. Queremos que os terapeutas ouçam a si mesmos para aprenderem a ouvir seus clientes. Não interrompemos Julien porque está trabalhando muito bem.

Mary: E se você dissesse à sua mãe, *"Estou com uma terrível dor de estômago..."*

Julien: Oh, Deus! Ela teria todos os remédios, iria insistir para que eu voltasse para casa, começaria a arrumar meu quarto e a conversa continuaria por horas.

Julien foi acariciado pelos seus feitos e pela sua infelicidade, apesar de não se lembrar de ter sido infeliz. Talvez, o modo da sua mãe amar fizesse a infelicidade parecer felicidade. Provavelmente está correto ao dizer que precisava se afastar dela aos 13 anos e sua queixa de eterna tristeza seja um disfarce de uma tentativa da sua Criança de voltar. *"Ela teria todos os remédios, começaria a arrumar* o meu *quarto!"* Nesta sessão há trabalho para muitas horas de terapia... e Julien não vai precisar de muitas horas. Ele já está mudando.

Julien: Amo minha mãe, mas não quero mais sua atenção por coisas como essa. Ela sempre foi muito boa para mim quando eu estava doente. *(Ri novamente)* Nunca entendi isto antes. Estive infeliz todos esses anos e não entendia. Sabia que ela era meio maluca a respeito dessas coisas, das suas doenças, mas não percebia que eu, também, talvez tenha sido meio maluco a respeito da minha tristeza.

Mary: Sensacional! Agora... a partir da sua nova posição, alegre, sem sofrimento, dispense sua mãe e traga sua esposa para a sua mente. Agora, sem tragédias, diga, *"Não quero sexo esta noite"*.

Julien: É verdade. Temos feito disto um sofrimento, como se fosse um câncer. "*Querida, esta noite não quero sexo*".

Mary: Ainda está feliz?

Julien: Sim.

Mary: Gostaria que soubesse disso com toda a certeza. Quero que compreenda com clareza que é OK ser feliz todas as noites, quer haja ou não sexo. Vai levar esse conhecimento para casa com você?

Julien: (Depois de uma pausa muito breve) Irei me lembrar que só por não fazer sexo numa noite não vai significar que estou doente ou falhando. *(Dá uma risadinha)* Já sei o que vou fazer. Vou comprar um presente para minha mulher. Um vibrador.

(Todo o grupo ri, festeja e aplaude)

Julien: E, a partir da minha posição de não-sofrimento, vou gostar do vibrador também!

Ficamos encantados com a ideia do vibrador; ele não estará dando à esposa a injunção que recebeu da sua mãe, "*Não se sinta feliz quando eu não me sinto feliz*". Tratamos do seu disfarce de tristeza antes do problema sexual para que Julien não continuasse acreditando que sua felicidade dependia da resolução desse problema.

Reverteremos a ordem do tratamento se o problema de comportamento for mais importante do que a resposta afetiva. Se Julien, por exemplo, fosse sexualmente impotente por causa do uso prolongado do álcool, primeiro iríamos querer que deixasse a bebida, em vez de procurar um modo de ser um alcoólatra feliz, não-sexual.

Alguns clientes não querem aceitar a ideia de fazer um contrato para serem felizes, porque acreditam que nunca foram felizes:

Jim: Fui sempre triste. Não sei por que. Fui sempre assim.

Mary: Qual é o mito sobre o seu nascimento? (Fazemos esta pergunta quando o cliente diz que sempre foi de um determinado modo, para descobrir quais foram suas injunções mais primitivas.)

Jim: Não entendo o que está querendo dizer.

Mary: Qual é a história sobre o seu nascimento? O que eles costumam dizer?

Jim: Não sei muitos detalhes... bem, eles diziam... Havia uma piada de família, porque nasci um dia depois que jogaram a bomba atômica. *Mary:* O que há de engraçado nisso?

Jim: Nada.

Mary: Você disse que era uma piada de família. Tem que ter algum tipo de graça.

Jim: Bem, o que eles queriam dizer é... dois desastres quase ao mesmo tempo.

Jim fez várias etapas de trabalho... para se decidir a viver, gostar de si mesmo, aceitar sua própria importância e, finalmente, ser feliz. Como não tinha qualquer conceito de si mesmo como uma criança feliz, pedimos que voltasse no tempo, procurando por um momento onde tinha se sentido feliz. (Até agora, nunca encontramos um cliente que não consiga encontrar uma cena feliz, apesar de muitos jurarem, de início, que jamais tiveram uma.) Como muitas pessoas cronicamente tristes, Jim acaba descobrindo uma cena onde está sozinho e longe de casa.

Jim: (Depois de uma pausa muito longa) Certo. Eu costumava me divertir quando ia brincar perto do riacho.

Pedimos que descreva o riacho, o pequeno Jim que está alegre e o que ele está fazendo. Depois, que veja o Jim triste e estabeleça um diálogo entre os dois: *"Seja um dos jovens*

Jims de cada vez". Cada um deles deverá começar com, "Sou importante para o Jim adulto porquê..." O trabalho está terminado quando Jim decide parar de arrastar o Jim triste atrás dele e só usá-lo quando tiver sofrido uma perda real. "Você estará por perto só quando eu precisar de você. Não é mais o condutor da minha vida".

Outros clientes, vendo seus aspectos tristes e felizes dessa maneira, poderão reconhecer que uma cara triste sempre foi valiosa para conseguir carícias. Sua missão então é a de procurar outros modos para serem acariciados.

Don se mantém triste rotulando seu ambiente de triste recusando-se a modificá-lo:

Don: Quero parar de me sentir tão sobrecarregado.

Bob: Ponha sua mulher na sua frente e diga-lhe que ela é uma carga pesada.

Don: Ela é. Você é. Você é um peso. Esteve bebendo demais nestes últimos quinze anos. Não posso confiar em você quando bebe. Fico sempre preocupado quando estou longe.

Bob: Diga à sua mulher como a sua preocupação modifica o comportamento dela.

Don: É claro que não modifica em nada. Mas não consigo deixar de me preocupar.

Trabalhamos com ele nessa posição de "não consigo" e pedimos mais detalhes sobre sua vida atual. Sua mulher não prejudica a si mesma ou aos outros, a não ser no aspecto do que está fazendo ao seu próprio corpo pelo uso excessivo do álcool. Don, na verdade, não gosta dela nem se diverte com ela. Seus filhos estão longe de casa, na universidade. Perguntamos o que o deixava "triste e preocupado" antes de se casar. Don fala de uma série de preocupações, e então:

Don: ...minha mãe. Eu me preocupava muito com ela. Ela não era feliz. Meus pais nunca foram felizes. Não chamaria aquilo de um casamento. Eles ficaram juntos por minha causa.

Mary: Sujeito de sorte. (Com sarcasmo)

Don: Eu sei, foi besteira. Não sabia naquela época. Eu... foi uma carga. Tentar fazê-la feliz.

Mary: Quer dizer que essa é a carga original. Foi assim que aprendeu a rotular todas as mulheres como cargas, porque acabou se casando com uma delas, decidindo que era uma carga e porque ainda não se divorciou. E você ensina aos seus filhos que os casamentos são cargas que têm que ser suportadas a vida inteira, de modo que algum dia eles também serão pesos para outras pessoas ou terão que suportar alguém.

Mary está sendo dura com ele porque, como muitos sofredores, Don não faz nada por si mesmo e espera carícias positivas por suportar em vez de se modificar.

Outros clientes, que se orgulham de serem sensíveis ao mundo em tomo deles, explicam sua tristeza sugerindo que, de algum modo, seria imoral ser feliz num mundo infeliz. Um dos modos de descobrir qual é o disfarce que está sendo usado por cada cliente é dizer, *"Feche os olhos. Dê a si mesmo tempo para ver o mundo como ele é. Vá a lugares diferentes e observe o que está acontecendo. O que sente?"* (Não falamos de lugares "felizes" ou "infelizes".) A maioria relata sentir seus disfarces, que considera respostas naturais e apropriadas às circunstâncias do mundo. Sugerimos que continuem com seu compromisso de mudá-las, só que a partir de uma posição feliz e não de uma triste.

Clientes mais sofisticados acreditam que o inconsciente controla as emoções e que, portanto, não é possível substituir a tristeza pela felicidade sem um prolongado exame do inconsciente. Como no caso de Julien, isto não é verdadeiro.

Clientes tristes usam a tristeza como os clientes irados usam a raiva... para manipular ou pressionar os outros a se modificarem.

Jo: Disse a ele que queria a monogamia. Eu... *(chorando)* na noite passada, quando lhe disse isto e estávamos conversando *(soluçando),* ele estava com outra pessoa no nosso apartamento. O que quero fazer é decidir... dizer a ele... case comigo e deixe de sexo com outras pessoas... ou vou embora.

Mary: Certo. Sente-se bem com isto?

Jo: Não. Sinto-me muito triste.

Mary: Então, quer que ele se modifique? Há uma parte de você que diz, se ficar o suficientemente triste poderei convertê-lo?

Jo: Fico sempre dizendo a ele como me sinto... imploro... para mostrar como estou magoada. E isso não adianta nada. É o que estou começando a entender. Sua palestra sobre disfarces e a tentativa de modificar os outros... é aí que estou atolada. Quero que ele veja como estou magoada e furiosa, para que seja fiel a mim.

Bob: Acha que assim ele vai mudar.

Jo: E isso não funciona. É assim que fujo de encontrar um outro modo. Fico mostrando a ele, sem parar, o quanto estou magoada. *(Soluçando)* Odeio essa nojenta, molenga... parte de mim! QUERO QUE ELE SE MODIFIQUE.

Mary: E, se ele estivesse aqui, o que diria?

Jo: Que ele não vai mudar. Não vê nada de errado em ter... muitas amantes. E ele diz que posso ter meus amantes, mas eu não quero.

Mary: Então, o que vai fazer?

Jo: Só o que sempre faço...tentar fazer tudo tão bom para ele que ele vai me querer. E implorar-lhe que se modifique. *(Chora de novo)*

Mary: Eu entrevejo a seguinte sequência. Primeiro, você fica triste para fazê-lo se modificar. Segundo, ele se recusa a se modificar. Terceiro, você fica ainda mais triste. Quarto, ele diz, *"Não quero viver com uma pessoa assim tão triste"*, e a manda embora. Depois, vai viver com o próximo grande amor da sua vida que é quem quer que seja com quem anda trepando no momento que se cansa de você.

Jo: Entendo que é essa a sequência.

Bob: E considere que você devia saber que essa era a sequência quando se dispôs a ser o mais novo grande amor da vida dele. Uma parte de você devia ter conhecimento desse padrão.

Jo: Vejo tudo claramente. Sim, eu sabia sobre os seus outros amores. O desafio era ser tão melhor... oh, diabo, quero deixar de ser uma perdedora. Sou uma perdedora com os homens.

Mary: E como vai fazer isto?

Jo: Primeiro, não vou ficar feliz com tudo o que ele faz. Talvez nem fique com ele. Talvez nem volte para ele quando este curso acabar. Tenho três semanas para trabalhar nisto. Estou começando a me sentir feliz aqui. E depois, gostaria de limpar essa coisa no meu passado... seja lá o que for... que eu... tem algo a ver com ficar sempre em segundo lugar com qualquer homem.

Bob: Gosto do que está dizendo e gosto de você!

Mais tarde, Jo conseguiu descobrir a origem da sua tristeza lembrando-se de muitas cenas da infância onde decidiu: *"Nunca irei conseguir o que quero"*, e ficou triste.

June tinha esperanças secretas de que sua infelicidade poderia modificar sua sogra ou seu marido. Seu trabalho é um exemplo de duas abordagens diferentes em relação ao mesmo material triste... com resultados dramaticamente diferentes.

June: Quero conseguir lidar com minha sogra. Ela não fala inglês e eu não falo mandarim. Só sei falar cantonês. Por isso não consigo conversar com ela.

Terapeuta/Estagiário: Veja sua sogra, finja que ela sabe falar inglês e diga a ela o que sente.

June diz que sua sogra convida pessoas para virem à sua casa sem pedir sua permissão, que interfere na educação das crianças e que age como se fosse "a chefe da minha casa". Depois explica que a situação é irremediável por causa dos costumes nos lares chineses.

Terapeuta: Dê à sua sogra um exemplo específico do que você quer mudar e como quer que ela se modifique. *(Esse terapeuta é habilidoso e está fazendo um bom trabalho)*

June: Quero ser a dona da minha casa. Quando volto do trabalho, quero dar as ordens. Exemplo específico? *(Suspira várias vezes)* Sábado, logo antes de vir para este curso, tive que cozinhar para todos os seus convidados de Hong Kong.

Essa informação é demais para as terapeutas do grupo, inclusive Mary. (Os homens mantêm um discreto não-envolvimento. Bob não está presente.) O grupo sugere que June force o marido a falar com a mãe, que simplesmente deixe a casa e que não faça nada para agradar a sogra, que a mande fazer a comida. June diz, "Sim, mas..." a todas as sugestões.

June: Não quero que ela cozinhe em minha casa. Se alguém vai cozinhar, serei eu. Não a quero na minha cozinha. Não quero nem mesmo que toque nas minhas panelas. *(Pausa longa).* Trabalhei neste problema no meu grupo de terapia em São Francisco. E tenho clientes com o mesmo problema. Não sei se há uma resposta. *(June começa a chorar)*

No dia seguinte, ela levantou o mesmo problema numa sessão de terapia liderada por Bob e Mary.

June: Trabalhei nisto ontem com o grupo de treinamento. Sinto-me uma vítima. Não tenho nenhum direito na minha própria casa. Tenho medo de ser rejeitada pelo meu marido.

Bob: Exemplo.

Mary: Se ela não cozinhar para aquela tonta da sogra e todos os turistas de Hong Kong! Puf! (Mary sai da cadeira do terapeuta e senta-se atrás do grupo. Faz gestos exagerados de horror e derrota e depois segura a cabeça entre as mãos.)

Bob: O que é que há? Sua sogra não é boa cozinheira? Pensei que todas as sogras chinesas fossem ótimas cozinheiras. Como escolheu uma vagabunda como ela?

June:(Começa a rir) Ela é uma cozinheira maravilhosa.

Bob: Então, por que você está cozinhando?

Mary: (Do fundo da sala) Você nem imagina, Bob. Nunca vai acreditar! *June: (Ainda rindo)* Bem, não sei por que estou cozinhando, realmente não sei. Lembro-me por que disse que estava fazendo a comida... no grupo ontem. Mas não sei.

Mary: Pois eu sei. Você faz a comida para puni-los!

June: Meu Deus! Você está certa!

O fato estava óbvio para Mary no dia anterior, quando ouviu a recusa de June em encontrar uma solução. Não estava muito certa de que ela iria aceitar a conclusão, de modo que criou uma cena bem-humorada para fazer June entrar na sua Criança esperta, alegre e criativa em vez de na Criança Adaptada, triste e emburrada, em que estava no dia anterior. E Bob, apesar de não saber o que estava acontecendo, tomou parte na encenação.

June: Puxa vida! Posso ver a cena agora. *(Fala entre explosões de riso)* É tão engraçado. Este é o dia... aquele dia... antes de eu vir para cá. Todas essas pessoas de Hong Kong, terrivelmente empertigadas nos seus temos pretos e camisas brancas. *(Está rindo tanto que não consegue falar por algum tempo)* Não existe ninguém no mundo tão maneiroso e empertigado como aqueles sujeitos de Hong Kong. *(Está chorando de rir)* Oh... oh... decidi fazer um churrasco. Foi horrível. Meu marido teve que sair para comprar o carvão, o fogo não havia meio de pegar e o negócio é que eles não gostam de bifes.

Oh... oh... meu marido está assando a carne enquanto faço a salada e o arroz. Oh... oh... nunca pensei... a única coisa de que iriam gostar no cardápio seria... o arroz... oh... fiz o arroz e esqueci de servi- lo. Eu nunca soube... faço tudo isso para puni-los!

Paramos neste ponto. As pessoas que esperam redecisões feitas com total clareza não encontrarão uma delas nesse trabalho. No entanto, June parou de estar sempre triste e emburrada, parou de culpar a sogra ou esperá-la se modificar, e deixou de achar que seu caso era irremediável. Encontrou um meio de usar as habilidades domésticas da sogra em seu próprio benefício e, mais importante do que tudo, abandonando a tristeza e o papel de mártir, libertou-se para encontrar divertimento na sua vida.

TRISTEZA REPRIMIDA

Roy: Nem chorei quando minha mãe morreu...

Mary: Por que isto?

Roy: Nós não choramos. Na nossa família não... fazemos isso. Eu tinha só nove anos. Desde então não chorei.

Mary: Está disposto a se ver lá e a reviver o que sentiu?

Roy: Não estou certo. Não tenho certeza de que quero estar lá. Quero parar por enquanto.

Mary: Certo. Talvez um dia queira sentir o que sentiu... o que teria sentido se houvesse alguém por perto para compreendê-lo.

Subitamente, Roy começa a chorar. Soluça por uns cinco minutos,

enquanto outro cliente o abraça.

Bob: Como está agora?

Roy: Um pouco embaraçado. Sinto-me bem. Encorajo meus próprios pacientes a sentir. Não havia feito isto comigo... até agora.

Mary: Estou contente em ver que deixou a si mesmo tomar conhecimento da sua tristeza. Minha teoria é que as pessoas que reprimem a raiva correm o perigo de se transformar em vítimas porque não dizem, *"Maldição, saia de perto de mim!"* Os que reprimem o medo estão procurando um meio de serem mortos e os que reprimem a tristeza parecem emudecer sua alegria.

Roy: Obrigado. Gosto da sua teoria e acho que você está certa.

Mesmo os clientes que têm fobia da sua própria raiva podem fazer um trabalho significativo por si mesmos. Desistem da culpa, tristeza e ansiedade e decidem viver, gozar sua sexualidade e a se tomarem mais produtivos. Mais tarde, depois de tomar outras importantes decisões na sua vida, estão prontos a tratar do medo que sentem da sua raiva e a se dessensibilizar. Ficamos muito felizes ao ver Roy se permitir chorar. Geralmente, é suficiente chorar uma única vez para haver a dessensibilização, desde que o acontecimento seja tratado adequadamente pelo terapeuta e pelo grupo. Depois dessa sessão, Roy deixou-se avançar para outras áreas, em vez de continuar a ser o psiquiatra intelectual, insensível, ligeiramente deprimido que foi por 20 anos.

Roy é o tipo de cliente que tem medo de mostrar tristeza. Outro tipo é o que chamamos de "Super-homem". Durante o período de elaboração do contrato no início do curso, Super-homem entra atrasado na sala e senta-se numa posição exageradamente relaxada ou muito ereta, com os braços cruzados sobre o peito. Desvia o olhar dos terapeutas, enquanto diz algo como, *"Pensei muito no que poderia trabalhar aqui e parece que não tenho problemas. Se me lembrar de algum, eu os avisarei"*. Pelo resto do curso, irá agir como o "papaizinho forte" para alguma mulher "desamparada" ou encontrar outros companheiros que também têm fobia por lágrimas com os quais poderá jogar um pequeno jogo de "delinquente juvenil". Faltarão às sessões, farão piadas sobre o tratamento e procurarão encontrar algumas regras inconsequentes para quebrar. Seja qual for o papel que está desempenhando, esse terapeuta está se defendendo, com sucesso, de fazer qualquer trabalho pessoal. Tipicamente, tem um emprego onde trabalha com delinquentes ou criminosos e parece-se com sua clientela, exceto num aspecto extremamente importante: ele não é um psicopata. É um ser humano cumpridor das leis e profundamente interessado nos seus semelhantes, que decidiu, bem cedo na infância, que *"ninguém vai conseguir me fazer chorar"*, e cresceu apavorado com a ideia de mostrar tristeza ou medo. É por isso que ele chega a nós como o "Super-homem".

Quando uma tal pessoa finalmente se permite trabalhar, os resultados são magníficos.

Zip passou toda a semana do curso sem trabalhar até chegar a última manhã. É quando diz que quer *"entender"* um sonho que *"me perturba um pouco"*. Enquanto vai contando o sonho, vai entrando cada vez mais em pânico, torcendo as mãos e tencionando a voz na sua luta contra as emoções. Seu sonho, em suma, é: *"Estou sentado na escrivaninha do meu estúdio e de repente percebo que meu filho não está comigo.*

Corro para fora e o vejo boiando, morto, na nossa piscina". Zip está muito agitado e confessa que tem se torturado com interpretações baseadas no que sabe sobre "hostilidade inconsciente" e "desejos de morte". Ele adora o filho.

Bob trabalha muito vagarosamente, fazendo com que Zip seja cada parte do seu sonho e reconheça em cada uma delas um aspecto da sua personalidade. Ele se torna a escrivaninha: forte, sólida, confiável; o estúdio: fechado, sempre em ordem, cheio de informações; a alameda de tijolos que vai até a piscina: sólida, mas não muito interessante; a piscina: fria, contida. Até agora, concordou que todos esses atributos são parte de si mesmo. Durante o trabalho, luta contra as lágrimas e, quando se torna a piscina, começa a soluçar. Continua a chorar por vários minutos antes de estar pronto para voltar a trabalhar no sonho.

Bob: Seja a criança no seu sonho.

Zip: Sou Undo, querido, a coisa mais importante da vida de Zip. *(Está soluçando novamente)*

Bob: Fale mais.

Zip: Sou inteligente. Amo a vida. Eu... estou morto.

Bob: Veja se encaixa... Sou a parte de Zip que é bonita, querida, inteligente, que ama a vida, a parte mais importante de Zip. E essa parte de Zip está morta.

Zip: Obrigado! Sim, encaixa! Eu me afoguei no trabalho... em... sim, é claro! Eu afoguei a parte viva de mim. Obrigado, Bob. Terminei! Não vou mais me afogar!

Quando um cliente como Zip se permite expressar sentimentos, é vital que a experiência seja positiva. Insistir com o paciente para que ele venha a sentir e depois deixá-lo sem uma redecisão pode ser um estupro terapêutico. Pedimos aos terapeutas para não provocarem emoções intensas, a não ser que saibam exatamente como promover uma conclusão bem-sucedida. Zip continuaria a ser tratado de forma não terapêutica se fosse permitido continuar sua hipótese de que o sonho era uma expressão da sua "hostilidade reprimida", ou se fosse deixado a soluçar, sem resultado. Em lugar disso, ele conseguiu uma linda redecisão: *"Não vou mais me afogar"*, aprendendo ao mesmo tempo que é seguro sentir.

MEDO E ANSIEDADE

Definimos o medo como uma reação emocional a um perigo *atual,* real ou imaginário, e a ansiedade como um possível perigo *futuro,* real ou imaginário. Uma pessoa tem tanto medo de uma arma de brinquedo como de uma verdadeira, se acreditar que ela é real. Um fóbico sabe que seus medos são imaginários, mas fica tão amedrontado como se o perigo fosse real. A pessoa ansiosa conta a si mesma histórias de pavor sobre o que um dia poderá encontrar.

Em todos esses anos que temos praticado terapia, nunca houve um perigo real nos nossos grupos. Portanto, todos os medos de que ouvimos falar na sala são imaginários. No entanto, os medos e ansiedades que os clientes dizem existir na sua vida diária podem, às vezes, ser reais. Alguém que tem medo de um cônjuge perigoso precisa de ajuda para decidir como proteger a si mesmo. Clientes que se expõem a um perigo real e não fazem nada para se proteger poderão estar vivendo a desesperadora decisão, *"Vou fazer você me matar"* ou *"Vou deixar você me matar"*. O aspecto crucial do tratamento é um contrato de autoproteção e depois uma redecisão para valorizar e proteger o eu.

Quando uma pessoa tem medo de uma situação não-perigosa, presente ou futura, procuramos por uma cena que seja o protótipo do medo de hoje.

Jay: Oh, merda, tenho medo de trabalhar em grupo, sabiam disto?

Bob: O que sei é que você não trabalhou ainda. Ficou no último lugar da fila para manter o seu medo.

Jay: Não, não foi isso. Esperei porque estava assustado.

Bob: Se quisesse parar de ficar assustado, teria trabalhado logo e relaxado pelo resto do dia.

Jay: Eu... quando estou com medo... adio cada vez mais o que preciso fazer e vou ficando cada vez mais assustado. Você está certo. *Mary:* Costumo chamar isso a "síndrome do trampolim". Lembra-se de quando era moleque? No início de cada verão, os valentes simplesmente andam até a ponta do trampolim e se atiram na água. Os que não são valentes nem pensam em chegar perto do trampolim e se divertem nadando. Os autotorturadores andam até a ponta do trampolim, olham para baixo, contam a si mesmos histórias de terror e voltam para trás. Fazem isso uma vez depois da outra até, finalmente, pularem do trampolim.

Jay: É mesmo. Estive fazendo isto aqui. Ajeito tudo para trabalhar e não faço nada. Espero até o último minuto.

Bob: Que coisa terrível aconteceu a você na escola primária ou secundária? *(Bob está "mergulhando", entrando no passado de Jay).*

Jay: Lembro-me da escola secundária. Perdi minha vez. Estávamos lendo um de cada vez, em voz alta, e eu fiquei interessado na história. Perdi a minha vez e a professora me pôs de castigo no canto. Ei, deve ser por isso que não quero ir às maratonas de X (dá o nome de uma terapeuta)... soube que ela trata as pessoas pondo-as de castigo no canto da sala. Ninguém mais vai fazer isso comigo de novo. *(Ri)* Terminei... estou pronto para trabalhar.

Bob escolheu falar na escola porque não estava aprovando a crença de Jay de que "sempre" sentia medo num grupo. Temos visto que o medo de falar em público muitas vezes começa nos dois primeiros graus da escola e é resultado das brincadeiras e caçoadas dos colegas e professores. A leitura em voz alta é um acontecimento traumático na vida de muitas crianças.

Há várias outras abordagens que Poderíamos ter usado com Jay. Poderíamos pedir que olhasse cuidadosamente para cada pessoa do grupo. Muitas vezes, o cliente abandona a ansiedade ao ver os indivíduos em vez de um borrão desfocalizado. Se ainda estiver ansioso, poderá dizer a cada pessoa, *"Estou com medo de você porque..."* ou *"Não tenho medo de você porque... "* Então trabalharemos com ele fazendo-o ver suas próprias projeções e despertando sua atenção para sua capacidade de escrever histórias assustadoras sobre outras pessoas. Enquanto está fazendo isso, pedimos aos membros do grupo que não reajam porque, se lhe derem apoio, estarão salvando, o que significa que o cliente é visto como incapaz de se modificar a si mesmo.

Talvez queiramos que um cliente reconheça que sua ansiedade é entusiasmo contido.

Alf: Estou ansioso. Muito ansioso.

Mary: Vá para dentro do seu corpo e relate o que está experimentando. *Alf:* Estou ansioso... meu coração está acelerado. Meu coração está batendo forte e estou suando.

Mary: São as mesmas sensações que tem quando está fazendo amor, não é?

Alf: (Funga... uma meia-risada) Não é a mesma coisa.

Mary: O que poderia fazer para tornar seu suor e seus batimentos cardíacos os resultados de um prazer? Seu cérebro traduz em ansiedade. Veja o que consegue fazer para ele traduzir em excitação.

Alf: Que pensamento doido! Virar uma cambalhota... pular. Gostaria que todos pulassem comigo.

Mary: Pois peça a eles.

ou

Liz: Minhas mãos estão tremendo.

Bob: Exagere seu tremor. Assim. Exagere mais. Fique em pé e deixe todo seu corpo ficar envolvido. Isso mesmo. O que está sentindo? *Liz:* Excitação.

Bob: Boa. Seu tremor era porque queria ficar excitada e estava se contendo. Fritz (Peris) disse que a diferença entre a ansiedade e a excitação é uma respiração profunda.

Outra técnica é seguir as "expectativas catastróficas" até uma conclusão em fantasia. Perguntamos a Hubert o que será a pior coisa que poderá acontecer. Ele diz que tem medo de que o grupo não goste dele. Acredita que não terá nada de interessante a dizer. *"E depois, o que poderá acontecer de pior?"* Hubert acha que não conversarão ou farão amizade com ele. *"E depois disso, o que poderá acontecer de pior?"* Ele vai se sentir solitário e afastado do grupo. *"E depois?" "Bem, não vou morrer por causa disso"*. Hubert sorri. *"Vou encontrar alguma coisa interessante para fazer sozinho"*. Ele reconhece que nunca teve que ficar solitário para sempre e então diz que vai procurar outra pessoa. Mesmo que aconteça sua pior expectativa, vai aguentar. Depois disso, Hubert fala que essa expectativa estava incrivelmente exagerada e que não está mais ansioso.

Outra técnica é a de separar as crenças da emoção. Isto funciona especialmente bem com clientes que não sabem que podem pensar e sentir ao mesmo tempo.

Fio: Tenho medo de esquecer o que vou dizer.

Bob: Certo. Finja que esqueceu o que dizer. Por que deveria ficar ansiosa por causa disso?

Fio: Seria natural ficar ansiosa.

Bob: Não. Meu neto, Robert, só se lembra de umas dez palavras das que aprendeu. Ele não é ansioso. Por que liga o fato de ficar ansiosa com o esquecimento das palavras?

Fio: Bem, é natural, não quero ficar ansiosa...

Mary: É verdade. Então, aí está você e esqueceu o que ia dizer em seguida. Quer se lembrar do que ia dizer. Por que está ansiosa?

Fio: Isso é interessante. Sempre liguei... fico ansiosa porque acho que deveria ficar assim. Por que digo a mim mesma o que as pessoas irão falar... Vou parar agora. Voltarei mais tarde. Quero pensar sobre o modo como faço essa ligação automática com a ansiedade. Vou começar a desligar.

Os ansiosos esquecem o presente para gastar sua energia psíquica espiando, cheios de medo, o que acontecerá num futuro imaginário.

Gem está extremamente ansiosa quanto ao futuro. Seu pai, um irmão e o marido morreram de ataques cardíacos enquanto estavam vivendo com ela. Planeja se casar de novo e se aterroriza, imaginando que seu novo amor irá morrer como eles.

Gem: Está ficando ruim demais... sempre que estou com ele fico com medo de que esta noite ele terá um ataque cardíaco.

Bob: Por que se enche de tantas histórias más sobre o futuro em vez de se divertir no aqui e agora?

Gem: Não sei.

Mary: Pelo que entendi, seu marido não era como você neste aspecto. Você disse que dois anos antes de ele morrer já sabia que poderia ter um ataque das coronárias a qualquer momento e, ainda assim, vocês tiveram dias maravilhosos. Ele não estava obcecado em se assustar com a morte?

Gem: Não, não estava. Viveu intensamente.

Mary: Seria essa a meta que escolheria para você?

Gem: Sim.

Mary: Fico contente.

Gem: Como conseguirei parar com isso?

Bob: Não estou entendendo sua pergunta. É você quem está pensando essas coisas.

Gem: Como poderei impedir a mim mesma de pensar nessas coisas?

Bob: Troque por uma fantasia sexual.

Gem: Sei o que vai acontecer. A fantasia sexual acabará em morte.

Mary: O problema é que você não acredita realmente que é a dona da sua própria cabeça.

Bob: É isso mesmo.

Gem: Posso ser a dona da minha cabeça, mas os fatos que aconteceram não estavam sob o meu controle.

Mary: Tenho certeza de que, muito antes de alguém morrer, sua mãe a ensinou a entrar no futuro para se sentir mal. Imagino que ela costumava prever coisas más que iriam acontecer e, ao ouvi-las, você ficava com medo. Pode ter sido sua mãe, seu pai, uma avó, qualquer pessoa.

Gem: Sim, mamãe sempre tinha medo do que poderia acontecer.

Mary: Então sua mãe ensinou-a com todo o cuidado a dirigir seu cérebro... como entrar no futuro e se sentir mal. Mas você foi bastante esperta para se casar com um homem que dirigia seu cérebro de um jeito bem diferente.

Gem: Sim. Ele nunca teve medo do futuro.

Mary: E esse novo homem? Anda por aí morrendo de medo do futuro?

Gem: *(Ri)* Nada disso.

Mary: Que bom. Você é sabida. Escolhe homens que não contam a si mesmos histórias aterrorizantes sobre o futuro.

Gem: Agora entendo que fico entrando no futuro. Sim, e assusto a mim mesma.

Mary: Ótimo. E está pronta a começar a dirigir seu cérebro de uma maneira diferente?

Gem: Sim. Essas são ideias novas. Estou mastigando o que vocês estão dizendo.

Mary: Então você pode engolir ou cuspir para fora essas novas ideias.

Gem: *(Dá uma risada)*

Mary: Vou lhe ensinar uma técnica que é muito divertida se estiver disposta a brincar com ela. Continue a fazer o que tem feito e conte vantagem sobre si mesma. Por exemplo, eu costumava ter fobia de aviões, uma coisa que envolve todos os tipos de mágica, como, se eu ficar observando atentamente, a asa não vai se soltar. Está entendendo a ideia?

Gem: Estou sim. *(Ri)*

Mary: E fico vigiando cuidadosamente o que poderá estar acontecendo por trás daquela porta tão importante que fica fechada o tempo todo... a cabine do piloto... para ter certeza de que estão *todos* lá. Presto atenção a cada barulhinho. Assim, poderei sair correndo para avisar o comandante no instante em que o motor cair. *(Gem está rindo)* E faço questão de ver que comida estão levando aos pilotos porque, se comerem peixe estragado, poderão ficar envenenados e então terei que encontrar alguém entre os passageiros que tenha um ar competente, a quem possa dizer, *"Estão todos envenenados lá na frente e você parece exatamente o tipo de homem que será capaz de assumir o comando para fazer este 747 aterrissar"*. Agora, Gem, a próxima etapa é a mais importante delas. Dou parabéns a mim mesma. Olhem como sou criativa! Qualquer outro fóbico banal poderia estar inventando histórias de medo por causa de barulhos no motor, mas eu não! Consigo inventar até botulismo para me assustar. Entendeu?

Gem: (Rindo) Sim, entendi. Entendi perfeitamente.

Mary: Está disposta a caçoar de si mesma durante o dia de hoje, toda vez que começar a se assustar?

Gem: Eu... certo. Acho que vou me divertir.

Com essa experiência, Gem começa a se encarregar das suas próprias fantasias, mas ainda há coisas importantes a serem feitas mais tarde. Gem diz adeus ao pai, ao irmão e ao marido e dá a si mesma permissão para se divertir apesar de eles estarem mortos. Abandona sua mágica: *"Não se sinta bem demais ou algo de mau irá acontecer"*. Bob sugere que use um amuleto antidesastres para substituir o medo.

Gem: Não entendi sobre o amuleto.

Bob: Bem, este é o meu. (Mostra uma medalha). Serve para manter os tigres fora da nossa propriedade.

Gem: Mas não há tigres na Califórnia.

Bob passa a mão no medalhão e balança a cabeça com um ar muito sábio: *É claro. Não há tigres porque meu amuleto os afasta daqui.*

Como material adicional para se trabalhar com clientes medrosos ou ansiosos, veja Capítulo 11, *Fobias: Uma Tarde de Quarta-Feira*.

MEDO REPRIMIDO

O medo reprimido pode estar a serviço da autodestruição, como acontece quando homens e mulheres se apresentam como voluntários para trabalhos perigosos durante a guerra ou procuram se envolver em *hobbies* ou carreiras arriscadas.

Não acreditamos que o comportamento contra fóbico seja aquele utilizado pelo cliente para reprimir fobias. Em nossa opinião, a contra fobia é um método da Criança para reprimir os fatos Adultos e o cuidado normal do eu para sobreviver a decisões do tipo *"Vou dar um jeito de me matar e então eles irão me admirar"*. Os fóbicos têm medo quando não há perigo; os contra fóbicos não têm medo quando deveriam ter.

A passagem da contra fobia para a fobia ocorre quando o cliente toma consciência dos fatos perigosos e diz internamente, *"Não quero ser morto!"* O ex-contrafóbico, justificadamente temeroso da sua falta de cuidado consigo mesmo no passado, poderá desenvolver uma fobia como um meio mágico para se auto proteger.

Drake é um "Super-homem", que não quer fazer um contrato de tratamento e explica que está participando do curso porque foi mandado pelo seu departamento. Durante os horários das refeições, entretém o grupo com casos incríveis sobre suas aventuras no alpinismo e corridas de motocicleta. Começamos a confrontá-lo, dizendo, "Não vou rir por você estar se machucando. Não vou lhe fazer carícias por arriscar sua vida". Ele argumenta conosco, dizendo que sabe como cuidar de si mesmo e que uma vida sem riscos seria aborrecida.

Finalmente, trazemos seu material para uma sessão de terapia, apesar de ele ainda estar recusando a fazer o contrato. Pedimos que faça um teste, dizendo o que acontece quando conta suas histórias à família da sua infância. Ele tenta não nos dar importância, dizendo, *"Não sei o que diriam. Meu pai talvez poderia ficar interessado, se não estivesse bêbado. Os outros..."* Ele encolhe os ombros.

Perguntamos se está disposto a fazer essa experiência, mesmo que não saiba quais seriam as reações. Drake concorda e conta sua mais recente aventura, quando escapou por um fio de um terrível acidente com a moto. Acaba se conscientizando de que à família não interessa se ele vive ou morre. Por isso, escolhe amigos como ele e ficam se acariciando uns aos outros por arriscar a vida.

Drake agora está ouvindo a si mesmo e reconhece que uma parte do seu ser está tentando morrer. Pedimos que faça outra experiência, ainda sem se comprometer, dizendo à família e aos amigos que nunca mais vai se arriscar e que, de hoje em diante, vai cuidar de si mesmo. Ele vê que a mãe fica satisfeita, até o ponto em que é possível uma mulher deprimida e maltratada sentir satisfação por alguma coisa. Seu irmão mais velho e seus amigos o chamam de "covardão". Seu pai está tão ocupado se matando com o álcool que nem ouve. Drake fica profundamente impressionado e decide tomar parte no nosso programa de treinamento semanal. Acreditamos que há milhares de homens e mulheres como Drake, que arriscam suas vidas cegamente, sem tomar consciência da sua necessidade de modificar suas decisões primitivas. Os médicos e advogados que os vissem depois de acidentes e ferimentos fariam uma boa coisa se recomendassem uma terapia... se bem que dificilmente tais clientes aceitariam imediatamente tal conselho.

VERGONHA

A filha de Mary, Claudia, e o neto Brian estavam brincando de esconde-esconde quando, numa explosão de entusiasmo, o menino, de repente, mordeu a mãe com força. Claudia gritou instintivamente e empurrou- o para longe. Brian escorregou para o chão, cobriu os olhos com as mãos e começou a soluçar, num choro profundo e desesperado que nunca havíamos escutado antes. O menino, de onze meses, parecia estar sentindo vergonha. Claudia pegou-o no colo, beijou-o e abraçou-o, enquanto dizia, *"Santo Deus, eu é que fui mordida e você é que precisa de conforto"*. Logo depois ele estava feliz novamente e a brincadeira continuou.

Todas as cenas "vergonhosas" não terminam assim tão bem. Os clientes lembram-se do que aconteceu quando molharam as calças, foram descobertos em brincadeiras sexuais, esqueceram a parte final de um recital de música e foram objeto de caçoada ou castigados em público. Esses pequenos incidentes são de grande importância na infância e constituem razões de as pessoas acreditarem, *"Se realmente me conhecessem, descobririam o quanto sou mau"*. A lembrança das vergonhas passadas e o medo de uma vergonha futura se transformam numa camisa de força que impede a espontaneidade e o conhecimento do próprio valor.

Ara, uma psiquiatra muito competente, fica muito constrangida sempre que imagina que está sendo avaliada pelas pessoas. Procuramos por uma cena da infância:

Ara: Lembro-me... Estou com três anos de idade. Meu irmão é um bebê. Molho minhas calças. Mesmo enquanto estou dizendo isso, sinto vergonha. Não quero falar sobre isso.

Mary: Você parece muito triste e envergonhada.

Ara: Estou arrasada. *(Chora por algum tempo)* Estou tão humilhada. Eles põem esse enorme pano de prato em mim. Até eu parar de molhar as calças. Eles dois riem de mim... riem de mim. Estou... arrasada.

Bob: Arrasada. Em vez de ficar arrasada, está disposta a gritar com eles desta vez?

Ara: Não adianta. Eu... é um tipo de desespero que nem mesmo consigo explicar.

Bob: Grite com eles.

Ara: Vocês dois, saiam do meu caso. *(Suspira várias vezes, enxuga os olhos)* Acho que não tenho força para gritar.

Bob: Mas tem.

Mary: Quer dizer a eles que é perfeitamente normal uma criança de três anos molhar suas calças?

Ara: Sim, é natural. Crianças de três anos podem molhar as calças. Eu posso molhar as calças. Não há razão para caçoarem ou rirem de mim.

Mary: Sente isso?

Ara: Não. Sinto-me muito magoada.

Mary: Olhe para seus pais. Pense como poderia dar "uma dura" neles.

Afinal, não tiraram nota dez como pais naquele dia.

Ara: Vou dizer a eles o que fizeram de errado. Vocês são uma porcaria de pais, sabiam disto? Acham que são muito grandes, que estão sempre certos... claro que têm as melhores intenções... hummm. *Bob:* Que hummm é esse?

Ara: Hummm significa que tudo o que eu poderia fazer naquela situação era continuar parada e aguentar.

Bob: E agora?

Ara: É exatamente isso que tenho estado fazendo, fico parada e aguentando. Fico aguentando coisas de outras pessoas. Em algumas situações, nem sempre.

Bob: Então faça algo de diferente.

Ara: Certo. Faço uma cara de desprezo e me afasto. Sim! *(Ri)* Veja, são eles, não eu. Estou agindo normalmente para uma criança de três anos. Não sou eu, são vocês. Estão agindo como malucos, todos nervosos por causa de um xixi à toa. Não estou escutando todo esse palavrório, sua maluquice. *(Pausa)* Acabo de pensar numa coisa. Eles têm 20 e 21 anos quando tenho três... são bebês ignorantes lidando com duas crianças. Meu Deus, tenho o dobro da idade deles. E tenho cultura. Eles não tinham. Não vou deixar minha importância depender de dois moleques ignorantes como vocês. Na verdade, até que se saíram bem, considerando-se que não sabiam nada sobre bebês. Terminei. Sinto-me livre, realmente livre... pela primeira vez que posso me lembrar.

Nossa técnica para resolver a vergonha primitiva é fazer o cliente sair do papel de vítima de modo que possa lutar contra os perseguidores, como fez Ara quando disse aos pais que eles estavam errados. Geralmente, o cliente revida com raiva, apesar de, às vezes, criar uma fantasia engraçada. Uma mulher, que tinha sido obrigada a ficar no canto da sala por ser "sabidinha" na escola, inventou a fantasia de pôr a professora de castigo, escrevendo "burra" na sua testa com tinta vermelha e depois forçando-a a confessar as várias idiotices que cometia ao lidar com os alunos.

Quando o cliente imagina que a terapia tem que ser um processo doloroso, poderá ficar preocupado em ter que contar seus próprios comportamentos e fantasias vergonhosos do passado. Marv, um homem calmo e adorável, casado há 25 anos com a mesma mulher, confessou, cheio de vergonha, que às vezes tem fantasias homossexuais:

Bob: Meus parabéns!

Marv: Como?

Bob: Meus parabéns.

Marv: Não estou entendendo.

Bob: Estou lhe dando os parabéns por ter suficiente liberdade para ter uma vida sexual, em fantasia, livre e rica. Bom para você!

Marv: *(Pausa longa)* Ora, ora, ora. Acho que meus colegas não iriam concordar com você.

Bob: Ótimo. Então não conte a eles.

(Todo o grupo ri)

Uma das vantagens do tratamento em grupo é que todos os membros se beneficiam do trabalho de cada indivíduo. Desta vez, depois que Marv terminou, várias pessoas falaram sobre suas vergonhas secretas em relação a fantasias sexuais e decidiram, por si mesmas, que não havia nada de errado com elas.

Ben usou o grupo para se permitir dançar. Dançou quando estava no ginásio, caçoaram dele e depois disso nunca mais dançou.

Ben: Gostaria de poder dançar. Gostaria muito, mas tenho vergonha. *Mary:* Qual é sua expectativa catastrófica... a pior coisa que poderia acontecer?

Ben: As pessoas iriam rir. (Conta a cena do ginásio)

Mary: É horrível quando as pessoas riem de nós quando estamos no ginásio. E se isto acontecesse agora?

Ben: Não sei.

Mary: Ouça minha ideia... aprendi isso com Irma Sheperd e Joen Fagan[5], as terapeutas gestalt. O negócio é... vamos fazer uma dança desajeitada agora mesmo. Todos vamos dançar do modo mais desengonçado possível. Vamos entrar nessa?

Ben aceita e então ligamos o rádio e todo o grupo se diverte, fazendo movimentos hilariantes. Depois de algum tempo, começam a dançar direito e Ben continua com o grupo. Ele não é um bom dançarino, mas se diverte dançando.

CULPA

Tecnicamente, a culpa é um julgamento, em vez de ser uma emoção. Uma pessoa se julga culpada e depois experimenta tristeza, raiva, ansiedade ou vergonha. Há três categorias de pessoas culpadas. A maioria dos culpados neuróticos raramente faz alguma coisa errada ou capaz de magoar. De fato, seu pior defeito é que usam a culpa na educação dos filhos, fazendo com que eles, também, cresçam se sentindo culpados. Os pseudo-culpados usam sua culpa com orgulho para poderem se sentir honrados e sensíveis. Acreditam que o fato de se sentirem pseudo-culpados com a fome do mundo os desculpa de ter que contribuir com alimentos ou dinheiro. O terceiro grupo efetivamente magoa os outros, sente-se culpado e continua com seu comportamento prejudicial. Poderão ser pessoas que maltratam crianças, apesar de se sentirem culpadas.

Mesmo que a pessoa neuroticamente culpada não esteja abertamente deprimida, o primeiro passo do tratamento é um contrato de não-suicídio. Pede-se ao cliente para fazer o contrato de que não vai se matar mesmo que ache que o que está fazendo é errado e apesar do quanto decide ser culpado. O próximo passo é uma redecisão de abandonar a culpa e substituí-la por autoestima.

1.

Mary: Sinto-me tão culpada. Estou gastando 300 dólares por mês com a escola, 3.600 por ano, e não estou escrevendo minha dissertação. *Mary:* Pelo que estou entendendo, não está fazendo sua dissertação e isso é muito importante para você. Estou disposta a trabalharmos juntas para que possa resolver esse problema. Primeiro, no entanto, acho que é importante você abandonar sua culpa.

Mary: Não estou entendendo.

Mary: Certo. Se continuar se sentindo culpada e trabalharmos no problema da dissertação, prevejo que você não a escreverá para poder se sentir ainda mais culpada... veja, agora você está gastando 300 dólares por mês, mais o custo da terapia e poderá usar esse fato para aumentar sua culpa. Ou então, escreverá a dissertação e se sentirá culpada porque ela não está bastante boa. Ou então, irá escrevê-la e encontrará outro motivo para culpa.

2.

Ned: Não consigo perder peso. Estou sempre gordo assim.

Bob: Vejamos, você deve estar uns dez quilos acima do peso normal?

Ned: Mais ou menos isso.

Bob: (Pergunta sobre problemas físicos e fica sabendo que Ned não tem motivos de saúde para não emagrecer.) O que sente quando pensa que está dez quilos acima do normal?

Ned: Como um porco... horrivelmente culpado.

Bob: O contrato que quero que faça é o de gostar do seu corpo exatamente como ele é, de parar de se afligir e, em vez disso, começar a ter prazer em você mesmo. Então, quando fizer isso, vai perder peso se quiser.

3.

Pete: Parece que não consigo dar a ela uma boa relação sexual. Sinto-me muito culpado...

Bob: Só para começar, quer deixar ela ser a responsável pela sua própria resposta sexual? E parar de se sentir culpado? É este o primeiro contrato, enquanto vocês dois brincam de aprender a desfrutar do sexo.

4.

Opal: Meu filho simplesmente abandonou a escola e não sei o que fazer. Sei que isso tem algo a ver com o fato de tê-lo criado sozinha... Sinto-me tão culpada.

Mary: Duvido que sua culpa vá fazê-lo voltar à escola.

Opal: Sei disso.

Mary: Então... recomendo que os dois entrem num grupo de terapia de família. E o contrato que indico para você é o de se livrar da sua culpa. Imagino que vem se sentindo culpada há muito tempo.

Quando tratamos de clientes culpados, muitas vezes sugerimos aquilo que costumamos chamar de "contratar um novo contador".

Jana: Sinto-me culpada. *(Fala muito rapidamente)* Planejava fazer tantas coisas esta semana e não estou fazendo o que devia. Eu...

Mary: Espere, espere, espere! Calma! Não foi isso que ouvi antes. Você estabeleceu várias metas para esta semana, como ficar sentada na mesa conosco, conversar e ficar conhecendo outras pessoas. Acho que fez o bastante em poucos dias.

Jam: Eu poderia me avaliar com mais facilidade e ficar conhecendo melhor as pessoas. Também... *(Continua o intenso palavrório contra si mesma.)*

Bob: O verdadeiro problema é o seu contador.

Jam: *(Subitamente para de falar e dá sua risada abrupta e característica).*

Mary: Entendeu?

Jam: Anoto meus fracassos e não meus sucessos.

Mary: Exatamente.

Jam: Estou começando a parar de me criticar. Sempre que não estava trabalhando, ficava me criticando e... *(Agora continua sua arenga, desta vez falando como costumava se criticar.)*

Mary: *(Gritando para ser ouvida por cima da barragem de palavras de Jam) FOI BOM VOCÊ TER RECONHECIDO ISSO.*

Jam: Sim, sinto-me muito melhor.

Bob: Está disposta a despedir seu contador, que soma todos os débitos e se esquece dos créditos?

Jam: Sim, adoraria fazer isso.

Bob: Então, fale com o seu contador.

Jam: Maldito seja, é você que está arruinando a minha vida. Não consigo me divertir porque você fica me amolando sobre o passado, sobre que tipo de impressão estou fazendo, você... *(Continua a falar sem parar, desta vez chamando a atenção do seu contador interno.)*

Bob: Palavras, palavras, palavras! Você não tem que se justificar perante seu contador. Tudo o que tem a fazer é despedi-lo.

Jam: Você é terrível. Está me fazendo sentir péssima. É maluco, não é justo...

Bob: Você está despedido.

Jam: *Você está despedido. (Diz isto com clareza e vagarosamente)*

Bob: Gostei do modo como disse isso.

Jam: Eu também.

Bob: Gostaria de ter um novo contador?

Jam: Claro.

Bob: Vá em frente. Levante-se e candidate-se ao emprego. Diga como vai cuidar dos livros de agora em diante.

Jana: (Em pé) Sou justa. Vou passar a anotar tanto as coisas pequenas como as grandes. Seu último contador não tinha sentido de proporção. É verdade. Ele marcava todas as coisinhas que podia encontrar contra você. E continuava a somar todos os itens todos os meses. É isso. Eu vou marcar os créditos onde eles forem devidos. Quando você fizer algo de muito bom, vou escrever na coluna do crédito, em vez de só somar as coisinhas que fez de errado.

Bob: Troque de cadeira. Este é o tipo de contador que você gostaria de ter por perto?

Jam: Sim. Ele é justo. Obrigada.

Bob: Não há de quê.

Numa sessão posterior, Jana pratica ser o contador e dá a si mesma créditos específicos sobre o que gosta em si.

Pedimos aos clientes culpados que procurem a origem da história da sua culpa. *"Agora mesmo você está se sentindo culpada porque, de algum modo, considera que é por sua causa que seu filho está enfrentando problemas. Por que se sentia culpado antes de ele crescer?" "Antes de ele nascer?" "Antes de você se casar?" "No ginásio?" "Na escola primária?" "Quando era pequeninho?"* Quando um cliente vai seguindo um disfarce do presente até o passado recente e daí ao passado, estimula a memória e encontra cenas importantes na sua vida. Se formos muito rapidamente ao passado, ele poderá não se lembrar. Esta é também uma boa técnica quando alguém diz que não tem qualquer lembrança da infância. Voltando para trás vagarosamente, o cliente se surpreenderá com o muito que realmente se lembra e também poderá descobrir o ponto crucial na sua vida onde decidiu apagar suas memórias do passado.

À medida que o cliente escolhe uma cena culpada em particular para cada etapa da sua vida, reconhecerá tanto a cronicidade como a grandiosidade das suas muitas culpas. Paramos em cada cena importante e pedimos que se veja nela e que a descreva no tempo presente. Podemos trabalhar com qualquer uma dessas cenas para o cliente abandonar uma determinada culpa.

Há muitos meios de se fazer isso. O cliente poderá exagerar a culpa para poder reconhecer a sua grandiosidade. Poderá dizer aos pais que suas ações, naquela época, foram normais e depois repudiar suas mensagens de culpa. Poderá se divertir com a situação. Ou, poderá simplesmente dizer, *"Puxa, não tenho que me sentir culpada por ter roubado um pedacinho de giz da professora!"*

Ian precisava entender o que estava acontecendo com seus pais, para deixar de se sentir responsável e culpado pelo divórcio deles.

Ian: Meu pai se divorciou da minha mãe por minha causa.

Mary: Veja-se lá e imagine a cena.

Ian descreve as brigas, a pobreza e o fato de o pai não querer ficar preso a uma criança. Pedimos que tome o lugar dele.

Mary: Qual é o seu nome, pai?

Ian: Michael.

Mary: Certo. Quero entrevistá-lo, Michael. Você e sua mulher fazem sexo, ela fica grávida e o que você sente?

Ian-Michael: Raiva. Preso.

Mary: Interessante. Tem alguma ideia do porquê de se sentir com raiva e preso antes do nascimento de Ian?

Ian-Michael: Não. Não sei.

Mary: Tem que haver alguma coisa. Veja, se você fosse um homem feliz, teria facilmente escolhido criar ou não um filho. Qualquer uma dessas alternativas. No entanto, de algum modo, você sabia como se sentir preso, com raiva e depois se separar. Lembre-se do que aconteceu quando era criança.

Ian-Michael: Muito estranho. Nunca pensei nisso tudo. Eu... sou meu pai. Sempre fui o membro da família que não servia para nada. Todos diziam isso.

Ian: (Volta para sua cadeira) É claro que você nunca serviu para nada... nunca teve uma oportunidade. Sua família o odiava e mamãe era a mártir. De todos os homens que poderia ter escolhido, ficou com aquele que iria abandoná-la. É claro. Nunca pensei nisso antes. Bem, vocês dois, não tive nada a ver com sua deserção nem com o seu martírio. Não sou culpado.

Uma entrevista com o pai é um modo efetivo de resolver o sentido de responsabilidade de uma criança em relação ao problema dos pais. Nossa meta com Ian foi a de ele perceber, bem no íntimo, que era uma criança digna de amor (como são todas elas) mesmo que o pai não o tenha amado.

Enquanto Hannah vai se lembrando da história da sua culpa, descobre inúmeras delas em cada idade, todas triviais. Mary pergunta, *"E quando você era muito pequenina?"* e ela começa a chorar.

Hannah conta sobre ter sido forçada a rezar junto à cama do pai quando ele estava morrendo. Levanta, corre para fora e ele morre enquanto ela está brincando. Hannah tem cinco anos de idade. Perguntamos se está disposta a conhecer melhor aquela menininha do que parece conhecer atualmente. Quando concorda, criamos uma cena onde ela, com a idade que tem agora, entrevista a pequena Hannah. Pedimos que veja a criança, que a descreva e depois diga o que está se passando dentro dela. Hannah adulta descobre, é claro, que a menina está assustada e não compreende a morte. Hannah começa a chorar e sua voz se toma carinhosa à medida que vai conversando com a pequena Hannah. Perguntamos o que está disposta a dizer e fazer pela menina agora mesmo, para que ela não tenha que crescer se sentindo culpada. Hannah hesita, fica confusa e depois se permite dizer à pequena Hannah que ela é uma menininha linda e normal e que não houve qualquer mal em estar brincando quando o pai morreu. De fato, seu pai provavelmente teria preferido vê-la brincando ao invés de rezando ao lado da sua cama e, de qualquer modo, o fato de estar brincando não teve nada a ver com a sua morte.

Depois de perguntarmos sobre a culpa *"quando você era muito pequenino"*, perguntamos aos clientes que se sentem culpados, *"Por que se sentiram assim quando nasceram?"* Quase sempre, descobrimos a culpa original no mito do nascimento.

Um obstetra, que a esta altura da sua vida certamente é um perito em partos, é perguntado sobre o mito do seu nascimento. É um cliente muito culpado, que ri de um modo estranho. Faz um *"Ho, ho, ho"* aspirando o ar em vez de exalar.

Jeff: Bem, minha mãe era uma histérica... Sabe, as velhas histórias de mártires que existem nas famílias. Como ela ficou toda arrebentada...

Bob: Seja ela. Venha, sente-se nesta cadeira em frente de Jeff. Sente-se do modo que costuma sentar, mãe. E tome aquela expressão típica no seu rosto, mãe. Assim. Agora conte a Jeff aquela história de *"ficar toda arrebentada"*.

Jeff Mãe: Você me rasgou. Veio depressa demais e me arrebentou toda. *Bob:* Seja Jeff.

Jeff: (Volta à sua cadeira e senta-se tristemente, sem falar)

Bob: Reaja.

Jeff: Não sei o que dizer.

Bob: Pergunte a ela de quem eram os músculos uterinos que empurraram.

Jeff: Eu... *(Explode numa gargalhada gostosa, exalando o ar)* Eu não podia imaginar que acreditaria numa... Ei, Mãe, foram seus malditos músculos que me empurraram!

Um terapeuta que não tivesse experimentado emocionalmente suas próprias crenças irracionais de Criança poderia ler esse diálogo com algum ceticismo. Esse médico, que conhece tudo sobre bebês e músculos uterinos, ainda acreditava, na sua Criança, que tinha feito alguma coisa de errado à sua mãe no momento do parto. Crianças pequenas não entendem o mistério do nascimento nem mesmo nos lares esclarecidos. Tendem a acreditar no que ouvem dizer: *"Quando você veio..."* Isto é mais nebuloso do que histórias de cegonhas ou repolhos e igualmente incorreto. No entanto, quase todos usam essas palavras:

Jean: Bem, o problema é que vim só 10 meses depois que meu irmão nasceu.

Mary: Que palavras estranhas. Imagine a cena. Lá está seu irmãozinho sentado no chiqueirinho. Ele foi bastante esperto para vir na hora certa. Agora, imagine essa bebezinha teimosa, com um dia de vida, engatinhando até a porta da frente, segurando sua malinha na boca, entrando desafiadoramente na casa, apesar da placa onde está escrito: *"Não há vagas"*.

Jean: É exatamente como me senti.

Mary: Bem, é uma besteira, não é? Quer perguntar a eles quem foi que trepou sem tomar cuidado?

Bob divide a "culpa original" como tendo três causas: por ter nascido, ter nascido intrinsecamente errado e nascido na hora errada. Alguns acreditam que nunca deveriam ter nascido porque os pais não queriam filhos. Outros acreditam que seriam desejados se não houvesse nada com eles. Essas pessoas nasceram do sexo errado, claras demais ou escuras demais para suas famílias, ou com um defeito congênito como cegueira ou paralisia cerebral. Outras, como Jean, "vieram" cedo demais ou tarde demais para o gosto dos pais. A criança aceita a culpa.

Lea está trabalhando para abandonar a culpa por ter simplesmente nascido:

Lea: Seu eu não tivesse nascido, vocês teriam sido bem mais felizes. *Mary:* Diga, *"Sou culpada de tudo por ter nascido".*

Lea: Não, não sou a culpada de tudo. Mesmo que eu não tivesse aparecido, mamãe continuaria a ser triste e uma alcoólatra e tia Ris ainda estaria cuidando de outras pessoas, se matando de cansaço. Mas, pelo menos eu não existiria.

Mary: Você está dizendo que se sente culpada por ter nascido.

Lea: Sim. Sou culpada.

Mary: É aí que você está emperrada, não? Aquela menininha realmente acredita que foi a culpada por ter nascido.

Lea: (Balança a cabeça)

Mary: Experimente: "Sou culpada por ter sido concebida".

Lea: (Rindo) Não.

Bob: Então, por que acha que é culpada por ter nascido?

Lea: Tem razão.

Bob: Está pronta para esquecer aquela carga de culpa?

Lea: Estou.

Bob: Pelo resto da sua vida?

Lea: Sim. Sabe, lembro-me de quando tinha só quatro ou cinco anos, e ficava sozinha, sentada no pasto, desejando estar morta, porque sentia que fazia todos ficarem tristes.

Bob: Entendi. (Bob está desenhando o ovo e o espermatozoide com a anotação, "Não fui eu que fiz isto!". Autografa sua obra e dá a folha a Lea. Ver Fig. 23.) Este é meu famoso quadro de 200 dólares. Você conseguiu uma pechincha. Ele costuma custar

400 dólares nos cursos de uma semana e 1.200 dólares nos de um mês. Pendure-o no seu banheiro ou em qualquer outro lugar e, sempre que se sentir culpada por alguma coisa, dê uma olhada nele.

Fig.23

Bob já deu esse desenho a centenas de pessoas culpadas. Em cada quadro, escreve a redecisão do cliente e depois o autografa.

Os pseudo-culpados, que usam a culpa em lugar da ação, podem ter exatamente os mesmos problemas comportamentais dos culpados. Podem estar com excesso de peso, adiando a elaboração de dissertações, tendo filhos que abandonaram a escola ou não estar tendo uma boa vida sexual. Ficam tentando manobrar os terapeutas para que eles concordem com seus "deveria" e depois irão se rebelar, ativa ou passivamente, contra eles. Essas pessoas são muito difíceis para os terapeutas parentais, que poderão começar trabalhando com elas para fazer com que se sintam menos culpadas e depois, percebendo que o seu comportamento não está se modificando, tentarão fazê-las se sentir ainda mais culpadas.

Sue é outra candidata ao Ph.D. que não está escrevendo sua tese:

Sue: Sinto-me culpada. É verdade, sério, é verdade. ("Verdade" é uma palavra de Criança, usada para convencer os pais céticos.) Parece que nunca consigo começar.

Mary: Tome os dois lados. Primeiro, *"Não quero escrever"*.

Sue: (Dá as razões por que acha que tem trabalho demais a fazer e reconhece que não quer "trabalhar duro".)

Mary: Certo. Agora tome o outro lado, *"Quero escrever"*.

Sue: É fácil. (No entanto, não diz, *"Quero escrever"*, mas toma o lado, *"Quero ter um Ph.D."*.

Mary: Experimente, "Não vou escrever".

Sue: Não vou escrever e vocês não podem me forçar. Puxa. É isso. Ninguém pode me forçar.

Sue toma consciência da força da sua luta para não agradar os pais, tanto na sua cabeça como na realidade. Eles ainda estão vivos, pagam suas mensalidades na universidade e insistem para que consiga seu Ph.D.

As diferenças entre Sue e May (as duas mulheres que não estão escrevendo as dissertações) são sutis e envolvem a qualidade da sua culpa. Sue tende a acenar a sua como se fosse uma bandeira e também, de modo infantil, sente prazer em se sentir culpada. May sente-se muito culpada e devota toda sua energia à auto depreciação. A questão que está à frente de Sue, a esta altura, é que ela, por si só, quer escolher para fazer o seu Ph.D. Sua pseudo-culpa é irrelevante. Não vamos nos juntar aos seus pais, insistindo na graduação nem vamos analisar e, portanto, acariciar sua culpa.

Para os clientes que afirmam sentir-se culpados por causa do estado em que está o mundo, mas que não entram nem com tempo nem com dinheiro para melhorar as condições existentes, concordamos com o líder sindical Harry Bridges, que disse: *"Mexa-se ou cale-se"*. Para os que realmente trabalham para a melhoria do mundo, o entusiasmo é uma motivação muito mais agradável do que a culpa.

Quando um cliente culpado é destrutivo para outras pessoas, trabalhamos somente com o contrato para cessar com suas ações destrutivas.

Bry: Não é que realmente queira bater nas crianças. Sinto-me culpado. *Bob:* Acredito que você acredita em você mesmo. Eu não acredito em você. Tome o lado, *"Quero realmente bater nas crianças"*.

Bry: (Pausa longa) Na verdade, eu não queria.

Bob: Você as agrediu. Não bateu nelas durante um ataque epilético. O fato é que você se dispôs a isto e agrediu-as deliberadamente.

Bry: Eu... eu fico bravo com elas. Quero que parem de fazer tanto barulho. Quero que me obedeçam. Elas nunca vão para a cama a não ser que eu acabe explodindo e bata nelas.

Bob: O que quer dizer que tem mesmo a intenção de agredi-las. Gostaria que descobrisse, por si mesmo, que não tem que bater em crianças. Está disposto a desistir completamente de tentar disciplinar seus filhos durante esta semana? Se sentir vontade de bater neles, saia da sala, da casa, seja lá de onde for. CONCORDA EM NÃO BATER NELES POR MOTIVO ALGUM?

Bry: Acho que conseguiria fazer isso.

Bob: Eu também. Está disposto?

Bry: Sim... mas estou em conflito... não tenho me controlado bem. Uma parte de mim diz que talvez me sinta provocado demais.

Bob: Está disposto a decidir que não machucará suas crianças não importa o que elas façam para provocá-lo? Ou o quanto provocado você decida ficar?

Bry: Sim.

Bob: Ótimo.

Mary: Faz muito tempo que elas têm estado envolvidas em jogos Perseguidor-Vítima com você. Não irão compreender sua mudança e, provavelmente, se comportarão cada vez pior por um certo período. Por exemplo, elas agora sabem que só têm que ir para a cama depois que você bater nelas. Não foram treinadas para irem deitar quando estão com sono e nem mesmo sabem quando estão com sono. Aprenderam a ir dormir só depois de serem maltratadas por você. Entendeu?

Bry: Nunca pensei nisso sob esse aspecto... entendi.

Mary: Então, o que fará enquanto eles estiverem se treinando de novo? *Bry:* Não sei. *(Pausa. Parece estar esperando por sugestões.)* E se eles não dormirem o suficiente?

Mary: Não acho que isso faça tão mal quanto ser agredido. Se elas vão dormir ou não, não importa. Você dormirá o suficiente.

Bry: Estou vendo que vai ser difícil. Não há dúvidas que estou sentindo algum alívio em não ser o bruxo da família. Certo. Não tenho boas ideias a respeito do que vou fazer. Mas não vou bater neles. Não vou machucá-los.

Bry era um agressor de crianças culpado*, que se considerava um bom pai, porque ganhava bem, era monógamo e queria o melhor para seus filhos. Mais tarde, para solidificar seu contrato, transformando-o numa redecisão, voltou a cenas da infância e deu vazão à sua raiva contra o seu pai, que também era um agressor de crianças. Naquela cena, disse, *"Nunca mais serei um bruto como você!"*

Acreditamos que os clientes podem controlar suas ações destrutivas... agressão a crianças, pequenos roubos, agressão

* Consideramos como agressor de crianças qualquer pessoa que fere desnecessariamente uma criança (procedimentos cirúrgicos e injeções são necessárias.)

ao cônjuge, ou qualquer outra atividade que possa ferir alguém. Os terapeutas que "tentam tratar" tolerando tal comportamento estão dando aos seus clientes mensagens secretas dizendo que eles são vítimas de si mesmos ou das circunstâncias. Tais terapeutas fecham os olhos à ação do cliente ao não exigir contratos firmes contra um comportamento como esse.

PESAR

O pesar é um dos mais solenes e sólidos disfarces. É utilizado por pessoas que foram ensinadas a andar na vida sempre olhando para trás, tristemente focalizando o pensamento naquilo que não deu certo.

Quando a pessoa pesarosa olha para o futuro, é para se lembrar de que sempre continuará a ser como é. *"Sempre vou lamentar o fato de não ter tido um filho", "de não ter ido para a universidade", "de ter sido privado da minha adolescência", "casado", "não-casado".*

Sally tirou o primeiro prêmio entre nossos clientes pesarosos. Ao responder a um questionário sobre argumentos de vida que continha a seguinte pergunta: *"Imagine que chegou ao fim da sua existência. Qual è a sua idade? Olhe para trás, lembrando-se do que aconteceu na sua vida e faça um sumário sobre ela numa frase ou sentença", escreveu: "Imagino que estou com 86 anos e o sumário que me ocorre é, "Lamento ter perdido tanto tempo me arrependendo do meu casamento antes de finalmente pedir o divórcio".* Isto se traduz em que ela planeja morrer se lamentando e cheia de pesar por se lamentar.

Ao tratarmos de um cliente desse tipo, começamos como fazemos com os acusadores, pedindo que separe um número de cadeiras vazias para representar todos os parentes adultos que conheceu. Será cada um deles de cada vez, sentando-se na cadeira do parente e começará com, *"Sou fulano de tal e lamento..."* ou *"Sou fulana de tal e não tenho do que me queixar".*

O cliente poderá vir de uma família na qual ambos os lados sejam pesarosos ou de uma família onde só um dos lados tem costume de se lamentar ou onde só os homens ou mulheres costumam se queixar. O cliente poderá então desenhar "a árvore genealógica dos lamentos".

Poderá ampliar o assunto sendo cada membro da família novamente e adotando a posição, atitude e tom de voz do queixoso à medida que descreve essas queixas em detalhe. Poderá dizer aos outros o que eles deverão fazer para o queixoso: *"Sou papai e lamento não ter podido ir para a universidade porque me casei muito cedo e tive que sustentar vocês, crianças. Portanto, têm que me recompensar, reconhecendo meu motivo para me queixar, sentindo-se culpados por terem sido os causadores e fazendo tudo o que eu lhes disser para fazer"*. Poderá, também, falando como o queixoso, dizer o que tem desculpa para não fazer, como compensação por se lamentar: *"Sou vovó e lamento ter deixado a Armênia. Portanto, tenho desculpa para não aprender a falar inglês. Principalmente, tenho uma desculpa para nunca ser feliz"*.

Usamos essa abordagem para o cliente perceber que o pesar é uma reação aprendida e não natural. Queremos que ele saiba disso emocionalmente, tornando-se desgostoso ou então divertindo-se. Poderemos sugerir que o cliente volte à cena, visualizando todos a se lamentar e dizendo a eles que não é mais uma pessoa com o hábito de se queixar, explicando o que está fazendo e experimentando em lugar disso. Ele poderá vê-los e ouvi-los se lamentarem enquanto fantasia-se escapulindo da casa para brincar. Poderá criar um objeto que será para ele a essência dos lamentos. Uma cliente imaginou um diário velho e rasgado todo manchado de lágrimas. Então sugerimos que cada vez que começasse a se lamentar, criasse a fantasia de estar dando esse diário a um dos seus antepassados queixosos.

Algumas vezes trabalhamos com a mágica que existe na queixa: *"Se eu me lamentar com muita força e por muito tempo o que irá acontecer?"* A mágica básica da Criança é que Deus ou o Destino irá mudar o passado ou a levará de volta para fazer tudo diferente. O pesar também poderá ser usado de um modo mágico em lugar da autoacusação ou como uma defesa contra a acusação dos outros. Com certeza, é utilizado para impedir a pessoa de gozar o presente.

As pessoas que, desde a infância, foram ensinadas a lamentar suas ações têm grande dificuldade em fazer escolhas de vida. Internalizaram chavões de família, como: *"Pense com cuidado ou vai se lamentar pelo resto da vida", "Você fez a cama, agora vai ter que se deitar"* ou *" Você já tem idade para cometer seus próprios erros"*. Uma das palavras mais usadas pelos clientes que costumam se lamentar é *"erro"*, usada em lugar de *"escolha"*. A reprimenda Parental é, *"Seja certo!"* e a advertência da Criança é, *"Não faça nada... assim não vai ter que lamentar sua decisão"*. A injunção, portanto, é *"Não faça"*.

Dave tem uma pequena fazenda e também um trabalho para profissional num hospital estadual. Diz que está participando da maratona para tomar uma destas decisões: continuar cuidando da fazenda e trabalhando ao mesmo tempo, vender a fazenda para pagar seus estudos para se formar em psicologia ou pedir demissão do hospital para dedicar tempo integral à fazenda. Em vez de escolher, fica obcecando a si mesmo, dizendo: *"Tenho medo de decidir por uma delas e depois me arrepender pela vida toda"*.

Pedimos que finja que se passaram cinco, dez e quinze anos e que imagine sua vida, usando as três escolhas, uma de cada vez. Fazendo isso, ele reconhece que planeja se lamentar não importa qual escolha tenha feito. Cada uma delas, enquanto as vive na sua fantasia, parece menos atraente do que as que rejeitou. Quando compreende isso, revê todas as três escolhas a partir de uma posição feliz e decide, ao nível de Adulto, que será feliz nas suas escolhas. Recomendamos que procure um terapeuta local para "praticar ser feliz". Atualmente, ele e a esposa estão se divertindo enquanto combinam o trabalho na fazenda com uma nova ocupação, a restauração de móveis antigos.

Quando a pessoa, lugar, emprego ou oportunidade desapareceram para sempre, o cliente poderá estar se lamentando em lugar de estar dizendo adeus. Em tais casos, usamos as técnicas descritas no próximo capítulo, Adeuses.

CAPÍTULO 7

Adeuses

Bob escreve, "Quando fui ao funeral da minha mãe, primeiro fiquei imaginando se eles não estavam falando da mulher errada. Ela estava sendo chamada pelo seu primeiro nome, que nunca havia usado. Depois, fiquei pensando se a cerimônia estava sendo feita em homenagem a essa mulher de nome formal ou a Jesus. Decidi que devia ser em honra dele, porque seu nome era citado com muito mais frequência do que o dela. Fiquei imaginando porque não estavam dando importância ao fato essencial: ela, que tinha vivido neste mundo, agora estava morta. Também não estava entendendo por que a cerimônia se concentrava numa possível vida após a morte, ignorando o fato de existir morte nesta vida. Continuei pensando por que ficamos todos escutando palavras formais e por que não nos estavam dando oportunidade de falar. Decidi que essa era uma droga de jeito de dar adeus a alguém. Mais tarde, dei meu próprio adeus a Mimi Goulding, enquanto enterrava suas cinzas junto a uma nova árvore que plantei em sua homenagem na nossa propriedade".

Muitos clientes precisam de ajuda para dizer adeus. Aprendemos com Franz Peris[1] o valor de criar cerimônias imaginárias com esse propósito e, desde então, inventamos uma fórmula para os adeuses: 1) Fatos, 2) Negócios não terminados, 3) Cerimônia do adeus, 4) Luto, e 5) Alô para o dia de hoje.

O fato da morte é óbvio, exceto nos casos muito raros onde o corpo não é recuperado. Ainda assim, apesar dos fatos, as pessoas têm meios mágicos de negar a morte. Participam do velório, ocupando-se com detalhes como abrigar e alimentar os presentes; deixam o serviço religioso distraí-los do fato da morte; ou não participam do funeral para fingir que a morte não ocorreu. Depois do enterro, brincam de "Se ao menos": *"Se ao menos tivéssemos insistido com ela para que fosse ver aquele médico". "Se ao menos tivesse a oportunidade de vê-la mais uma vez"*. Comportam-se como a Rainha Vitória que, supostamente, guardava as roupas e a colônia do Príncipe Alberto sempre prontas para serem usadas. Falam com os mortos e fingem que eles podem ouvir e até mesmo responder.

Os clientes que não dizem adeus mantêm uma parte da sua energia bloqueada dentro dos ontens. Poderão recusar intimidade no presente e experimentar extremas dificuldades com os "alôs" e "adeuses" atuais. A primeira tarefa, então, é fazer o cliente aceitar os fatos:

1.

Judy: Simplesmente não conseguirei dizer adeus até ter certeza de que ele morreu de um ataque cardíaco ou cometeu suicídio.

Bob: Isso é irrelevante.

Judy: Não, eu...

Bob: O modo como ele morreu é irrelevante. Não faz diferença. A única coisa que é relevante é que seu pai está morto e tem estado há mais de 20 anos.

2.

Tom: Algumas vezes, penso que a vejo... numa multidão.

Bob: Você mente a si mesmo para fingir que ela não está morta. Ela está morta.

3.

Maris: Acho que eu disse adeus.

Mary: Eu não. Você ainda está usando a aliança. Eu costumava dizer que usar a aliança é um modo de não se dizer adeus, mas que seria tolerável em velhinhas. Agora que estou chegando perto de me tornar uma velhinha, sei que minhas palavras foram desqualificações. Qualquer que seja a idade da pessoa, ela pode dizer adeus para se dar a oportunidade de dizer alô aos vivos.

Algumas vezes o cliente estará negando o fato da morte mesmo enquanto estiver pensando que está dizendo adeus:

Ann: Quero... dizer adeus ao meu tio. Ele morreu no dia em que me formei na universidade e não fiquei sabendo da sua morte. Ele sempre viveu muito distante... finjo que ele não morreu. Pensei que tivesse dito adeus até a semana passada, quando uma amiga minha morreu. Fiquei muito triste por causa dele também. Foi então que percebi que estava me prendendo.

Mary: Como está se prendendo?

Ann: Não sei... não sei se isso tem alguma influência em minha vida.

Mary: Algum negócio não resolvido com ele?

Ann: Não.

Mary percebe que passou rápido demais por essa parte e então imagina uma cena onde Ann poderá conversar com o tio para terminar o negócio com ele:

Mary: Quer voltar a uma época onde ele ainda estava vivo, vê-lo e descrever a cena?

Ann: Estou jogando tênis com ele. Estamos no meio da rua, batendo a bola de um lado para o outro.

Mary: Essa é uma cena recente ou de infância?

Ann: De infância. Só o vi de novo quando tinha 14 anos, e foi junto com a sua família, num restaurante.

Mary: Certo. Na sua cena, quer parar um minuto e dizer a ele o que significa para você?

Ann: Titio, você significa muito para mim. Ouvi mamãe contar muitas coisas sobre você e o admiro muito. Você brincou comigo. E tão saudável... quero tomar conta de você. Não, não era nisto que eu estava pensando naquela ocasião. Quero que seja o meu papai. Você parece estar sempre feliz, acha tempo para brincar. Só consigo passar pouco tempo em sua companhia porque você vive no Canadá e eu na Inglaterra. Quero que passe mais tempo comigo. Sei que você tem duas filhas. Elas não jogam tanto com você como eu. Foi você mesmo quem me disse. Eu me distraio com você. Eu o amo. Sinto pena por não termos mais tempo para ficar juntos.

Mary: Agora volte à última vez em que o viu.

Ann: Você parece um pouco mais velho. Ele tivera um ataque do coração. Continuava fumando e trabalhando muito e não se cuidava.

Mary: Onde você o está vendo?

Ann: Num restaurante.

Bob: Diga a ele o que não ficou terminado.

Ann: Quero que você se cuide.

Bob: Diga a ele, "Estou com raiva porque você não se cuida".

Ann: Estou com raiva. Você tem duas filhas que o amam e uma sobrinha que o ama... Não quero que se mate!

Mary: Qualquer outro motivo para raiva?

Ann: Sinto raiva por você não ter vindo me ver novamente. Mas sei que não podia vir.

Mary: Outros motivos para raiva?

Ann: Não.

Mary: Agradecimentos?

Ann: Agradeço-lhe por ter passado tempo comigo... por ter gostado de ficar comigo. Por ter ido aos museus com você... Agradeço por você ter amado a Inglaterra também... por você ter sido um bom irmão para minha mãe. Um bom irmão. Eu o amava. Queria que fosse meu pai. Sinto sua falta.

Mary: Está dizendo adeus?

Ann: Adeus.

Bob: O que está sentindo? (Ela não está mostrando emoção e está apressando seu adeus.)

Ann: Relaxada. Meu estômago estava tenso. Quando disse "adeus" pude vê-lo se afastando.

Mary: Veja-o morto. Ele não pode andar. Está morto.

Ann: É mesmo.

Bob: Você foi ao enterro?

Ann: Não. Ele morreu no Canadá.

Bob: Quer se transportar para o Canadá, para a cerimônia do funeral?

Ann: (Balança a cabeça afirmativamente)

Bob: Veja o caixão.

Ann: (Balança a cabeça)

Bob: Veja-o no caixão. Imagine o modo como está, veja-o morto.

Ann: Não consigo vê-lo. Só vejo um caixão cinzento.

Bob: Ponha ele lá dentro.

Ann: Estou tremendo.

Bob: Ele está morto. Veja-o.

Ann: (Grita, e depois chora por vários minutos) Sinto saudades de você. Você sabe disto.

Mary: Ele não sabe de nada. Está morto.

Ann: (Começa a soluçar de novo, chora por algum tempo) Tenho saudades. Tenho saudades de você. *(Pausa longa)* Você está morto. Adeus, tio morto.

Bob: Está OK?

Ann: Eu carregava muitos desejos dentro de mim. Obrigada. Sim, estou bem.

Nessa cena, Ann continuava insistindo que ele estava vivo. *"Pude vê-lo se afastando", "Não consigo vê-lo (morto)"* e *"Você sabe disto"*. Para dizer um adeus efetivo, a pessoa tem que aceitar o fato de que o outro está morto e que não pode andar, falar ou saber.

Quando um cliente aceita o fato da morte, perguntamos que negócio não terminado com o morto está sendo usado para impedi-lo de dizer adeus. Sugerimos que ele seja terminado, por meio de agradecimentos ou exposição de ressentimentos. O cliente escolhe uma cena onde a pessoa ainda estava viva, para não fingir que está falando com os mortos. Geralmente, começa com palavras de agradecimento. Se o ressentimento ainda continua, trabalharemos com o cliente para que reconheça que ainda está, de um modo mágico, pedindo à pessoa morta que se modifique... no passado. Parte do negócio não terminado é então o abandono da esperança mágica de uma melhor relação.

Se o único ressentimento é pela morte da pessoa, pedimos ao cliente que passe para uma "cena de adeus" e que imagine o funeral.

Joe: Tenho ressentimento de você por ter morrido. Estou com raiva por você ter morrido.

Mary: Espere um instante. Agora é a hora de vê-lo no caixão. Abra a tampa.

Joe: (Estende a mão e finge que está abrindo o caixão)

Mary: Agora... ele está morto e você está falando por você, não por ele.

Ele não pode ouvi-lo. Fale sobre sua raiva pelo seu próprio bem. *Joe:* Estou com raiva. Não é por sua culpa... você não queria morrer... estou com raiva, muita raiva! E muito triste. *(Chora)*

Quando o negócio não terminado estiver completado, pedimos ao cliente que imagine a cerimônia, geralmente o serviço religioso e o enterro. É essencial que o cliente veja que a pessoa está morta, dizendo, *"Você está morto"* e *"Adeus"*.

O processo de luto poderá ser desnecessário se a morte ocorreu há muito tempo. Para Ann, algumas poucas lágrimas foram suficientes e depois ela sentiu alívio por dizer adeus a um tio que já estava morto há muitos anos. Quando a morte é recente, o cliente ficará de luto pelo tempo que for adequado para ele. Queremos que fique sabendo que o propósito do luto é solidificar o adeus e libertar sua energia para ser usada na vida atual.

Quando o luto termina, a pessoa precisa de um interesse renovado no dia de hoje. Infelizmente, nossa sociedade frequentemente oferece flores, conforto e companhia durante a época do passamento e depois deixa o enlutado sozinho antes do fim do período de luto. É durante essa etapa que o cliente precisa de ajuda para procurar carícias e encontrar atividades. Os membros do grupo poderio ser úteis, o mesmo acontecendo com o "trabalho social" antigo, onde a resolução do problema é o foco da questão.

Algumas vezes, o cliente quer dizer adeus a alguém que nunca viu, como ocorre com a mãe que deu o filho para adoção ou o pai que o abandonou quando era um recém-nascido. Enquanto perguntamos pelos fatos, também procuramos saber quais são as suas fantasias. *"O que lhe disseram sobre seu pai?"* e *"O que você inventou sobre ele?"* Uma criança pode ter dado a si mesma importantes carícias positivas e, literalmente, ter salvo sua vida imaginando que, em algum lugar do mundo, havia um pai que realmente a amava. Nesse caso, pedimos ao cliente para dizer adeus ao pai enquanto continua a se acariciar como imaginou que ele faria.

Mort: (A um pai imaginário) Minha mãe nunca me disse nada sobre você. Às vezes fico imaginando que vocês não tiveram mais do que uma noite juntos. Tudo o que sei foi que você estava no exército... nem disso tenho certeza. Ela me contou que você morreu na guerra, mas não acredito mais nela. Não há fotografias, nem papéis.

Mary: Conte-lhe suas fantasias sobre ele quando você era pequeno.

Mort: Oh. É embaraçoso. Pensei que você fosse um perfeito herói... foi por isso que comecei com esse negócio de suicídio, querendo morrer como herói como você. Bem, isso acabou há muito tempo. Imaginei você como sendo amoroso... me amando muito.

Mort continua contando seus ressentimentos por nunca ter conhecido esse pai misterioso. Declara que agradece por sua vida ter resultado do esperma desse homem.

Mary: Agora veja-se como um menininho, um menino que inventou um pai amoroso e heroico. Diga a ele que agora é você que vai substituir esse pai... você será seu próprio pai amoroso.

Mort abraça e ama o menininho que ele era. Também reafirma suas posições não-suicidas e diz ao menino que vai protegê-lo.

Quando uma criança morre, insistimos com os pais para dizerem adeus e não transformarem seu quarto e pertences num santuário. A falha em não dizer adeus poderá dar aos seus outros filhos a mensagem de que nenhum deles é tão bom ou tão amado como o falecido, o que poderá fazê-los decidir que o único meio de ser amado é estar morto. Enquanto dizem adeus ao filho morto, os pais poderão escolher se despedir da criança real ou das suas fantasias do que ela poderia se tomar.

Antes da adoção, insistimos com os pais para dizerem adeus aos filhos biológicos que não terão e lamentar, ao invés de reprimir ou negar seus sentimentos. Isto os liberta dos seus desejos e esperanças passadas de modo que possam verdadeiramente aceitar a criança adotada.

Quando um cliente não quer dizer adeus, um método é fazê-lo tomar os dois lados: *"Nunca direi adeus a você"* e *"Direi adeus a você"*, para poder descobrir as vantagens e desvantagens de cada posição.

Um cliente que não está dizendo adeus poderá ter decidido na infância não se despedir de alguém que tenha morrido naquela época. Uma mulher não estava se permitindo dizer adeus ao marido. Quando perguntamos se alguém tinha morrido quando ela era menina, lembrou-se de ter ido brincar na casa de uma vizinha em vez de ir ao funeral do avô. Imaginou uma cena, passando por todas as cerimônias desse enterro e depois disse o importante adeus ao marido.

Alguns clientes não dizem adeus porque vêm de famílias que têm o hábito de guardar o luto para sempre. Uma americana descendente de gregos, que se encontrava nessa situação, reconheceu que sua mãe e sua avó eram carpideiras perpétuas. Disse à mãe, em imaginação, que ia dizer adeus apesar de saber que nenhum dos seus ancestrais iria entender isso. Alinhou suas antepassadas de 5.000 anos vestidas de luto numa planície de Esparta e gritou para elas, através dos séculos, *"Ei, suas velhas bobas! Acabei com essa besteira de ficar de luto! Estou me transformando num Zorba mulher!"* Disse seus adeuses e terminou com uma dança grega.

Os casais que se separam poderão precisar dizer adeus, especialmente se ainda estão "ligados" um ao outro por causa dos jogos de custódia ou propriedade que usam ou das injunções que continuam a aceitar. Uma cliente com uma mensagem "Não viva" na infância poderá ficar "pendurada" no ex-cônjuge de tal modo que ele irá desejar que ela morra. O cliente com uma mensagem "Não se aproxime" não finaliza o divórcio para poder continuar solitário e sozinho. O cliente "Não cresça" continua se segurando no cônjuge para resolver seus problemas enquanto o "não seja criança" diz ao outro, *"Se alguma coisa sair errada ou se você ficar muito deprimido, sempre poderá contar comigo"*.

Sue: Não há nada que eu possa fazer. Ele fica me telefonando e...

Bob: Seu telefone deve ser muito estranho. Cola na sua mão e você não consegue desligar.

(Os membros do grupo dão risada)

Sue: Entendo, mas...

Bob: Mas. Mas você vai continuar conversando com ele e sentindo raiva enquanto ele continuar ligando seu número.

Sue: Bem, não se deve simplesmente... abandonar alguém.

Bob: Feche os olhos e repita isso. *"Não se deve abandonar alguém"*. Veja como isso se encaixa no seu passado.

Sue descobriu que estava fazendo pelo ex-marido o que tinha tentado fazer pelo pai na sua infância. Esforçou-se, sem sucesso, para fazê-los felizes. Quando redecidiu que podia ir brincar lá fora, deixando o pai beber se quisesse, decidiu que não tinha mais que cuidar das depressões do ex-marido. Desistiu de "tentar ajudar" e de ficar com raiva dos seus insucessos.

Os clientes poderão adiar seus adeuses contratando terapeutas ou advogados ineficazes. Esquecem que esses terapeutas e advogados são seus empregados e se comportam em relação a eles como se fossem pais todo-poderosos. Lembramos aos clientes que eles têm o direito de terem terapeutas e advogados competentes para trabalhar eficientemente e com rapidez em seu benefício.

Depois de os fatos estarem reconhecidos e aceitos, o cliente está pronto para dizer adeus. Um método ideal é ter os dois parceiros e os filhos presentes. O casal falará dos seus ressentimentos e agradecimentos, inclusive dizendo como cada um amadureceu durante o tempo que viveu com o outro. Poderio lamentar que o sonho de um casamento feliz, produtivo e perpétuo não tenha sido a sua realidade. Reconhecerão que seu divórcio não foi uma falha, porém uma escolha e que ele não é só um fim, mas também um começo. Talvez nunca mais se encontrem, talvez se encontrem ocasionalmente quando um dos parceiros vier buscar os filhos no fim de semana ou se vê rio por ocasião de acontecimentos importantes como um casamento ou formatura. Parte do adeus incluirá a aceitação de que nenhum tem responsabilidade pelo outro e que ambos estão abandonando qualquer investida na vida do outro.

Nesse adeus ideal, os filhos também expõem seus ressentimentos e fazem os agradecimentos. Os pais lhes contam que a separação é permanente e que eles não foram os culpados dos problemas entre eles. Também dizem que não há jeito de eles ou qualquer outra pessoa levantar a ideia de uma reconciliação. Papai e Mamãe nunca mais voltarão a viver juntos. Para a futura saúde das crianças, é tremendamente importante dizer isso a elas o mais frequentemente quanto necessário, até elas entenderem.

Enquanto as crianças tomam parte nos adeuses dos pais, não se despedem de nenhum deles, mas poderão dizer adeus à família como a conheceram antes. São encorajadas a reconhecer e falar sobre seus sentimentos e encontrarão apoio na sua dor.

Se os pais não estão dispostos a fazer uma reunião de despedida desse tipo, um deles, com os filhos, se possível, poderá dizer adeus em imaginação. Depois que os clientes divorciados se despedirem, sugerimos que o "alô ao dia de hoje" deverá incluir uma festa logo que eles se sentirem dispostos a dá-la. Alguns dão a si mesmos um presente especial, que jamais teriam recebido durante o casamento, tal como um disco ou pintura que o ex-cônjuge teria detestado. Tiram férias e juntam-se a organizações para apoiar um interesse presente. Cada presente diz, "Sou especial para mim mesmo. Não sou uma vítima".

Tais adeuses são apropriados para todos os casais, heterossexuais e homossexuais, casados ou não, quando terminam seu relacionamento.

Outros clientes se prendem ao passado recusando-se a dizer adeus ao seu país de origem. O *San Francisco Chronicle* publicou uma reportagem sobre um homem de 86 anos que fugiu da Rússia em 1919. Na entrevista, ele declarou: *"Sei que a monarquia será restabelecida. Só espero que isso aconteça enquanto eu ainda estiver vivo"*. Por mais de 50 anos, tem se recusado a dizer adeus. Em todo o mundo, há pessoas que se prendem a essas ilusões, negando a si mesmas uma ligação com seu país de adoção. Mais uma vez, pedimos fatos e, quando o cliente diz que não vai se restabelecer no seu país de infância, perguntamos se está pronto a tomar consciência disto dizendo adeus. Ele monta a cena que achar significativa para esse propósito. Poderá visualizar seu antigo lar e as pessoas que costumavam viver lá. Pedimos que diga a esse lugar e aos seus parentes quais são os negócios não resolvidos que tem com eles, que conte quais são seus ressentimentos e agradecimentos. Também deverá falar com a antiga casa, dizendo a ela o que há de bom na nova e o que vai fazer de diferente em consequência do adeus.

Katie continuava deprimida depois de vários meses, recusando-se a dizer adeus à sua antiga casa no leste, vendida devido à convocação do marido durante a guerra do Vietnã. Ela afirmava que não tinha outra escolha a não ser vir para a Califórnia e fizemos com que visse que podia escolher viver em qualquer lugar, apesar de as escolhas do marido estarem restritas à Califórnia, Canadá, Suécia ou talvez à prisão. Antes de dizer adeus, era importante que parasse de se considerar uma vítima. Suas opções:

1. Morar no Leste e ser feliz.
2. Morar no Leste e ficar triste.
3. Vir à Califórnia com o marido e ser feliz.
4. Vir à Califórnia com o marido e ficar triste.

Katie reconheceu que imaginava que sua única escolha seria a nó 4.

Três semanas mais tarde, decidiu dizer adeus à sua casa no Leste. Descreveu-a para o grupo, entrou nela em imaginação e depois disse adeus. Então ficou energizada para encontrar uma boa vida na Califórnia.

Ex-padres dizem adeus ao sacerdócio, militares de carreira às Forças Armadas e homens e mulheres aposentados aos empregos que tiveram. Fazem tudo isso para poderem reinvestir sua energia no presente.

Alguns dizem adeus aos sonhos que nunca poderão realizar, como o de ser o presidente da companhia. Um dos nossos amigos terapeutas passou três anos tentando entrar na escola de medicina sem sucesso e então decidiu aceitar uma indicação para ingressar numa faculdade de psicologia. Na sua cena de adeus, imaginou a palavra "Médico" escrita com letras de três metros de altura, feitas de ouro e cravejadas de pedras preciosas. Disse a essas letras o quanto queria vê-las ao lado do seu nome e como estava ressentido com a certeza de que isso nunca iria acontecer. Permitiu-se sentir raiva e dor. Depois, disse: "Vou fazer um trabalho muito bom, quer eu seja medico ou tenha um Ph.D. em psicologia. E não terei que aprender todos aqueles nomes bobos de cada pedacinho do corpo, fazer partos ou costurar pessoas só para ser um psiquiatra". Ele imaginou as letras diminuindo até ficarem bem pequeninas e depois esmagou-as com o pé.

Sugerimos que as pessoas deem adeuses às partes ou funções do corpo perdidas, sempre que elas exageram ou minimizam o fato. Um homem continuava a jogar futebol depois de uma amputação e, com isso, estava sempre ferindo o toco do membro. Outro se inscreveu numa associação de auxílio aos deficientes. Ambos tiveram que dizer adeus para poderem dizer alô a si mesmos como homens que perderam uma perna, mas que, apesar disso, tinham vidas potencialmente ricas à sua frente.

Uma mulher, depois de uma mastectomia, recusava-se a se despir em frente do marido. Descobrimos que ambos conspiravam para não falar no assunto e não se tocavam mais fisicamente. Estavam cheios de fobia sobre ferimentos e cicatrizes. Juntos, disseram adeus ao seio e renovaram seu interesse em intimidades sexuais.

Os adeuses são importantes para todos que vivem no passado, no que poderia ou deveria ser. Quando são feitos, a pessoa volta ao presente com energia para se comprometer com o hoje e com as modificações que quer fazer no *agora.*

CAPÍTULO 8

Redecisões

A CENA DA REDECISÃO

No trabalho de redecisão, o cliente e o terapeuta montam uma cena, como acontece numa peça de teatro. Ela poderá ser: 1) uma cena presente, 2) uma cena recente, 3) uma cena primitiva, 4) uma cena imaginária ou 5) uma combinação de cenas.

A CENA PRESENTE é a que está ocorrendo naquele momento dentro da sala de terapia.

Lee: Joy, quero trabalhar numa coisa com você. Tenho a tendência de ficar um tanto intimidado e de querer agradar. Eu... hã... fiquei aborrecido quando você insistiu comigo para que eu ouvisse suas gravações quando estava planejando ir à praia. Acabei ficando aqui com você ontem e... fiquei... hã... aborrecido. *(Ele está passando para uma cena recente.)*

Membro do grupo: Lee, estou impressionada com o modo como está comprimindo sua respiração enquanto fala.

Lee: Certo. De qualquer modo, eu... acho que não quero mais nada por enquanto. Eu... hã... deixei você estragar meu divertimento. Sim, é isso... quero parar de deixar as pessoas estragarem meu prazer. *(Novamente, Lee está saindo do aqui e agora, desta vez indo para um futuro não especificado)*

Membro do grupo: Você está se afogando ainda mais na sua respiração. *Bob: (Decidindo manter Lee na cena presente)* Lee, fique em pé. Agora respire profundamente e grite com Joy.

Lee: Sinto que... hã... é que... não se grita com as pessoas.

Bob: (Ouvindo "Não grite", a ordem Parental) Desobedeça a ordem, a ordem Parental que diz, Lee, não grite com as pessoas.

Lee: (Fica em pé) rrrr... aahhhhh... grrrrr *(Sorri)* RRRRARRR AAARRRR. GRRRRRRR.

Bob: Agora ponha palavras nisso.

Lee: Joy, QUANDO VOCÊ ME DISSE PARA ENCONTRÁ-LA, EU ME SENTI COMO SE ESTIVESSE RECEBENDO UMA ORDEM! *(Ele está berrando profundamente e o grupo está rindo, mostrando sua aprovação)* VOU GRITAR QUANDO QUISER E IREI À PRAIA E NÃO SEREI GENTIL COM MOÇAS BONITAS COMO VOCÊ SÓ PORQUE MINHA MAE ME ENSINOU QUE DEVIA FAZER ISSO. VOU FAZER O QUE QUERO FAZER. Obrigado. OBRIGADO. ARRRRRRR... GRRRRR. ESTOU FALANDO MARAVILHOSAMENTE ALTO E PODERIA CONTINUAR ASSIM PELO DIA INTEIRO! Sinto-me sensacional.

Nesse trecho de trabalho de redecisão, Lee pôde usar o presente porque sua "protagonista" estava na sala. Uma vez que suas injunções, *"Não seja criança"* e *"Não queira"*, mais suas contra injunções *"Seja educado"* e *"Não grite "* lutavam contra um confronto direto em seu próprio benefício, foi especialmente importante o fato de ele se atrever a lutar no presente.

Zoe também usou o grupo no presente para apoiar sua redecisão. Quando criança, aceitou o atributo dado pelos pais, "Essa é a nossa timidazinha". Ao fazer o contrato para se tornar excitante e entusiasmada, o grupo montou uma festa imaginária como uma cena para ela se redecidir. Foi mandada para fora da sala com a ordem de voltar dentro de um minuto. Ao se aproximar, ouviu um vozerio lá dentro. O grupo estava imitando uma festa infantil, brincando, pulando e gritando alto uns com os outros. Zoe bateu timidamente e ninguém atendeu. Bateu novamente. O barulho aumentava. Finalmente, Zoe abriu a porta. Os membros do grupo continuaram a brincar, ignorando sua presença. Por duas vezes Mary teve que lembrá-la que ela estava ali para se comportar de modo diferente do que tinha se comportado no passado. Zoe se juntou ao grupo, fingindo brincar de "Fique de longe". Alguém distribuiu apitos imaginários, esquecendo-se de Zoe. Quando ela exigiu um também e saiu apitando em triunfo, o grupo cantou "Parabéns a você" em sua homenagem.

Também usamos o presente nos trabalhos com impasses de terceiro grau quando a pessoa, sem criar uma cena específica, simplesmente expressa as partes opostas do seu ser. Philippe estava desanimado com sua dificuldade em aprender nossa forma de terapia:

Mary: Certo. Use duas cadeiras. Numa delas seja o Philippe inteligente, que está aprendendo. Na outra, seja o Philippe que, supostamente, não está conseguindo aprender a AT/gestalt.

Philippe: Está legal. Sou inteligente. Aprendo. Gosto disso.

Gosto de fazer da aprendizagem uma experiência divertida. Sim, está certo. É um fato que aprendo muito rapidamente. Quando tenho 12 anos, sou mandado para passar um verão na Inglaterra e faço amigos e aprendo a língua com muita rapidez. Se posso aprender inglês em três meses, posso aprender AT/gestalt em dois.

Philippe: (Senta-se na outra cadeira) Estou me afligindo. Estou certo de que serei um bom terapeuta. Os outros são muito melhores do que eu. Simplesmente parece que não consigo entender nada. Sinto-me como se estivesse correndo, sendo deixado bem para trás, estou sufocado, sem ar e nunca alcançarei os outros. Estou correndo, me esforçando, para ser o primeiro... para ficar no começo da fila. *Mary:* Se não sou o primeiro, no começo da fila, o melhor do mundo, não sou bom.

Philippe: Se não sou o primeiro... *(Explode numa risada)* Sim! É verdade! É claro! / *Volta ao seu lugar)* Caso fechado!

Tratamos muitos clientes que acreditam que, se não forem os primeiros, não são nada. Philippe pareceu redecidir com muita facilidade. Outros dizem, "É claro que tenho que ser o primeiro!" Como César, que não aceitava ser o segundo em Roma, poderão pôr um valor de vida ou morte na sua luta e serem infelizes por causa disso. Tais clientes precisam de muito mais trabalho de terapia, incluindo decisões de não-suicídio no caso de não atingirem suas metas. Poderão trabalhar em muitas cenas, esclarecendo suas posições e tomando redecisões, antes de estarem dispostos a desfrutar dos sucessos que têm, do prazer de melhorar a si mesmos e parar de se diminuírem por não serem o máximo nos seus campos de ação.

Quando tratamos de clientes com queixas somáticas, trabalhamos no presente, enquanto eles estão experimentando seus sintomas.

Troy: Estou com dor de cabeça.

Bob: Vou trabalhar com você. Enquanto estivermos conversando, finja que não há uma base física para essa dor. Se você não conseguir acabar com ela ou tiver outros sintomas, avise-me. Certo, seja sua dor de cabeça e conte-me como é.

Troy: Sou grande, estou aumentando. Espalho-me pela cabeça de Troy... pelo alto da cabeça de Troy. Eu... de certo modo, o envolvo... *Bob:* Seja você mesmo.

Troy: Vá embora.

Bob: Seja sua dor de cabeça.

Troy: Não irei embora.

Bob: Dor de cabeça, você disse que envolve Troy. Conte mais sobre isso. *Troy:* Eu me enrolo em torno de você. Eu o envolvo... isto é... o que quero dizer é que sou quase como uma carícia...

Bob: Eu acaricio Troy. Troque.

Troy: Acabo de pensar numa coisa. Quando eu era criança, costumava ter muita dor de cabeça. Conseguia ficar em casa, em vez de ir à escola, e minha mãe esfregava minha cabeça. Bem, dor de cabeça... ela sumiu! *(Sorri)* Acho que estava me sentindo solitário, vim sozinho a este curso. Bem, dor de cabeça desaparecida, não preciso ficar em casa e ser acariciado. Por isso, não a estou convidando para voltar. *(Ri)*

Troy acabou com sua dor de cabeça com muita facilidade. Geralmente, é preciso mais tempo. À medida que o cliente continua com o diálogo das duas cadeiras, perguntamos se a dor continua a mesma, se está pior ou melhor. Se a dor aumenta ou continua, podemos trocar de cena, pedindo que ele visualize quem poderia estar sentando na cadeira da dor de cabeça, dizendo as palavras que a dor usou. Então, sugerimos que dialogue com aquela pessoa. Se a técnica não for bem-sucedida, aconselhamos o cliente a procurar cuidados médicos.

CENA RECENTE

Lee poderia ter recriado a cena com Joy, quando ela lhe pediu para ouvir as gravações em vez de ir à praia. Zoe poderia ter apresentado uma cena recente, em casa ou no serviço, onde agiu com timidez, e tê-la usado para tomar a redecisão. Philippe poderia ter voltado, em imaginação, à última vez em que estava liderando um grupo de terapia.

Greg, como Philippe, estava preocupado com seu trabalho como terapeuta. Descreveu sua cliente e trouxe a cena recente para o aqui e agora.

Greg: Ela está embatucada. Olhando para o chão. Eu também estou emperrado. Não sei o que fazer por ela.

Bob: Em que você está pensando?

Greg: Pensando... estou tentando descobrir o que fazer.

Bob: Tentando, hein? Esse é o problema com "tentar". Quer dizer que não pensa no que vai fazer, e depois?

Greg: Bem, continuo pensando que nada do que faço é bastante bom. *Bob:* Traga seus pais para a sala de terapia e faça-os sentar ao seu lado. O que eles estão precisamente dizendo sobre nada do que você faz ser bastante bom?

Greg: Meu pai está falando. Sim, é meu pai que está na minha cabeça. *Bob:* O que é que seu pai faz na vida?

Greg: Ele é cirurgião.

Mary: O que ele sabe sobre terapia?

Greg: Nada. *(Ri)* Nada mesmo.

Mary: Então você é bobo... por contratar um supervisor como esse, que não sabe nada.

Greg: *(Dá uma risada)* É... é mesmo. Certo, dê o fora. FORA!

(O grupo está rindo)

Bob: Na próxima vez que estiver bloqueando sua criatividade por escutar reprimendas parentais, faça o favor de ver o seu pai sentado ao seu lado... e atire-o para fora. Ele não tem mais direito de se meter na sua sessão de terapia do que você se meter na sala de operações dele.

Geralmente, usamos cenas presentes e recentes para esclarecer e resolver problemas em vez de usá-las na redecisão. Em tais cenas, a pessoa está sendo ela mesma na sua idade atual e, portanto, usa com mais facilidade o estado do ego Adulto. Lee poderia ter "resolvido o problema" do que queria fazer no presente para abandonar sua irritação com Joy. Também poderia ter recriado a cena recente das gravações *versus* praia para compreender o jogo que faz quando quer dizer "Não" em lugar de "Sim" e acaba se aborrecendo.

CENAS PRIMITIVAS

Para a maioria dos clientes, é mais fácil tomar a redecisão nas cenas primitivas porque eles *são* crianças nelas, portanto, não têm que lutar para ficar no estado do ego Criança. Também, a redecisão é experimentada com muito mais força quando os protagonistas imaginários são as pessoas que deram a injunção original. Para encontrar uma cena primitiva para a redecisão de Lee, poderíamos ter dito:

"Seja um menininho e ouça as palavras, "Não se deve gritar com as pessoas!"

ou

"Quem foi que lhe disse para não gritar com as pessoas? Escolha uma cena."

ou

"Segure sua respiração, como está fazendo, e ouça-se falando educadamente. Você está intimidado e deixa outra pessoa agir como ela quer. Qual é a cena quando você era pequeno?"

ou

"Em favor de quem você desistiu, quando era criança?"

Qualquer que fosse a escolha de Lee, o propósito do trabalho seria o de fazê-lo experimentar rejeitar as injunções que anteriormente havia aceitado.

Para encontrar uma cena primitiva para Philippe, nos concentraríamos nas suas palavras, "Sinto-me como se estivesse correndo, sendo deixado bem para trás, estou sufocado, sem ar e nunca alcançarei os outros" para ver que cena passada isso evocava. Ele poderia repetir as palavras ou agir de acordo com elas, fingindo correr enquanto imagina que não vai alcançar. Poderia posicionar o corpo de um modo que expressasse o que sente. "Faça seu corpo mostrar como se sente quando você não consegue alcançar os outros". Quando tivesse colocado o corpo num modo específico, simplesmente perguntaríamos, "Qual é a sua idade e o que está acontecendo?"

A cena primitiva de Zoe poderia ser exatamente a mesma da "festa de aniversário". Perguntaríamos se alguma vez foi a uma delas e faríamos com que escolhesse uma onde tivesse desempenhado o papel de tímida. Quando estivesse emocionalmente na cena, pediríamos para agir de modo diferente do que tinha se comportado então. Poderíamos fazer com que imaginasse a cena toda ou fazer o grupo desempenhar o papel das outras crianças, como fizeram na cena presente.

Se Troy não tivesse "desaparecido" com sua dor de cabeça, poderíamos ter passado para uma cena primitiva entre ele e a mãe, onde Troy diria a ela que está desistindo das dores de cabeça e carícias porque prefere brincar com as outras crianças.

Greg poderia ter escolhido uma cena primitiva com o seu pai médico.

Nossa fórmula é simples. Junto com o cliente, descobrimos uma cena de infância onde ele tem o mesmo problema que está apresentando agora. Para Lee, Philippe, Zoe, Troy e Greg, poderíamos simplesmente ter dito, "Feche os olhos e volte no tempo. Como seu problema atual se encaixa nos seus problemas de infância? Escolha uma cena".

Poderíamos usar o mesmo benefício do jogo: as sensações de disfarce mais a declaração sobre si mesmo e o outro. Lee sente-se "aborrecido" e "intimidado". Em palavras de Criança, está "com raiva" e "com medo". Diz sobre a outra pessoa, Joy, "Você estraga meu divertimento" e sobre si mesmo, "Não consigo fazer o que quero fazer". Philippe sente-se "desanimado" e diz, "Os outros não melhores do que eu" e "Não consigo entender nada". Poderíamos pedir a eles para fechar os olhos, repetir a sensação junto com as palavras ou voltar a uma cena de infância adequada.

Há um número ilimitado de cenas primitivas disponíveis para os clientes. É importante que a cena escolhida se ajuste à injunção-redecisão do cliente, de modo que seja apropriada para a redecisão específica.

Não viva. As redecisões serão, *"Não me matarei"*, *"Sou digno de amor"* e *"Amo a mim mesmo e continuarei a cuidar de mim"*. Para tomar tais redecisões, o cliente procura uma cena onde a injunção foi dada e toma a redecisão que for significativa dentro daquela cena primitiva: *"Sou digno de amor mesmo que você não saiba me amar, Papai"*, *"Sou digno de amor mesmo que você diga que lutei contra você desde o dia em que nasci"* ou *"Sou digno de amor mesmo que o departamento de bem-estar social nunca tenha encontrado alguém que quisesse me adotar"*. (Ver Capítulo 9).

Não sinta. O cliente volta a uma cena primitiva onde redecide, experimentando as emoções proibidas e diz aos outros que gosta da sua capacidade de sentir e mostrar seus sentimentos, mesmo que eles não aprovem ou reconheçam tais sentimentos.

Não seja criança. Numa cena primitiva, o cliente afirma seu direito de molhar as calças, ir brincar em vez de trabalhar ou de não querer ter a responsabilidade de cuidar do irmãozinho.

Não pense. Se a injunção for, *"Não pense sobre nosso segredo de família"*, o cliente retornará à cena primitiva para dizer aos outros que sempre soube o segredo da família. Se a injunção implica que o cliente é "burro", a cena primitiva será uma onde ele repudia o atributo.

Não seja bem-sucedido. A cliente volta a uma época onde foi acariciada por não ser bem-sucedida ou acariciada negativamente por ter se saído bem. O objetivo é redecidir: *"Estou sendo bem-sucedido mesmo que vocês não queiram que isso aconteça"*.

Não cresça. Novamente, o confronto é entre aqueles que querem que ele continue a ser criança e o cliente afirmando que não vai continuar a ser uma criança. Muitas vezes, numa cena dessas, fazemos uma "entrevista com os pais" onde perguntamos a eles por que têm medo que seu filho se torne um adulto. Depois disso, o cliente está livre para redecidir, *"Estou crescido, apesar de vocês terem querido que eu continuasse a ser um bebê"*.

Não. O cliente volta a uma cena primitiva de modo a poder demonstrar que pode fazer e faz escolhas. Também poderá dizer aos pais que está devolvendo seu medo a eles, porque eram eles, originalmente, que ficavam temerosos quando o cliente queria se balançar, subir em árvores ou atravessar a rua.

Não seja do sexo que você é. Num mundo de regras para cada sexo, aqueles que tentam ser do outro sexo estão infringindo essas regras. As meninas que querem ser meninos não são "doces e temas como uma bonequinha" e meninos que deveriam ser meninas se permitem uma suavidade e doçura que poderá ser motivo de desdém para os super-homens. Nas cenas primitivas, o cliente redecide gostar de si mesmo "como é". Se se sente culpado por ser do "sexo errado", pedimos que crie uma cena de nascimento onde dirá aos pais quem é o responsável pelo sexo da criança.

Não se aproxime. Essa injunção tem tantos significados diferentes que é especialmente importante se voltar a uma cena onde ela foi dada especificamente, de modo que o cliente possa redecidir, *"Ficarei próximo dos outros apesar de vocês não terem ficado próximos de mim", "Sou sensual apesar de vocês terem medo de sexo" ou "Agora me deixo ser dependente, apesar de não ter conseguido ser dependente de vocês".* Algumas vezes a injunção não foi dada, mas a decisão foi tomada por causa de um trauma. *"Como você morreu, decidi nunca amar novamente. Agora estou amando... apesar de você ter morrido. Eu me atrevo a amar".*

Não seja importante. Nas cenas primitivas, tais como à mesa do jantar, o cliente abandona seus modos tranquilos para exigir que a família o escute. Reconhece sua própria importância, mesmo que os outros continuem a negá-la.

Não seja saudável. Esta pode ser a decisão que foi tomada pelos clientes com queixas psicossomáticas ou aqueles que usam mal sua doença para não serem bem-sucedidos ou gozarem a vida. John McNeel e Ellyn Bader,[1] nossos colegas, fazem uma cliente voltar a uma cena primitiva para ela parar de sentir dor:

Arda: O que me apavora é a dor... apesar de eu saber que não é o meu coração. Meu peito dói...

John: Está disposta a ser uma menininha?

Arda: Hummmm. (Balança a cabeça afirmativamente)

John: Veja seu pai e sua mãe à sua frente.

(Arda diz que os está vendo)

Ellyn: Fique menina.

Arda: (Obedece e se descreve quando era pequena).

John: Agora, quer ver seus pais e descrevê-los? *(Ela o faz)* Quer deixar você mesma ver o tipo de ligação com a dor que existe entre eles? *Arda: (Começa a chorar muito)*

John: E, como menininha, quer dizer a eles que você não tem nada a ver com a dor deles? Que pode se afastar dela?

Arda: Minha mãe não deixa eu me afastar! *(Soluçando)* Vou para um canto, querendo ler e ela não me deixa. *(Sua voz soa como se fosse muito pequenina)*

John: Bem, você está afastada.

Ellyn: Enquanto vai para o canto, Arda, deixe a si mesma saber o quanto queria ficar afastada.

Arda: Oh, sim. Eu não podia aguentar o barulho, as brigas e os pratos quebrando na parede. Estou com tanto medo, só quero sair dali, mas... não tenho para onde ir. Minha mãe me fazia lavar meu pai quando ele estava bêbado. Eu queria sair dali...

Ellyn: É claro que queria.

Arda: (Continua a soluçar)

Ellyn: E você merecia que houvesse alguém lá para cuidar de você.

John: E para dizer-lhe que é um outro ser humano, separado deles.

Arda: Sou uma pessoa separada. Posso parecer com vocês. Posso sentir coisas boas em vocês, mas não sou vocês. Não tenho que tomar parte na sua dor.

Ela os vê e diz aos pais que é uma outra pessoa e que não vai ficar com a sua dor.

CENAS IMAGINÁRIAS

Uma cena imaginária é aquela que não aconteceu e que não poderia acontecer. Arda poderia ter usado uma cena imaginária, como a de fingir estar numa minúscula canoa mágica que fosse remando pelas suas veias e artérias até encontrar o lugar da sua dor. Ali, descreveria o que vê produzi-la, tal como um lugar torcido, bloqueado ou distendido. Então, em fantasia, curaria esse local.

Philippe poderia ter redecidido tratando sua fantasia de correr e não alcançar como se fosse um sonho. Seria cada parte do seu sonho, a estrada em que corre, o cenário que cria, os corredores e ele mesmo, o sonhador. Os gritos e rugidos de Lee poderiam ser transformados numa fantasia onde ele se tornaria um leão, com a força desse animal.

Edith, ao começar a trabalhar, é solicitada a criar uma cena imaginária onde ela é o seu bloco:

Edith: Muitas vezes tenho consciência de que estou bloqueando. Isso me faz lembrar de alguma coisa na minha infância. Faz-me lembrar que estou bloqueando do mesmo modo.

Bob: Estou confuso. Quer ficar em pé e ser o bloco? *"Sou o bloco". (Dito em voz alta.)*

Edith: Não sou esse tipo de bloco. Sou peludo.

Bob: Ótimo. Seja o bloco peludo e diga a Edith o que você está fazendo. *Edith:* Sou todo peludo, amorfo e molenga. Se tentar me remover, vou rolar e entrar num outro lugar.

Bob: Para não deixar Edith...

Edith: Pensar.

Bob: É um bloco antipensamento.

Edith: E não sou um bloco de não lembrar.

Bob: Não quero que você, Edith, se lembre para não...

Edith: Não quero que se lembre para não... não sei.

Bob: Feche os olhos e continue repetindo, "Não quero que se lembre para não..."

Edith: Oh. Para não ficar com medo.

Bob: Seja Edith.

Edith: Certo, está tudo bem, bloco, mas algumas vezes estou disposta a arriscar sentir um pouco de medo. Gostaria que você fosse embora, que desse o fora.

Bob: Com bastante desejos, fé e esperança, você vai precisar de caridade. *Edith: (Ri)* É mesmo. Não preciso de você. Vou empurrá-lo para fora.

(Grande sorriso.)

Bob: O que está acontecendo?

Edith: Ele se evaporou antes de eu ter tempo para empurrá-lo.

Bob: Você é tão poderosa que não precisou empurrá-lo? Conseguiu evaporá-lo, assim, sem mais nada?

Edith: Eu consegui?

Bob: Claro... de quem era o bloco?

Mary: Não, não foi nada disso. Foi obra de Bob. Eu o vi evaporá-lo com sua pistola de raios antibloco secreta. Você não viu isso? Agora ele está tentando fingir que foi você, pobre coitadinha, que conseguiu destruí-lo.

Edith: (Com uma risadinha) Eu... puxa vida, minha cabeça está tão lúcida. Estou tão lúcida. Agora tenho minha própria pistola de raios antibloco e você não vai poder tirá-la de mim. Acho que nunca me senti tão lúcida. Posso pensar... estou pensando.

Nos dias seguintes, Edith alegremente usou sua pistola de raios para eliminar seu bloco antipensamento. Mais tarde, lembrou-se de uma cena primitiva onde sua mãe acusou-a de roubar dinheiro. Ficou cada vez mais confusa com as acusações da mãe até que finalmente confessou o roubo. Então, mamãe abraçou-a e disse que era uma boa menina por ter dito a verdade. Agora, voltando à cena, Edith afirma que nunca roubou o dinheiro e que foi muito esperta em fazer o que fez. Foi melhor ficar confusa e amada do que pensar direito e ser chamada de mentirosa. Foi isso que disse à mãe na sua cena, afirmando depois que não precisava mais da confusão para ser amada ou para qualquer outro propósito.

Uma cliente que trabalhou com nosso colega, Gene Kerfoot[2], lidou com "um muro". Era uma mulher distante, solitária, que tinha medo de se envolver em casos mais do que meramente casuais com outras pessoas. Na sua terapia, falou do "muro" que tinha sentido desde criança. Gradualmente, reconheceu que esse muro, que considerava patológico, era valioso e tinha servido para protegê-la, em imaginação, de se sentir invadida e sufocada pela mãe. Compreendeu que decisões primitivas são invariavelmente úteis na época em que são feitas e que realmente incluem aspectos positivos de autoproteção mesmo quando as consequências são destrutivas.

Gene Kerfoot diz, "Quando a decisão primitiva contém uma metáfora, neste caso *"Não vou me aproximar... vou construir uma parede"*, é útil o terapeuta incluir aquela metáfora na redecisão. Sua redecisão ocorreu quando, em imaginação, construiu uma porta no seu muro, de modo a poder sair ou ficar atrás dele. Ficou responsável pelas próprias ações".

A cena imaginária favorita de Mary lhe foi contada por Graham Barnes[3], a respeito de um cliente num de seus cursos inter-raciais para o clero Fundamentalista. Um pastor estava se mantendo triste, frustrado e extenuado por concentrar sua energia nos ex-paroquianos que se recusavam a frequentar a igreja. Não acreditava que seria possível ser feliz até encontrar um meio de fazer esses desgarrados mudarem seu modo de ser. Graham pediu-lhe para fazer uma viagem imaginária ao Céu. Com o rosto iluminado, o pastor descreveu os anjos, a música e o brilho do ouro. *"Você está feliz ali?"*, perguntou Graham. *"Perfeitamente feliz, infinitamente feliz!"* Graham disse: *"Olhe à sua volta. Todos os seus paroquianos e ex-paroquianos estão no Céu?"* O homem parou de sorrir, balançou a cabeça e disse: *"Não, não estão"*. Graham perguntou: *"E o que você está sentindo?"* Ele respondeu, *"Estou triste. Triste e frustrado"*. Depois começou a rir. A partir de uma deliciada posição de Criança, reconheceu que tinha se programado para ser tão infeliz no Céu como na Terra... e redecidiu.

Sonhos, como fantasias, são excelentes ferramentas para a redecisão. O homem que sonhou com o filho morto na piscina redecidiu ao reconhecer que o menino era a parte criança de si mesmo. Outro homem, cujo contrato era terminar sua tese, sonhou:

"Levo meu carro para a garagem para ser consertado. Quando volto, descubro que ele está consertado, mas que não posso sair dirigindo porque alguém depositou uma carga de tijolos na frente do automóvel. Reclamo com o mecânico e o homem diz que a responsabilidade não é sua. Procuro o proprietário e ele diz o mesmo. Então fico simplesmente parado ali, olhando para o carro e para os tijolos. Não há nada que possa fazer".

Enquanto vivência cada papel, experimenta sua frustração. Nenhuma das partes dele está disposta a remover os tijolos. Pedimos que permaneça no sonho, sendo os tijolos, o carro, o mecânico, o proprietário e o sonhador - depois o tempo da experiência passando... outono, inverno, primavera, verão. Contamos as estações e ele não consegue nada. Repentinamente, o cliente diz, *"Isto é intolerável"*, levanta-se de um salto e finge estar removendo os tijolos. Ao fazer isso, aprecia as ações que faz em seu próprio benefício. Na semana seguinte, mandou-nos as primeiras páginas da sua dissertação. Esteve, na realidade, removendo tijolos.

George Thomson[4], um colega, usa essa técnica. Ele acredita que "o corpo do sonho representa o passado, as emoções, no despertar, representam o disfarce atual e a redecisão é atingida com mais facilidade criando-se um novo final para um sonho". Nessa abordagem, o terapeuta procura escutar a falta de autonomia nos novos finais. *"Puxa, você tem a oportunidade de terminar o sonho ao seu gosto e escolheu o final mais tris-*

te!" ou *"Quando poderia terminar como quisesse, ainda escolheu um final que depende da modificação de outras pessoas"*. O cliente continua a reescrever o sonho até que ele e o terapeuta estejam satisfeitos de que o final contém a redecisão.

Cenas futuras podem ser tão imaginárias quanto o céu do pastor ou poderão ser um simples ensaio de um acontecimento esperado. Lee, na próxima parte deste capítulo, começa com uma importante cena futura, seu exame oral para a licenciatura, e depois usa uma combinação de cenas mais o olho clínico de Bob, para tomar uma redecisão.

COMBINAÇÃO DE CENAS

Geralmente, aconselhamos aos terapeutas que estão em treinamento que completem uma cena antes de começar outra. Quando um cliente conversa com seu punho cerrado, pai morto ou tensão entre os ombros, provavelmente vai terminar mais em confusão do que numa redecisão. Lee manteve as cenas parciais intatas enquanto passava da banca do exame oral para uma conversa com suas mãos, para uma cena primitiva com a mãe e de volta à banca para dar alguns toques de acabamento:

Lee: Tenho medo de não passar.

Mary: Veja-se no exame e crie a cena. Primeiro, quem são os examinadores? Visualize o tipo de examinadores de quem sentiria medo.

Lee: (Faz o que é pedido, descrevendo seus examinadores. Depois, apresenta-se a eles. Enquanto dá seu currículo, assume uma atitude educada, rígida e discreta.)

Pedimos aos membros do grupo que usem o material de Lee, apresentando o currículo como se fosse deles. Um mostra-se estudioso, outro entusiástico e outro enérgico.

Lee: Isto não está ajudando em nada. É... ainda não sei como seria o *melhor* meio de me apresentar! E, certamente, não sei qual seria o *melhor* modo de responder suas perguntas.

Mary: Montei esta cena para você poder ver que não há um modo melhor. Abe está fazendo o que é congruente para ele e Art e Ann para eles.

Lee: (Movimenta as mãos num gesto brusco, abaixando-as)

Bob: Faça isso de novo. Assim. Agora, seja suas mãos. O que elas estão dizendo?

Lee: Para o diabo com isto tudo! Para o diabo, para o diabo! Ao inferno com a banca, ao inferno com a AT! Que vá tudo para o diabo! *(Lee aprendeu a ser vigoroso, desde que respirou fundo e gritou com Joy).* Estou louco da vida com um monte de coisas que tenho que fazer.

Mary: É. O que acontece quando você é um menininho... veja-se em casa... O que acontece quando diz, *"Estou louco da vida com um monte de coisas que tenho que fazer"*?

Lee: Eu nunca disse isso.

Mary: Mmmmmmm.

Lee: Eu estava sempre com raiva e não podia demonstrar.

Mary: Veja-se lá.

Lee: Estou com raiva de você, Mamãe. Por só ter olhos para Joe. Sempre dizendo o quanto ele é bonzinho. Como é formidável por comer esse maldito lixo lituano que sempre temos para comer. Verdura, cebolas, essa bosta... lá está você, dizendo, *"Você consegue comer de tudo, Joe. Lee, por que não come tudo? Por que não é igual a Joe?"*

Mary: Responda a ela.

Lee: Oh, merda, Mãe, gostaria que me visse como eu mesmo e não só como alguém que devesse ser igual a Joe. *(Ainda adaptativo, suplicante)*

Mary: Certo, voltaremos a Mamãe e Joe num minuto. Agora, veja a banca examinadora e diga a eles o que disse à sua mãe.

Lee: Gostaria que vocês membros da banca me vissem como eu mesmo e não como Joe. *(Desta vez é firme, não está tentando aplacar) Membro do grupo:* Você falou de um jeito ótimo.

(Aplausos)

Mary: Agora, quer compreender que está certo Abe, Art, Ann e você se apresentarem de modo diferente? Que a banca não é Mamãe e que você não é o pequeno Lee?

Lee: Estou percebendo que perfeição não tem nada a ver com Joe e Mamãe. É aí que está... que tudo está. Ser perfeito tem sido... tenho que ser como Joe e não consigo.

Bob: A perfeição é a capacidade de comer lixo lituano.

(Risos altos)

Lee: Fantástico! Não vou mais comer o lixo de ninguém!

Mary: Grande! Diga isso à banca examinadora.

Lee: Não vou comer lixo. Não vou! Não sou Joe. Sou eu. EU SOU EU.

Lee apresenta-se à banca; desta vez faz um trabalho ótimo e energizado.

É indicado fazer-se uma passagem para uma cena diferente se o cliente subitamente se conscientiza de uma ocasião importante relacionada com uma decisão primitiva. Jim Heenan[5], nosso colega, é o terapeuta:

Lynda: Costumo ter esse sonho... pesadelo. Gostaria de parar com isso. *Jim:* Hummmm... Sonhou a mesma coisa mais de uma vez?

Lynda: Sonho constantemente.

Jim: Constantemente? (Está surpreso)

Lynda: A cada uma ou duas semanas - sempre tive esse pesadelo.

Jim: Mesmo quando era bebezinha?

Lynda: Não - desde que eu tinha uns quatro ou cinco anos - não consigo ver claramente.

Jim: Não consegue ver claramente. *(Reflete)*

Lynda: Bem - meio borrado, embaçado -, não sei bem ao certo.

Jim: Seu sonho também é "meio borrado"?

Lynda: Sim. (Balança a cabeça)

Jim: Quando sonhou pela última vez?

Lynda: Na noite passada.

Jim: Veja-se lá - no seu sonho - e conte-o como se estivesse nele.

Lynda: Estou deitada na cama e escuto um barulho muito alto. Levanto de um salto. Estou correndo por um corredor comprido e escuro. Sinto medo. Há uma luz acesa no fim e um telefone de parede no corredor, com o aparelho pendendo pelo fio. Uma voz está gritando pelo telefone. Eu acordo. Ele está gritando, *"Lynda, Lynda"*, sem parar.

Jim: Quer dizer que você acorda assustada?

Lynda: (Com os olhos arregalados e uma expressão de medo) Sim.

Jim: Seja o corredor. Conte o sonho como se você fosse o corredor.

Lynda: Sou um corredor comprido. Tenho uma luz numa das minhas extremidades e um telefone na minha parede. Há uma menininha correndo em mim. Parece assustada.

Jim: Continue sendo o corredor e termine de contar o sonho como ele.

Lynda: Meu telefone está gritando, *"Lynda, Lynda"*.

Jim: Seja a voz no telefone.

Lynda: Sou a voz no telefone. Estou gritando, *"Lynda, Lynda"*.

Jim: Grite.

Lynda: Lynda, Lynda. (Histérica. Nesse momento, tomba para a frente e começa a chorar. Depois de alguns instantes, fala numa voz infantil) É a noite em que meu Papai morreu.

(Passa para uma voz de Adulto) Ele teve um colapso cardíaco no banheiro e caiu pela porta de vidro. Corri para o corredor. Ele estava chamando, "Lynda, Lynda".

Jim: O que está acontecendo?

Lynda: Minha mãe está me dizendo que foi só um pesadelo e para eu voltar para a cama. *(Soluça)*

Jim: Que idade você tem?

Lynda: Quatro e meio.

Jim: Então, você está fora do seu sonho e lembrando-se de uma experiência. Quer trabalhar mais com ela?

Lynda: Sim.

Jim: Volte para sua cama depois que mamãe mandou-a dormir de novo. Veja-se lá!

Lynda: Estou na cama. Tenho medo *(Chora baixinho)*

Jim: O que está dizendo a si mesma?

Lynda: Que estou tendo um sonho mau - não é um sonho!

Jim: (Coloca uma cadeira na frente de Lynda) Diga isso à sua mamãe.

Lynda: Não é um sonho. Eu ouvi. Ouvi! Não estou inventando. Ouvi de verdade. Não é um sonho.

Jim: Seja Mamãe. O que quer dizer, Mamãe?

Lynda: (Como a mãe) Estou com medo.

Jim: Diga isso à pequena Lynda.

Lynda: (Como a mãe) Também estou com medo. Sinto muito. Você não inventou nada. *Eu* queria que fosse um sonho. Meu nome é Lynda também. Seu pai estava chamando a mim.

Jim: Seja a pequena Lynda.

Lynda: (Como ela mesma) Meus olhos e ouvidos funcionam muito bem - conheço um sonho e sei qual é a diferença! *(Olha para Jim e balança a cabeça)*

Jim: (Também balança a cabeça e sorri) Diga isso ao pessoal que está aqui.

Lynda: (Olha para o grupo em tomo de si) Não sou louca. Conheço a diferença! (Sorri)

Jim: Onde você está agora?

Lynda: Terminei. Sinto-me entusiasmada... e um pouquinho triste.

Jim: Terminou com Mamãe?

Lynda: Por enquanto. Obrigada.

Jim: Agradeça à pequena Lynda, também.

Lynda terminou dizendo adeus ao pai numa outra sessão e, seis meses mais tarde, relatou que não tinha mais aquele sonho.

Muitas vezes nos perguntam como sabemos que tipo de cena se deve usar. Nós nos guiamos pelas seguintes regras, que podem ser infringidas: 1) Passamos da fantasia para a realidade sempre que esta for mais importante, como fez Jim quando estava trabalhando com Lynda. 2) Usamos uma cena que interesse tanto ao cliente quanto a nós, onde ele terá maior probabilidade de sentir a energia livre da Criança. 3) Se o cliente não toma uma redecisão, passamos para uma cena diferente quando ele for trabalhar outra vez. Depois da redecisão, provavelmente voltaremos à primeira cena para uma confirmação. 4) Trocamos de tipos de cenas à medida que passamos de cliente para cliente, para evitar repetição e desempenhos adaptados e estereotipados. Se um cliente redecide numa cena primitiva, o trabalho seguinte será numa cena recente, atual ou imaginária. 5) Se um cliente habitualmente trabalha com um tipo de cena em especial, sugerimos que experimente com uma modalidade diferente. 6) Quando um de nós dois tem "uma ideia brilhante" ela tem preferência. Se a tal ideia não dá em nada, voltamos às regras.

O CONTEXTO, OS OUTROS E O CLIENTE

Os clientes aprendem a criar, com facilidade, cenas reais, lembradas e imaginadas, e a se sentirem nos seus estados do ego Criança dentro dessas cenas. Se não acontecer mais do que tudo isso, os resultados são grosseiramente antiterapêuticos. O cliente revive as mesmas cenas, as mesmas crenças, as mesmas emoções umas após as outras - reforçando a patologia em vez de se modificar. Mary lembra-se de um curso onde uma cliente deu um "adeus à Titia" lindo e emocionante e terminou dizendo, "Esse é meu último adeus a você". Mary perguntou onde tinham acontecido seus outros "adeuses". "Oh, eu me despedi em Esalen, com Fritz Peris, em Nova York, em... Ela deu uma lista de meia dúzia de proeminentes terapeutas com quem tinha atuado. Para poder redecidir, em vez de atuar, o cliente tem que integrar uma nova percepção na sua Criança - percepção suficientemente poderosa para a Criança usá-la como uma permissão para mudar.

Nosso papel como terapeutas é o de ouvir e observar cada segundo de cada cena para encontrar o "algo que está faltando" que a transformará de uma tragédia num drama que terminará bem. Concentramo-nos exclusivamente no que o cliente precisa para renunciar ao seu estado de vítima. Para isso, dividimos cada cena, mentalmente, em três componentes: o eu (ou cliente), o contexto da cena onde ele opera e os outros personagens dentro da cena. Tornamo-nos conscientes de quais fatos, pensamentos, comportamentos ou sentimentos específicos o cliente está reprimindo sobre si, sobre os outros ou sobre o contexto, para poder continuar sendo uma vítima da antiga decisão.

Todas as pessoas podem ser atentas ou desatentas à sua escolha. Quando lê, Mary não escuta. Para conseguir sua atenção, Bob começa um monólogo sem sentido, como: "Ei, Mary, por que aqueles elefantes estão dançando no jardim?

Ora, não é que são mesmo elefantes? E veja aqueles macacos subindo nas palmeiras". Mais cedo ou mais tarde, ela acaba escutando. Eric Berne, às vezes, não via. Apesar de ele e Bob trabalharem no mesmo prédio e se verem com frequência, um ano depois que Bob raspou a barba, Eric perguntou: "Quando deixou de usar a barba?" Uma criança brinca alegremente a tarde toda sem perceber que está febril ou tem dor de ouvido. Na terapia, procuramos nos interessar pelas áreas gerais de desatenção do cliente.

Virginia Satir[6] escreve que os clientes são consistentes na sua falta de atenção a si mesmos, ao contexto ou aos outros. O acusador não presta atenção às necessidades e desejos dos outros, ao desqualificá-los e acusá-los. O aplacador se desqualifica. A pessoa racional desqualifica tanto a si mesma como aos outros, ao procurar pelos "fatos". O irracional desqualifica em todas as áreas. Acrescentamos à lista de Virginia o "filho das flores", que ignora o contexto e, portanto, deixa de resolver os problemas da realidade.

Quando o acusador bloqueia a redecisão, geralmente está esperando que o outro se modifique, dizendo, na realidade: "Não vou desistir até aquela pessoa fazer alguma coisa por mim". A redecisão é possível assim que ele estiver disposto a ver o outro sob uma luz diferente e a reconhecer que o outro não o faz sentir.

O aplacador permanece num impasse quando não se permite experimentar a si próprio, suas necessidades, desejos e emoções. Tem que enfrentar os outros no seu passado, reconhecendo que não é responsável por eles e que não os "faz" sentir.

O racional não reconhece emoções em si mesmo ou nos outros, portanto, tornando muito difícil para ele mesmo experimentar-se na sua Criança. Nós o acariciamos por criar cenas e se atrever a sentir enquanto está nelas. Tomamos cuidado para não forçá-lo a ser dramático, sabendo que suas redecisões, apesar de muitas vezes mal serem expressadas, serão tão significativas para ele quanto as redecisões que os outros tomam com uma emoção mais óbvia.

O irracional (psicótico) primeiro toma só decisões de Adulto. Decide enquanto examina cenas atuais e recentes e, quando volta ao passado, é mais como um repórter Adulto do que como criança. Quando se torna irracional numa cena, nós o fazemos parar imediatamente. *"Ei, saia da sua cadeira e venha sentar aqui, no lugar do observador. Seja meu consultor. O que saiu de errado para aquele cliente... você... decidir agir como louco?"* Nós interrompemos para restabelecer o funcionamento no Adulto. O cliente só poderá começar a fazer o trabalho de Criança com segurança quando demonstrar um firme controle do Adulto.

O "filho das flores" parece redecidir com tanta facilidade que algumas vezes os terapeutas acreditam que ele fez um trabalho de grande importância só para descobrir, na sessão seguinte, que não houve nenhuma realização. O cliente é perito em entender os outros e a si mesmo, e em recriar emoções. A não ser que o terapeuta permaneça sendo eminentemente prático, o cliente fará desempenhos emocionantes e não se modificará. Depois de cada redecisão, devemos perguntar ao "filho das flores" precisamente o que vai fazer de diferente com o resultado da redecisão que tomou.

Contexto

Dentro do contexto da cena, continuamos a perguntar a nós mesmos o que o cliente está negligenciando para poder justificar as antigas injunções e decisões. O que ele precisa saber sobre o contexto da cena de modo a poder cumprir seu contrato?

Pat, que está criando dois filhos pequenos sozinha, faz o contrato de encontrar meios de apreciar e melhorar sua vida atual em vez de se sentir "arrasada com tudo". Suas injunções primárias são *"Não seja criança"* e *"Não seja bem-sucedida"*. Seus disfarces são tristeza no presente e ansiedade sobre o futuro.

Pat volta a uma cena de infância. Dizem a ela que não vai poder tomar parte na peça teatral da escola, onde teria o papel principal, porque deverá ficar trabalhando na pequena loja de doces que a família tem em Nova York. Ela diz, *"E o que importa? Tanto faz eu estar na peça ou não, tudo é sempre tão miserável. Não há jeito de ser feliz na nossa vida"*. Ao ouvir isso, abandonamos o assunto da peça na escola, que mais tarde poderá ser o veículo para a redecisão de ser bem-sucedida, se por acaso estiver disposta a insistir nos seus direitos ao "estrelato". Passamos a focalizar nossa atenção na sua decisão primitiva de que não há como ser feliz, a não ser que o contexto da vida seja diferente.

Pat descreve sua casa e a loja de doces, e depois lhe damos a incumbência: *"Finja que está no mesmo lugar... na loja de doces. Uma diferença, imagine que no dia em que você nasceu uma fada boa entrou no quarto e espalhou um pó mágico sobre você, o pó da felicidade. Veja-se lá e descubra um meio de ser feliz. A DESPEITO DE TUDO!"* Pat atende a solicitação e reconhece que a loja de doces fornecia um cenário potencial para a alegria ou tristeza. Sua família a considerava como uma lojinha miserável e Pat tinha aceitado seus sentimentos como a única reação possível ao contexto. Essa experiência imaginária libertou-a para encontrar a felicidade em sua vida atual, fazendo também mudanças no ambiente em que vive agora.

Ned também se concentra no que está errado no contexto da sua vida. Seu contrato é decidir viver feliz em casa ou viver feliz fora de casa. Separou-se duas vezes da sua mulher e agora estão temporariamente reconciliados. Sua injunção primária é, *"Não se aproxime"*. Está se lembrando de um período feliz na sua vida, quando morou com a avó numa fazenda, antes de ser forçado a ficar com os pais em Chicago, para frequentar "aquelas sádicas e miseráveis escolas de Chicago". Há muitas escolhas óbvias em termos de cenas primitivas. Algum dia ele vai precisar dizer adeus à vovó e falar aos pais e a ela que decidiu se aproximar das pessoas mesmo que tenha que ir embora novamente. No entanto, como só restam

15 minutos de uma sessão de terapia, queremos que trabalhe numa cena que possa ser completada rapidamente. Os adeuses levam mais tempo.

Mary: Vá à escola primária em Chicago. O que está vendo?

Ned: Um bando de moleques sádicos brigando.

Mary: Olhe à sua volta com cuidado. Entre no prédio da escola e ande por ele.

Ned descreve as salas de aula sujas e estragadas, o excesso de alunos, os professores desinteressados, os meninos que brigam entre si.

Mary: Muito bem. Você tem grande habilidade para recriar uma cena.

Agora vá para o recreio. Está vendo os moleques brigando?

Ned: Estou. (Descreve a cena)

Mary: Todos os meninos estão brigando?

Ned: Bem, não exatamente. Alguns estão jogando bola.

Mary: Interessante. O que Ned está fazendo?

Ned: Está só sentado num banco. Triste.

Mary: Há outros meninos sentados no banco?

Ned: Há.

Mary: Por que será que Ned não faz amizade com eles?

Ned: Não sei. Ele simplesmente não faz. É uma escola enorme. Lembro-me de um menino como eu... morávamos no mesmo prédio. Não brincava muito com ele. Não sei. Eu era triste.

Bob: Seja o pequeno Ned. No banco. Agora diga, *"Vou ficar triste até..." Ned:* Vou ficar triste até... até... até conseguir voltar para casa de Vovó. *(Chora um pouco)* Nunca voltei.

Bob: Certo. Agora veja sua esposa e diga, "Vou ficar triste com você até conseguir voltar para a casa da minha avô".

Ned: Pelo amor de Deus! *(Dá uma risada)*

José, filho de um trabalhador mexicano, fala do péssimo ambiente escolar que encontrou na infância. Apesar de saber do preconceito dos professores em relação às crianças que falam espanhol, acredita que sua "burrice" era o principal problema. Insiste que, se não tivesse um QI tão baixo, teria superado qualquer problema. Nas sessões anteriores, foi acariciado pelo grupo pelas suas observações inteligentes e fez um diálogo de duas cadeiras com seu eu "sabido" e o "burro". Também compreende seu jogo, onde faz observações inadequadas, para ser criticado, assim reforçando sua crença de que não é inteligente.

Pedimos que volte às escolas que frequentou na sua infância. Ao fazê-lo, José chora ao sentir a dor da experiência. Não consegue fazer o professor entender que está pedindo para ir ao banheiro, apanha com a régua por falar espanhol, dão-lhe livros velhos e rasgados em vez dos novos que são fornecidos às crianças anglo-saxãs e é colocado em classes para "alunos atrasados". Durante 30 minutos, passa pelos seus terríveis anos de escola e, ao terminar, a maioria do grupo está chorando. Pedimos que volte a ser o José adulto e que fale com o pequeno José, dizendo como ele deve ter sido inteligente por ter aprendido a ler e escrever inglês e por ter se formado no segundo grau apesar de tudo que foi feito a ele. No final dessa cena, está afirmando sua verdadeira inteligência.

Outros

Os outros que são importantes na vida da pessoa desempenharão seu papel na cena do modo que o cliente se lembra ou imagina. Os outros *não devem* ser modificados. Se um pai nunca mostrou evidências de ser amoroso, não criaremos uma cena onde ele se transforma numa pessoa carinhosa. O cliente poderá entender seu pai não-amoroso, lutar contra ele, dizer que descobriu pessoas carinhosas na sua vida atual ou modificar *sua própria atitude* na sua relação com ele. Não poderá modificá-lo. Isto é essencial porque a maioria dos clientes continua a manter sua infelicidade para fazer os pais se modificarem. Os clientes têm que entender que são responsáveis por si mesmos não importa como seja o resto do seu mundo.

José, reconhecendo a qualidade letal do seu ambiente escolar, começa a lidar com sua primeira professora. Lembra-se dela, faz com que desempenhe seu papel, não altera seu comportamento e modifica-se a si mesmo.

José: Srta. Jones, estou só com nove anos quando chego à sua classe. Você é minha primeira professora. Nunca estive na escola. O resto dos meninos já frequenta a escola há três anos. Sabem ler, escrever e falar um pouco de inglês. Claro que eles sabem falar inglês. Não sou burro só porque não consigo entender bem inglês.

Bob: Diga a ela, "Você é burra, srta. Jones..."

José: Sim, você *é* burra! Burra e mesquinha... muito burra. Se fosse sabida, logo veria que não sou burro. Simplesmente não sei falar inglês.

Bob: Quanto tempo você levou para aprender inglês na classe dela?

José: Acho que mais do que o normal. Sabe, nós, os meninos mexicanos, conversávamos entre nós... em espanhol. Meus pais nunca aprenderam a falar inglês. Meus irmãos também nunca conseguiram falar direito. Então... acho que levei um ano inteiro.

Bob: Quantas crianças mexicano-americanas havia na classe?

José: Acho que éramos um terço. Ela nos chamava de burros e eu era o mais burro de todos. Isso é o que ela pensava.

Bob: Certo, quer dizer que a srta. Jones ouve falar espanhol na escola todos os dias e você ouve falar inglês na escola todos os dias. Você aprendeu a falar inglês em um ano, não foi? Quanto tempo a srta. Jones levou para aprender espanhol?

José: Ela nunca aprendeu.

Bob: Então, quem é a burra?

(José e o grupo riem, deliciados)

No início do tratamento, focalizamos nossa atenção nos defeitos dos outros, especialmente dos pais e irmãos mais velhos, para esclarecer as injunções-decisões ou para desarmar uma atual situação explosiva. Quando marido e mulher vivem em brigas constantes, ficam mais receptivos ao tratamento quando ambos reconhecem que foram ensinados pelos pais a discutir de modo a evitar qualquer intimidade sexual. Um cliente suicida dá o primeiro passo para fazer o contrato quando reconhece que seus impulsos suicidas não são uma reação à sua situação atual, mas sim respostas a mensagens muito antigas que aceitou sobre si mesmo.

Mitch, logo no início do tratamento, precisava entrar em contato com a grosseria e perfeccionismo do pai. Ele estava deprimido, tinha tendências suicidas e culpava-se a si mesmo pelas suas falhas. Ao trabalhar numa cena primitiva com o pai, reconheceu que ele não o acariciava positivamente por ser ou fazer. Se fazia alguma coisa direito, o pai insistia para que fizesse melhor na próxima vez. Mitch mobilizou sua raiva primitiva e reprimida para lutar contra ele. Gritou: *"Sou digno de amor, seu maldito! Se não sabia como me amar, a culpa era sua, e não minha!"* Esta foi sua primeira redecisão. Mais tarde, numa outra cena, redecidiu: *"Não tenho que ser perfeito para poder continuar a viver! Não vou me matar só porque não sou suficientemente bom para você!"*

Alguns clientes defendem seus pais, recusando-se a olhar para a sua patologia, bloqueando-se, portanto, das redecisões necessárias. Quando isso ocorre, muitas vezes pedimos às pessoas que retirem o seu eu da cena para poder compreendê-la:

Mary: Ei, venha para cá e sente-se ao meu lado. Veja a pequena Cora e o pai. Finja que você é a terapeuta.

ou

Mary: Puxa, se eu fosse uma menininha naquela família, claro que também me sentiria mal. Aposto que Cora não quer que as outras crianças saibam que ela se sente tão mal.

ou

Mary: Sei que sua família não quer que os vizinhos saibam o que está acontecendo. Seja um vizinho e diga o que ele sabe.

ou

Bob: Aposto que a sua missão na vida foi a de proteger seu pai. O que fez, quando menina, para protegê-lo?

ou

Mary: Quer dizer que tentou fazer sua mãe feliz? Ela era feliz antes de você nascer?

Jeb: Não. Sua mãe morreu quando ela era pequenina.

Mary: E não houve uma mãe substituta para fazê-la feliz? Ela é feliz agora?

Jeb: Não.

Mary: Então, por toda sua longa vida depois que sua mãe morreu, ninguém conseguiu fazê-la ficar feliz. O que me diz disso? Diga a ela, *"Ninguém consegue fazer você ficar feliz"*.

Hugh quer ter mais sucesso como terapeuta de família. Traz a gravação de uma sessão onde todos estão trabalhando bem até a mãe explodir em lágrimas. Tudo para e ela e o marido tentam acalmá-la. A filha mais velha se junta a eles, a mais nova se retira fisicamente ao precisar ir ao banheiro e o filho começa a agir de um modo irrelevante. Desligamos a fita.

Bob: Como isso se encaixa na sua própria vida passada?

Hugh: Não sei como. Eu... meu pai era o manipulador. Mamãe era a forte, que nos mantinha todos juntos.

Mary: Bem, há alguma relação. Veja sua mãe ou seu pai chorando e sinta-se impotente. Tudo o que pode fazer é consolar.

Hugh começa a chorar, enquanto conta sobre as ocasiões onde sua mãe, desesperada com o seu casamento, entrava no quarto dele, onde passava a noite toda chorando, sentada na cadeira de balanço. Hugh tentava confortá-la. Continuamos trabalhando com ele até Hugh começar a sentir uma certa irritação com a mãe por ela perturbar seu sono. Ele termina a sessão dizendo, *"Mãe, tenho pena de vê-la tão triste. Não há nada que eu realmente possa fazer sobre seu relacionamento com papai. Há coisas que você e ele podem fazer. Enquanto isso, sou um menininho que tem o direito de dormir. Pegue sua cadeira de balanço e leve-a para fora do meu quarto"*. Agora ele está aprendendo a fazer a diferença, quando está tratando dos seus clientes, o que é da sua responsabilidade e o que é da deles.

O cliente também olha para os positivos que há em seus pais. Mitch, depois de redecidir viver apesar de seu pai não o apreciar, continua a se sentir prejudicado pelo pai.

Bob: O que sabe sobre seu pai, quando ele era pequeno?

Mitch: Não muito. Ele cresceu na China.

Bob: Seja seu pai como um menino na China.

Mitch: *(Como pai)* Estou com... oh... qualquer idade. Comecei a trabalhar nos campos de arroz quase no mesmo instante em que aprendi a andar.

Bob: Imagine como seria sua vida.

Mitch descreve uma vida de muito trabalho e quase nenhum dinheiro.

Mary: Um menininho tão pequeno e trabalha assim, sem parar. Diga-me, quem o elogia por trabalhar tão duro?

Mitch: *(Como pai)* Ninguém. Quem não trabalha não come. Ninguém tem... tempo para elogios. *(Mitch chora baixinho, com o rosto nas mãos, e depois volta para sua própria cadeira)* Sim, espero demais dele.

Mary: É verdade.

Bob: Deixe-me contar-lhe uma história. Meu pai também não era de fazer elogios. Ele nos sustentava e dava boas mensagens sobre o trabalho. Alguns anos mais tarde, quando ele ainda estava vivo, percebi que eu também, não o elogiava. Então, quando fui visitá-lo, disse, "*Você foi um bom pai. Lembro-me de como costumava me levar ao Yankee Stadium para vermos Babe Ruth jogar. Foram bons dias de divertimento com você*". Bem, ele só resmungou. Mais tarde, quando fui tirar uma soneca, ele entrou no quarto e agarrou o meu de dão. Acho que isso era o máximo que conseguia sentir seguro em relação a tocar alguém. Então disse, "*Você foi um bom filho, também*", e saiu do quarto.

Mitch compreendeu e começou a acariciar o pai apesar de ele não devolver as carícias. Sua redecisão foi a de abandonar sua amargura e se tornar mais humano. A sequência do entendimento de Mitch foi crucial para sua recuperação. Se tivéssemos começado com uma cena de "perdão", Mitch poderia ter mantido sua raiva no fundo do seu ser e sua recuperação da depressão seria retardada.

Antes de os clientes terminarem a terapia, gostamos que reconheçam que os pais têm fraquezas e qualidades, e que não têm mais qualquer responsabilidade pela saúde psicológica dos seus filhos crescidos.

José não acusou seus pais de serem os culpados pela sua má atuação na escola, mas ficou triste ao reconhecer suas limitações.

José: Não foi só na escola. Ninguém fala muito em casa. Na minha família. Lembro-me de quando estava na plantação com meu pai. Ele nunca fala. Ele vê... se ele vê um coelho correndo pelo campo, não diz, "*Veja, lá está um coelho*". Ele me cutuca com o cotovelo e aponta.

Bob: Certo. Bem, ele vê o coelho e compartilha essa visão com você. Alguns pais nem mesmo veem coelhos e não os compartilham com os filhos.

José: (Sorri) É isso mesmo, Bob. Obrigado.

Uma vantagem da terapia de família é que pais e filhos tomam suas redecisões juntos. Ruth McClendon e Les Kadis[7], nossos colegas, trataram uma família que veio procurá-los por causa do "comportamento violento" do seu filho de 10 anos. Na sexta sessão, o pai reviveu uma cena de infância onde reconheceu como vivia assustado na sua casa possivelmente psicótica, onde não havia qualquer reação. Dentro de uma cena primitiva, ele afirmou seu direito de estar vivo. Voltando ao presente, diz à família: "*Tenho o direito de estar vivo nesta família*". Depois, "*Estou vivo nesta família e nada que alguém faça irá afetar meu direito de continuar vivo* Ele se vira para o filho: *"Eu o amo e quero. Você também tem o direito de ficar vivo na nossa família e estou protegendo esse seu direito de continuar vivo. De agora em diante você não vai mais atacar ninguém na nossa família. Ninguém também vai atacá-lo. Todos estarão em segurança na nossa família"*. Na sessão seguinte, o menino anunciou, *"Gosto da minha família e nunca mais vou ferir ninguém"*. Naquela semana, ele organizou um leilão de coisas usadas... e vendeu todas suas armas de brinquedo.

Cliente

Na terapia da redecisão, o cliente é o astro principal e o drama é cuidadosamente escrito para terminar em vitória. Não é por coincidência ou tapeação que tantos dos diálogos transcritos neste livro terminam com o cliente rindo deliciado ou dizendo, "Puxa vida!" É assim que as cenas de redecisão têm que acabar, principalmente porque a redecisão é feita pela Criança livre.

O terapeuta é o diretor do drama, escritor de algumas das falas e, ocasionalmente, um intérprete. Os participantes algumas vezes são "os outros" que estão tomando parte no drama, algumas vezes os co-terapeutas e sempre uma audiência entusiasmada. A cena e os outros são o pano de fundo para o crescimento e modificação do astro principal da peça, o cliente. Se o drama termina bem, o astro é o vencedor. Não queremos produzir tragédias - estamos interessados em finais positivos. Portanto, não encorajaríamos Lee a participar de cenas após cenas onde se retratasse como vítima de moças bonitas ou mães que servem lixo lituano. Pat, da lojinha de doces, veio ao nosso curso, pronta a recriar um número infinito de tragédias. De fato, se estivéssemos interessados nelas, ela podia ter recriado 5.000 anos de tragédia ancestral até chegar a Moisés.

Em vez disso, começamos planejando o final feliz antes mesmo de conhecermos a cena. Sabemos o que o cliente quer modificar e, em geral, sabemos o que ele tem que fazer para conseguir essas modificações. Lee, obviamente, precisava ser desafiador de algum modo, na sua Criança, se quisesse sair do impasse entre o Pai que lhe dizia para ser educado e sempre dizer "sim" para os outros e a Criança que queria dizer "Não".

Um cliente pode começar uma cena em qualquer estado do ego, apesar de ele provavelmente ir experimentar a Criança adaptada, uma vez que foi essa a parte que tomou a decisão original. A Criança adaptada é uma vítima – frequentemente, uma vítima muito "chata". Comparem a declaração de Lee, "Tenho a tendência de ficar um tanto intimidado e de querer agradar" com seu inflamado, "QUERO GRITAR QUANDO QUISER E QUERO IR À PRAIA!" Foi mais fácil ignorar Zoe enquanto ela estava parada timidamente em frente à porta, esperando e desejando que alguém viesse abrir. Se a pessoa experimenta sua adaptação no início, a redecisão será especialmente poderosa. Zoe agora conhece na própria carne a diferença entre ficar de lado e participar da alegria, soprando seu apito! Isso será de grande ajuda para ela sempre que se sentir tentada a desempenhar seu antigo papel de tímida.

Quando o cliente estabeleceu seu papel adaptado (e, algumas vezes, até antes disso), indicamos cada movimento, gesto, tom e palavra que ele usa para continuar sendo uma vítima. Mostramos o "riso da forca", os "desejos" e "esperanças", as cabeças inclinadas, as vozinhas finas e altas nas mulheres, os modos de demonstrar os atributos aceitos e, especialmente, atacamos a noção de que qualquer coisa ou pessoa pode fazer alguém sentir.

Então, procuramos por um meio específico onde o cliente possa ser um vencedor, o astro principal da cena. Pode ser que ele consiga isso reconhecendo uma nova faceta nos outros que estão na cena ou algo de novo na situação. *Tem* que encontrar alguma coisa de novo, algum poder oculto, em si mesmo. Enquanto Edith trabalhava para se livrar do seu bloqueio, poderia ser considerada uma cliente difícil, porque entrava e saía quase que imediatamente da sua confusão.

Edith: (Rindo) É mesmo. Não preciso de você. Vou empurrá-lo para fora.

Bob: O que está acontecendo?

Edith: Ele se evaporou antes de eu ter tempo para empurrá-lo.

Esse "ele" significa que Edith está acreditando que não fez nada. Não está anunciando sua vitória. Há muitas opções. Bob poderia fazê-la ser o bloco de novo para ver como "ele" se evaporou. Em lugar disso, ele experimentou dar-lhe palavras autônomas, que serviriam como um atalho para a vitória se Edith as aceitasse a partir da sua Criança livre. Ela não aceita.

Bob: Você é tão poderosa que não precisou empurrá-lo? Conseguiu evaporá-lo, assim, sem mais nada?

Edith: Eu consegui?

Edith voltou a ser "a quadrada"... ou, pelo menos, é o que parece. Mary exagera a incapacidade de Edith, o que, muitas vezes, é uma boa técnica para estimular a Criança livre a mudar.

Mary: Não, não foi nada disso. Foi obra de Bob. Eu o vi evaporá-lo com sua pistola de raios antibloco secreta. Você não viu isso? Agora ele está tentando fingir que foi você, pobre coitadinha, que conseguiu destruí-lo.

Edith: Eu... puxa vida, minha cabeça está tão lúcida. Estou tão lúcida. Agora tenho minha própria pistola de raios antibloco e você não vai poder tirá-la de mim. Acho que nunca me senti tão lúcida. Posso pensar... estou pensando.

Sua última declaração é absolutamente clara... e ela termina como uma estrela!

Se o cliente não termina como um "astro", não toma uma redecisão, sabemos que isso acontecerá numa próxima sessão. Desta vez, sabemos que talvez ele não tenha experimentado a si mesmo na sua Criança livre, pode ter descoberto que a cena, de algum modo, não foi adequada, ou que talvez ele e o terapeuta não tenham sintonizado perfeitamente no que queriam. Seja qual for o motivo, o cliente ou o terapeuta decidirão parar *sem acusações.* Isto é extremamente importante. Temos ouvido terapeutas descrever clientes que "não querem mudar" ou que "querem ser infelizes"; isso simplesmente não é verdade. Os clientes também são descritos como sendo passivos demais, simbióticos demais ou resistentes demais, todas palavras sendo usadas para explicar um trabalho malsucedido. Acreditamos que os clientes querem se modificar, mas que algumas vezes nem eles nem os terapeutas sabem como efetuar essa mudança.

Sabemos que nossos clientes que não redecidem hoje redecidirão amanhã - se não forem acusados ou ameaçados.

O trabalho de redecisão é rápido, muitas vezes divertido e curativo. Lee se impõe por si mesmo e grita sua importância e depois, numa outra sessão, abandona sua insegurança enquanto caçoa do "lixo lituano". Philippe ficou sabendo, na sua Criança, o que seu Adulto sempre soube, que não tem que ser o primeiro para ter valor. Troy para com a sua dor de cabeça. Zoe sopra seu apito. Edith imagina a pistola de raios secreta e desintegra suas confusões de Criança adaptada. Pat descobre que uma lojinha de doces poderia ter sido divertida e passa a apreciar sua vida atual. Um pastor imagina o Céu para poder redecidir sobre a felicidade na Terra. Uma mulher constrói uma porta no seu muro. Arda se liberta da dor dos seus pais. Ned desiste de esperar que a avó vá salvá-lo das escolas de Chicago. José reconhece sua inteligência. Mitch decide viver e depois perdoa seu pai. Um menino vende suas armas de brinquedo.

CAPÍTULO 9

A Cura da Depressão

Neste capítulo, discutiremos o tratamento e a cura de várias desordens de comportamento, sentimento e pensamento que consideramos interligadas. Elas não correspondem às visões geralmente aceitas do que é a depressão. Incluem os pacientes suicidas, os pacientes deprimidos, mas não ativamente suicidas no momento e os pacientes que estão se matando com o excesso de trabalho, atividades perigosas, vícios e outras manifestações de impulsos suicidas que não estão totalmente dentro do seu conhecimento.

Anteriormente, descrevemos as injunções dadas a partir do estado do ego Criança dos pais. A mais importante delas, em termos de morbidez, é "Não viva". Nossa posição é que, em resposta à injunção "Não viva", a criança poderá tomar uma ou mais decisões que, se não modificadas, levarão à depressão, suicídio ou suicídio "acidental".

1. *Se as coisas ficarem ruins demais, eu me matarei.*
2. *Se você não se modificar, eu me matarei.*
3. *Vou me matar e então você vai se arrepender (ou me amar).*
4. *Vou quase morrer e então você vai se arrepender (ou me amar).*
5. *Vou fazer você me matar.*
6. *Vou lhe mostrar mesmo que isso me mate.*
7. *Vou pegar você mesmo que isso me mate.*

Cada uma das decisões poderá estar aliada a vários sistemas de comportamento, sentimento e pensamento diferentes, que consideramos como depressão *mesmo que o paciente não pareça deprimido exteriormente.* No diagnóstico do deprimido clássico, não fazemos distinção entre depressões endógenas e reativas. Supostamente, as depressões endógenas se originam de dentro da psique, enquanto as reativas se originam fora dela. Acreditamos que algumas pessoas têm estado deprimidas desde a primeira infância e, portanto, são rotuladas de endógenas. Tomaram decisões primitivas de se matar se a vida não melhorar. Seu disfarce de uma sensação generalizada é a tristeza. Ajustam sua vida de modo a permanecer nos seus argumentos deprimidos. Seu impasse é um de terceiro grau, porque acreditam que sempre estiveram deprimidos.

Outros acusam forças externas de "fazê-los" ficarem deprimidos ou reagem a uma nova situação de vida com a depressão porque ela é seu processo reativo crônico. Poderão somente demonstrá-la quando algo acontece em suas vidas. Algumas, por exemplo, sofrem de "depressão devido à menopausa" porque durante esse período de suas vidas estão reagindo a tensões internas e externas com a depressão. À mesma tensão, mesmo realmente causada pelo climatério, outras mulheres reagem das mais diferentes maneiras - com raiva, ansiedade ou alegria! A pessoa deprimida reage com a depressão. Quando procuramos por episódios anteriores, como sempre fazemos, descobrimos que a pessoa frequente- mente reagiu à tensão com depressão, tristeza, perda de autoestima e sensações de estar sobrecarregada e incapaz de enfrentar os problemas.

Também não estamos interessados em outro tópico favorito das mesas-redondas e conferências: O cliente é realmente suicida e qual a gravidade dos seus impulsos? Não nos preocupamos em discutir, longe da presença do paciente, se ele realmente está "falando sério" quando diz que tem tendências ao suicídio. Em lugar disso, quando vemos um cliente deprimido ou que está lidando com alguns aspectos da sua vida de modo que poderia morrer prematuramente, pedimos que *ele* faça uma declaração a partir do seu Adulto, dizendo que não vai se matar.

Algumas vezes, os pacientes dizem: *"Não estou deprimido. Por que deveria decidir não me matar? Esse pensamento nunca me passou pela cabeça".* Dizemos, *"Ótimo! Se não tem tendências suicidas, então não será difícil para você decidir não se matar acidentalmente ou de propósito. Queremos ouvi-lo fazer essa declaração".*

O cliente pode não estar sendo congruente ao fazer a declaração. Poderá terminar num tom de voz interrogativo, balançar a cabeça em sinal de "sim" enquanto diz "não" ou usar palavras indefinidas como *"Acho que posso dizer..."* Então lhe pedimos que tome os dois lados, *"Vou me matar"* e *"Não vou me matar".* O paciente poderá querer impor condições para continuar vivo. Um psiquiatra, que estava tendo um caso e cuja esposa o ameaçava com o divórcio, disse: "Não me matarei, a não ser que minha mulher me abandone". Obviamente, ele a estava empurrando para sair, quando então poderia ficar deprimido e suicida.

ISTO É IMPERATIVO. Em nossa opinião, nenhuma depressão pode ser curada a não ser que o paciente faça um contrato de Adulto consigo mesmo, tendo a nós como testemunhas, de que não vai se matar. (Ver Capítulo 3, "Contratos de Não-Suicídio".) Reconhecemos que alguns pacientes que estão gravemente deprimidos e à beira do suicídio talvez não estejam dispostos, de início, a fazer o contrato de nunca se matar. Ao invés disso, fazem um contrato temporal. Nos nossos cursos de uma ou quatro semanas, ele terá validade para esse período. Quando a declaração é feita, não mais nos preocupamos com a possibilidade de o cliente se matar e então podemos devotar nossas energias, junto com as dele, para realizar a cura. Se estiver lutando diariamente com uma decisão de suicídio, obviamente tem menos energia disponível com que trabalhar.

O contrato de Adulto, então, é o prelúdio para a redecisão. Não é uma redecisão. Esta é a declaração final, vinda do fundo da Criança livre, "Eu nunca vou me matar". Não é uma promessa; é um fato e uma crença com força suficiente para quebrar um argumento de vida suicida.

Nesse trabalho de redecisão, o ambiente é muito importante. Pensamos que é mais difícil fazer esse tipo de trabalho quando o paciente está cercado pelas mesmas tensões causadas pela família, emprego ou meio social ou cultural onde normalmente vive.

Durante o tempo entre o contrato e a redecisão, a pessoa deprimida que está participando de um dos nossos cursos desfruta de um ambiente que é tanto nutritivo como estimulante. Nossa propriedade é linda, nosso pessoal cuida zelosamente de todos e nosso cozinheiro prepara uma ótima comida. O melhor de tudo é que os participantes logo formam um grupo íntimo e pronto a apoiar. Recusam-se a perseguir jogadores de "Chute-me" e sempre aplaudem cada vitória individual. Pensamos que nosso ambiente, com poucas tensões e muito apoio para as modificações, é especialmente útil na montagem da cena da redecisão. No entanto, o mesmo trabalho pode ser feito enquanto o paciente continua a viver na sua própria casa. Só que, normalmente, o trabalho levará mais tempo.

SE AS COISAS FICAREM RUINS DEMAIS, EU ME MATAREI

Nan é uma cliente que está participando de um curso de quatro semanas. Percebemos imediatamente que ela está gravemente deprimida. Seu rosto é rígido e triste, seu corpo tenso, a voz forçada e anda vagarosamente, como se estivesse pesada. Durante a primeira sessão de contrato, perguntamos se tem tendências suicidas e ela diz que sim. Diz que fez um contrato de não-suicídio com seu terapeuta - que não vai se matar antes de fazer 40, o que vai acontecer daqui a dois meses. Sente-se inútil e diz que não tem valor exceto quando trabalha. Acredita que nunca teve valor. Sente a vida como sendo "muito dolorosa" e não quer viver. Veio a este curso a conselho do seu terapeuta, mas tem poucas esperanças de se modificar.

Nós a ouvimos e não a forçamos ou lutamos com ela. Nan faz um trabalho de terapia de menor importância nas primeiras duas semanas e meia, enquanto nós e os outros a acariciamos por todas as pequenas mudanças que faz. O grupo a envolve o mais possível nas atividades fora dos períodos de trabalho. Ela começa a cantar com ele e a se juntar aos outros na banheira de água quente.

Vagarosamente, começa a relaxar um pouco, rir um pouco e a se divertir um pouco. Vai perdendo a expressão tensa no rosto e deixa seus músculos se relaxarem. De quando em quando, lembramos-lhe de que tem um importante trabalho de redecisão a fazer quando estiver pronta. No final da terceira semana, Nan pede ajuda para fazê-lo.

Pedimos que se sente numa outra cadeira e fale a partir do seu eu sem valor. Ela o faz com facilidade. Depois pedimos que passe para outra cadeira e que fale a partir do seu eu que tem valor. Nan encontra grande dificuldade em expressar qualquer valor a partir da sua Criança livre ou mesmo do seu Adulto. Finalmente, pedimos que volte à sua cadeira original e imagine que está vendo a si mesma, recém-nascida, deitada num berço no chão. Quando diz que visualizou a cena, pedimos que se abaixe, pegue a si mesmo como criança e segure-se no colo. Nan atende o pedido e pega o bebê imaginário nos braços. *"Converse com sua criança"*, diz Bob. Ela começa a falar:

Nan: Eu vou amá-la.

Bob: Eu a amo. (Neste caso, é importante ficar no presente.)

Nan: Eu a amo, amo de verdade, oh, eu a amo e tomarei conta de você. Nunca vou machucá-la, nunca vou matá-la, serei boa para você.

Seus olhos se enchem de lágrimas, assim como os dos outros que estão na sala. Ela continua a segurar o bebê no colo, ninando-a e dizendo palavras doces. Depois de experimentar isto por algum tempo, pedimos que se sente na cadeira da Criança livre e veja o que sente. (Neste trecho do trabalho, apesar de ter decidido nutrir, pelo que podemos perceber, ainda não tomou uma redecisão a partir da sua Criança.)

Nan: Sinto-me diferente agora. Sinto que estou mais viva do que jamais estive. Sinto como se tivesse chegado ao final de uma luta, algo que nunca senti antes.

Bob: Muito bem. Diga isso à sua Mãe. Ponha-a nesta cadeira.

(Traz outra cadeira)

Nan: Sinto-me diferente. Sim. Não importa o que você queira. Não vou me matar. Estou livre de você, de você não me querer.

Bob: Agora passe para a cadeira adaptada e veja o que você faz lá.

Nan: Acho que não sobrou nada lá. Não sinto vontade de morrer. Sinto-me forte aqui.

Bob: Parece que terminamos. Que tal?

Nan: SIM!

O grupo se junta em torno de Nan para abraçá-la e contar sobre seu prazer em vê-la redecidir. Seu trabalho está terminado.

Há alguns ângulos incomuns nessa cura. Nan tinha tido uma mãe muito destrutiva e acreditava que ela a queria ver morta desde o nascimento. Não é importante se, isto é, ou não verdade. O fato é que ela *acredita* que é verdade, pois é assim que se lembra. Sua decisão primitiva foi, "Se as coisas ficarem piores por aqui, eu fugirei". Mais tarde, na infância, decidiu: "Se as coisas ficarem muito ruins, eu me matarei". Sentia, quando criança, que a Mãe queria vê-la morta e seu Pai (P_1) no seu estado do ego Criança, estava dizendo, "Não viva". Além disso, não tinha experimentado muita nutrição da mãe e tinha pouco Pai nutritivo no seu estado do ego Pai.

Assim, seu trabalho tinha que incluir algum tipo de reparentalização para poder modificar o pai letal tanto no estado do ego Pai como no Criança. Acreditamos que é muito mais eficiente o paciente encontrar uma nova parentalização nas suas experiências atuais do que *nós* fazermos a reparentalização. No trabalho, portanto, decidiu, a partir da *Criança,* continuar viva e, a partir do P_1 eP_2, a se nutrir, tomar conta de si mesma. Depois do trabalho de rede cisão, começou a procurar meios para se cuidar melhor. Quatro meses mais tarde, escreveu a Bob um verdadeiro livro contando o que estava fazendo para se nutrir e cuidar. Estava se alimentando melhor, deixou de beber e fumar, punha o cinto de segurança quando ia dirigir, permitia-se se divertir mais, não trabalhava demais para se sentir digna de valor, estava comprando roupas bonitas e, em geral, estava aumentando substancialmente sua auto-nutrição. Claro que fez muito disto a partir do seu Adulto, mas a introjeção do seu novo comportamento certamente estava no Pai.

Pacientes como Nan muitas vezes são hospitalizados, tratados com drogas e grandes cuidados. Achamos que um ambiente onde há apoio e nutrição é mais essencial do que as drogas. Se tivéssemos receitado antidepressores, ela (e nós também) atribuiríamos à droga pelo menos parte da sua melhora e Nan não se sentiria tão autônoma. Ela pagou 1.200 dólares para passar um mês conosco. Quando teria que gastar se ficasse internada num hospital psiquiátrico? E qual teria sido o resultado?

Se estivéssemos hospitalizando os pacientes, faríamos tudo para mantê-los no mesmo regime: isolamento da família, amigos e tensões; muitas carícias; um bom programa de tratamento de seis horas por dia; apoio para se modificar; e um considerável envolvimento com um grupo ativo. Não receitaríamos drogas a não ser que os pacientes: 1) não estivessem reagindo de modo algum ao programa de tratamento, e 2) estivessem *fisiológicamente* deprimidos - com grande falta de apetite, perda de peso, acordando de madrugada, sinais de metabolismo baixo e outras provas de que estivessem se deprimindo até um ponto onde poderia ser aconselhável a administração de drogas. Não aplicaríamos em ninguém a terapia eletroconvulsiva.

SE VOCÊ NÃO SE MODIFICAR, EU ME MATAREI

Nina está participando de um curso de três semanas numa outra cidade. Mary é a terapeuta. Vinte clientes estão trabalhando com Mary das 9 da manhã às 5 da tarde diariamente, e voltam para suas casas à noite.

Foram indicados pelos seus próprios terapeutas, que participaram das nossas maratonas como observadores ou participantes.

Primeira sessão: Mary consegue os fatos: Nina fez quatro tentativas de suicídio nos últimos seis meses e quase morreu na última. Recusou-se a fazer um contrato na terapia que está fazendo e é por isso que está nesse curso. Diz que não vai tentar o suicídio durante ele. Seu cabelo escuro, falta de maquilagem e rosto sem expressão dão a ela a aparência de estar usando uma máscara de morte.

Fala sobre sua vida atual. Profissionalmente, é bem-sucedida, mas afirma que "nunca" foi feliz. Está extremamente deprimida com a falta de sucesso dos irmãos. Seus pais eram negligentes e abusivos com todos os filhos.

Segunda sessão:

Mary: Há quanto tempo tem sido responsável pelos seus irmãos?

Nina: Toda minha vida. Desde que eles nasceram.

Mary: Não estou entendendo. Você tinha três anos quando Joe nasceu, quatro quando Mike nasceu e cinco quando Cecil nasceu. Dê-me uma cena que mostre sua responsabilidade.

Nina: Eu fui sempre a responsável por eles.

Mary: Está disposta a encontrar uma cena típica? Diga-me o que está acontecendo agora mesmo.

Nina: Tenho sete anos. *(Descreve uma cena onde o pai está bravo com Joe, ameaçando bater nele. A mãe argumenta contra a agressão sem qualquer efeito e Nina faz o irmão sair, junto com os outros. O pai e a mãe continuam a brigar e mais tarde atacam Nina verbalmente por ter defendido Joe. Dizem que ela foi "a culpada de tudo". Ela está muito triste e também satisfeita por ter podido salvar os meninos.)*

Mary: Certo. Agora, vamos vê-la com 14 anos.

Nina: *(Descreve uma cena quase idêntica. Ainda está salvando os meninos do pai. A mãe está muito mais furiosa com Nina e, nesta cena, parece psicótica.)*

Mary: Você foi muito valente, valente e bonita por ter salvo seus irmãos quando tinha sete anos. Então eles não poderiam se salvar por si mesmos. Agora, quero que diga algo de novo para os meninos: *"Eu defendi vocês quando tinha sete anos de idade"*. Diga isso a partir de uma posição de 14 anos.

Nina: Sim, é verdade. Eu os defendi.

Mary: "E agora, que tenho 14 e vocês 11, 10 e 9, são mais velhos do que eu quando tinha sete. Vocês já têm idade para se defender a si mesmos

Nina: É possível. (Começa a chorar)

Mary: Diga a eles.

Nina: Não.

Mary: Eles já têm idade suficiente.

(Pausa longa)

Mary: E agora, que Cecil está com 25, certamente já tem idade para isso.

Há dois outros clientes suicidas no curso e Nina ouve seu trabalho em silêncio. Um explode num alívio cheio de alegria quando decide que gosta da criança que foi e que não vai matá-la. Cheio de energia, pede abraços de todos os membros do grupo. Nina continua sentada impassível e não o congratula.

Terceira sessão:

Mary: Como você está?

Nina: Não sei. Na mesma.

Mary: Suicida?

Nina: Não sei. Não tenho vontade de viver. Não tenho nada por que viver. Não posso morar com minha família e não há outro jeito. *Mary:* Posso ver três opções além de assassinar a si mesma. Uma é continuar a ser como sempre foi tentando salvar seus irmãos. Outra é divorciar-se deles. E a outra é dar tempo a si mesma, na terapia, para aprender a ter contato com seus irmãos sem se afetar com seu comportamento.

Nina: Vou pensar nisso.

Quarta sessão:

Nina: Quero trabalhar.

Mary: Certo. Você pensava em suicídio antes? (Pede que se concentre na história dos seus impulsos suicidas e Nina lembra-se de que quis se matar pela primeira vez quando tinha oito anos.)

Mary: Esteja com oito anos. O que está acontecendo?

Nina: Mamãe está me acusando de algo que eu não fiz. *(Descreve a cena) Mary:* Certo. Só como uma experiência, diga à sua mãe, *"Se você não parar, eu me matarei".*

Nina: Se você não parar, eu me matarei. Isto é verdade, Mary.

Mary: Não, isto não é verdade; porque você não se matou quando tinha 8 anos. Agora, tenha 8 anos e diga a ela: *"Não importa o que você faça, eu não me matarei".*

Nina: Não posso dizer isso.

Mary: Sim, pode. Porque é verdade. Você não se matou, apesar de tudo o que ela fez.

Nina: Eu não sabia como.

Mary: Todas as crianças de oito anos sabem como se matar – é só pular do telhado ou em frente de um carro. Você escolheu não se matar. É muito importante que compreenda isto.

Nina: É verdade. Não importa o que você diga, não vou me matar.

Mary: Verdade?

Nina: Naquela época, foi. Posso sentir agora.

Mary: Agora, ainda com oito anos, diga ao seu pai.

(Nina faz o que é pedido)

Mary: Agora, seus irmãos, um de cada vez.

Nina: Estou com oito anos e vou continuar viva por sua causa. Não vou me matar pelo seu bem. *(Fala com cada um deles, chamando-o pelo nome).*

Mary: (Pede que Nina vá à idade de 14 anos e faça o mesmo. Ela atende o pedido, chorando.)

Mary: Agora seja você, hoje. Veja seu pai. Tente com, *"Se você não se modificar, eu me matarei".*

Nina: Ele não vai mudar, e não me importo. Não me importo.

Mary: Então tente com, "Não importa o que faça, não vou me matar". (Pausa longa)

Mary: Onde é que você está?

Nina: Você não tem importância. Nunca me matarei por causa do que você faz.

Mary: Agora, com sua mãe. Não importa...

Nina: (Chorando histericamente) Vou me matar por sua causa. Foi isso que você sempre quis.

Mary: Vou me matar por sua causa e então você vai...

Nina: Ela não vai se arrepender. Vai ficar contente. Ela me culpa de tudo. De tudo que saiu errado.

Mary: Nina, você reconhece que sua mãe é louca?

Nina: Foi isso que a minha terapeuta disse. Disse que minha mãe é paranóica.

Mary: Vou me matar porque você é mentalmente doente. Porque não distingue a realidade da fantasia.

Nina: (Pausa longa) Não!

Mary: E então?

Nina: Não sei. (Por quinze minutos ela vacila, experimentando raiva, dor e depois testando a realidade de que é sã e que não foi a causadora da psicose da mãe. Depois, numa voz baixa) O que você faz não é importante. Não importa o que faça, não vou me matar.

Mary: É verdade?

Nina: Em parte. Na maior parte.

Mary: Tome o outro lado. Vou me matar por você. (Quando ainda há alguma ambivalência, o tomar o outro lado permite às pessoas perceberem o absurdo da situação e redecidirem).

Nina: Não. Você não é importante. Não me importo com o que faz. Não vou me matar.

Mary: Verdade?

Nina: Acho que sim.

Mary: Diga isso de novo e veja.

Nina: (Repete várias vezes antes de dizer que é verdade).

Mary: Agora com seus irmãos, um de cada vez. Comece com Joe.

Nina: Não me importo... não posso dizer isso! Eu me importo com o que acontece com você. Eu o amo.

Mary: Então diga, eu me importo com o que você faz. Eu me importo com o que você vai ser. E, seja o que for ou fizer, não me matarei.

Nina toma os dois lados, "Eu me matarei" e "Eu não me matarei", e finalmente fica sabendo e sentindo que não vai se matar por causa de Joe. Tem o mesmo diálogo com Mike e depois com Cecil.

Nina: (Soluçando) Cecil, você levou a pior. Eles estavam ficando cada vez mais doidos e você foi quem levou a pior. Eu queria salvá-lo. Quero muito salvá-lo. *(Chora por quase cinco minutos)* Cecil, eu me importo tanto. Mas, seja o que fizer, eu sempre o amarei. E seja o que fizer, não me matarei.

Mary: Verdade?

Nina: Sim. Por todos vocês. Eu... eu amo vocês. E seja o que for que fizerem, seja o que for que se tornem, eu viverei, não importa o que façam.

Mary: Há mais alguém a quem gostaria de dizer isso?

Nina: Sim, mas não quero dizer quem.

Mary: Certo, então diga à pessoa.

Nina: Seja o que for que você fizer, não cometerei suicídio.

Mary: Mais alguém?

Nina: Não.

Mary: Agora, com você. Não importa o que eu faça ou vá fazer...

Nina: Sim, eu não vou me matar. Por causa de ninguém. Por ninguém.

Inclusive eu mesma. Não vou me matar. *(Pausa longa)*

Mary: O que está sentindo?

Nina: Nunca me senti tão sozinha em toda a minha vida. Estou totalmente sozinha. Totalmente triste. E não me matarei.

Mary: Estou feliz por isso. Conhece o livro, "Nunca lhe Prometi um Mar de Rosas"? Pois é sobre isso. O decidir viver pode ser muito triste e solitário. Porém, agora você tem uma base. Uma base para crescer. Um tempo para aprender e encontrar pessoas novas para se aproximar delas. E para aprender a como ser feliz. E, quando tiver aprendido a se aproximar e ser feliz, poderá ou não encontrar uma nova intimidade com seus irmãos. Não posso prometer-lhe nada sobre isto.

Nina: Estou entendendo.

Nina conversa com sua terapeuta. Ela esteve chorando durante o trabalho e agora diz como está feliz por ver que Nina não vai mais se matar. Concordam em continuar com a terapia e Nina diz que se sentir o impulso de se matar, não se deixará envolver e contará à terapeuta na próxima sessão.

Ao contrário de muitos clientes do tipo, *"Se você não se modificar, eu me matarei"*, Nina nunca tentou chantagear os irmãos para eles mudarem. Trabalhou duro tentando ser uma mãe para eles... deprimindo-se ao se julgar um fracasso. Não pediu que se sentissem culpados.

No livro de Sager e Kaplan, *Progress in Group and Family Therapy*[1], Bob escreveu sobre uma mulher chantagista que exigiu que ele fosse seu terapeuta, apesar de saber que ele não estava mais tratando de pacientes particulares. Um dia ela veio ao seu consultório e ameaçou cometer suicídio se ele não a atendesse. Bob conversou com ela por alguns minutos e ficou sabendo que estava deprimida porque seu ex- marido tinha se casado de novo. Bob então lhe perguntou quando havia usado a tristeza pela primeira vez para conseguir o que queria.

Ela lembrou-se de quando quis uma boneca em especial para o Natal e não a ganhou, tendo ficado deprimida. Então seus pais lhe compraram a boneca. Ainda estava usando a mesma técnica "histérica".

Bob pediu que ela repetisse o que tinha dito, que se mataria se ele não a atendesse. Ela repetiu. Então, Bob pediu-lhe para imaginar que estava com cinco anos de idade e que dissesse aos pais que se mataria se não ganhasse a boneca que tinha pedido. Ela não concordou, dizendo que não falaria isso. *"Certo", disse Bob. "Então diga a eles que não vai se matar só porque eles não lhe deram a boneca certa"*. A cliente atendeu o pedido, rindo. *"Certo, agora diga ao seu marido o que gostaria de dizer"*.

"Joe, se você não se divorciar da sua mulher atual e voltar para mim, vou me matar", disse ela. Depois, olhando para Bob a mulher começou a rir. *"Ê um bocado idiota, não é? Na verdade, não teria me matado se não conseguisse a boneca e não vou me matar se não conseguir de volta aquele boneco de marido. Além disso, ele não era tão boneco assim!"*

É sobre pacientes como ela que frequentemente nosso pessoal discute: Eles realmente pretendem se matar ou estão "só ameaçando"? Estamos convencidos de que tal discussão é fútil. A primeira escolha na terapia é a de fazer os clientes aceitarem um contrato sério de não se matarem ou então colocá-los num hospital para impedi-los. Podem não estar "falando sério", mas, algumas vezes, algo sai errado e eles acabam cometendo suicídio. Têm que ser protegidos de si próprios até aprenderem a não usar a extorsão e a entender que, *"a única pessoa que pode ter certeza de que ficará com você pelo resto da vida é você mesmo"*. Nenhuma quantidade de chantagem fará outra pessoa ficar por perto. Ela só serve para fazer o chantagista continuar deprimido e suicida.

Como mencionamos anteriormente, esses pacientes não são fáceis de tratar. Numa reunião profissional, há poucos anos atrás, um conhecido psiquiatra declarou que nenhum paciente suicida pode realmente ser "curado". Ele então passou a demonstrar sua técnica para lidar com pacientes suicidas, apresentando um videoteipe do tratamento de uma pessoa que tinha vindo se tratar com ele depois de uma grave tentativa de suicídio. A gravação mostrava as técnicas usadas pela equipe para salvar a vida da moça. O psiquiatra explicou que tinha trazido os pais e mostrado a eles a gravação dos procedimentos de salvamento, e depois passou a fita da entrevista feita com eles e a moça. Perguntou a ela, "O que a *fez* tentar se matar?" (Os grifos são nossos, para sublinhar nossa crença de que ninguém pode *fazer* alguém fazer qualquer coisa.) A jovem admitiu ter feito a tentativa quando seus pais se recusaram a deixá-la fazer uma coisa que queria. No final, depois de todas as lágrimas derramadas, o terapeuta vira-se para os pais e pergunta, "E o que isso *faz* vocês sentirem?" Essas pessoas estavam presas num sistema de família onde cada um chantageava o outro com choro, ameaças de suicídio e tentativas de suicídio reais para conseguirem alguma coisa. O terapeuta não deverá entrar nesse sistema, mas procurar um jeito de fazer cada membro entender que cada um deles é autônomo e não pode ser chantageado a se sentir mal, pensando ser responsável por alguma coisa. A pergunta do terapeuta, *"O que isso faz vocês sentirem"* provocou a permanência da família no argumento, deixando a moça saber que o modo de conseguir tudo dos pais seria ameaçando se suicidar. O que os pais disseram nessas condições foi *"Nós nos sentimos péssimos; não sabíamos que você tinha ficado tão sentida; é claro que pode fazer o que quer"*. De agora em diante, e pelo resto da vida, ou até se modificar, espontaneamente ou sob outro tratamento, essa moça vai considerar o suicídio como uma escolha viável.

VOU ME MATAR E ENTÃO VOCÊ VAI SE ARREPENDER (OU ME AMAR)

A crença secreta, que tem que ser exposta, é que a morte não é morte. Papai e Mamãe o amarão depois de morto e, de algum modo, ele poderá ficar observando sua dor ou a proclamação do seu amor. "Grande negócio", dizemos. Caçoamos dessa fantasia para atravessar a barreira da recusa do paciente de compreender, a partir da sua Criança que, quando ele estiver morto, o que eles vão fazer ou sentir é irrelevante. É ele quem estará morto.

Alguns clientes têm uma variação desse tema, quando querem morrer para se juntar a um dos pais falecidos. Uma estudante de quinze anos, Yvonne, cuja mãe tinha morrido, não estava se alimentando e os médicos diagnosticaram anorexia nervosa. Seu peso desceu de 50 para 30 quilos. Sua fantasia era que, se morresse e se juntasse à mamãe, finalmente mamãe iria amá-la. Alguns pais, bem como ministros da Igreja e outros, alimentam a ilusão de que o Céu é um lugar real onde tudo acaba bem. Talvez seja... não estamos discutindo religião... mas a Criança que escuta, "Você vai ver Vovó no Céu" acredita que o Céu é logo ali. Temos que tratar dessa ilusão.

Bob trabalhou com Yvonne para ela aceitar que a mãe estava morta... morta... morta. O pai, cujas únicas carícias eram suas palavras de encorajamento para fazê-la comer, foi solicitado a pegá-la no colo durante uma entrevista. Bob ensinou-o a desistir da insistência em fazê-la se alimentar e a descobrir outros meios para acariciá-la. O pastor da igreja de Yvonne foi persuadido a parar de falar a ela, "O que sua mãe está sentindo, lá no Céu, não vendo você comer?", porque isso apoiava a ilusão da menina. O mais importante de tudo foi o contrato e a decisão de Yvonne de não se matar. Ela ficou boa e recuperou o peso rapidamente.

VOU QUASE MORRER E ENTÃO VOCÊ VAI SE ARREPENDER (OU ME AMAR)

Essa decisão é parecida com *"Vou me matar e então você vai se arrepender"*, exceto que o cliente não se considera deprimido e não acha que seja um suicida em potencial. Tipicamente, a decisão primitiva é feita quando a criança experimenta uma mudança dramática das carícias negativas ou negligência para grandes cuidados em épocas de doença. Algumas vezes, ambos os pais são médicos, que não têm tempo para muitas carícias até os filhos ficarem doentes. Em outros casos, a criança poderá ser uma entre muitas, cujos pais simplesmente não têm disposição ou energia para acariciar os filhos. No entanto, quando ela fica doente, aprende que a família inteira vai encontrar algum tempo para tratar dela. Apesar de muitas vezes haver uma mensagem *"Não viva"*, não acreditamos que isso seja um pré-requisito para a criança tomar a decisão, "Vou quase morrer..." Conhecemos um filho de médicos, ele médico também, que, enquanto estava na pré-escola, teve uma série de infecções no ouvido. Quando ficava doente, sua mãe reorganizava seus horários de trabalho para poder ficar em casa com ele. Mais tarde ele sofreu um ferimento grave, teve que tomar uma injeção contra tétano (não simplesmente uma vacina) e teve uma grave reação anafilática que quase o matou. Precisou receber adrenalina intracardíaca, respiração artificial e outras medidas heroicas necessárias para salvar sua vida. Esta é uma das lembranças mais vivas que tem da sua infância. Ao sair da sala de emergência, teve um grave caso de herpes e, tanto o pai como a mãe ficaram em casa para cuidar dele. Desde então, teve muitas outras infecções, uma das quais certamente o teria matado se a penicilina não houvesse acabado de entrar no mercado. Novamente, ele quase morreu.

Ele nos conta histórias hilariantes de como quase morreu num salto de paraquedas e dos acidentes que sofreu com seu avião, trabalhando em incêndios de floresta. "Por pouco" escapou de morrer quando foi rejeitado pela Força Aérea e todos seus companheiros morreram em Guadalcanal. Sua vida é cheia de aventuras e suas histórias nunca deixam de despertar risos da forca. Apesar de não mais contar casos sobre quase morrer, ainda não deixou de fumar e provavelmente continua no seu argumento de vida a despeito dos seus esforços "heroicos" para sair dele.

Esses casos são especialmente difíceis porque os pacientes estão sendo solicitados a desistir (pela Criança) de muitas carícias positivas por quase morrer. É verdade que as pessoas os amaram quando eles "quase morreram"; isso não é uma ilusão. Naturalmente, a Criança pergunta, "*Qual será a vantagem de desistir dessa posição? Que adianta continuar vivendo se não poderei conseguir minhas carícias sinceras e amorosas?*" Apesar de o paciente adulto *saber* que pode encontrar outros meios de conseguir tais carícias, a Criança luta até - literalmente - o último fôlego. É por isso que é tão importante introduzir na terapia um modo de a Criança do paciente ser regiamente recompensada por viver em vez de quase morrer.

VOU FAZER VOCÊ ME MATAR

Esta é uma posição de desespero, típica de crianças vítimas de maus-tratos. Esses pequenos ficam tão desesperançados, ao sofrer as dores das agressões, que a única escolha viável parece ser o desejo de estar morto... como acontece com as vítimas do câncer terminal que desejam acabar logo com seu sofrimento. Um psicólogo, que tinha sofrido maus-tratos em criança, ainda vivia pelo argumento "Vou fazer você me matar", andando sozinho à noite por ruas perigosas e começando brigas em bares. Ao se submeter à terapia, reconheceu que seu comportamento tinha o objetivo de fazê-lo ser morto, e depois voltou a uma cena primitiva, onde sua mãe o estava atirando contra a parede. Reviveu a sensação de espicaçá-la, recusando-se a chorar ou admitir que estava errado; lembrou-se de ter pensado que ela o estava matando e que logo estaria morto. Na sua redecisão, afirmou que não tinha sido morto e que acabou por escapar dela e depois, espontaneamente, afirmou que nunca mais procuraria outra pessoa para feri-lo.

O primeiro passo numa terapia desse tipo é montar o palco de modo que o cliente reconheça que está tentando ser morto. Muitos negam isto. O terapeuta precisa procurar pelas pistas. Por exemplo, um terapeuta/paciente estava conversando com Bob no pátio quando nosso antigo cozinheiro veio correndo pela estrada na sua moto sem usar o capacete. Bob berrou com ele, *"Ponha esse maldito capacete"*, e o terapeuta começou a rir. Quando Bob perguntou o que havia de engraçado ele respondeu que também tinha uma "máquina" e que *nunca* usava um capacete. Depois, cheio de orgulho e "bom humor", contou sobre as inúmeras vezes que seu garanhão tentou matá-lo. Bob disse que não conseguia ver nenhuma graça em ser morto e perguntou se o terapeuta estava pronto para fazer algum trabalho para se proteger de ser morto pelos outros, inclusive cavalos. De início, o terapeuta negou sua posição suicida, porém, mais tarde, aceitou trabalhar para sair do seu argumento de vida letal. Bob algumas vezes se torna um "chato" fora dos horários de terapia quando interpela as pessoas na mesa de refeições ou na piscina sempre que ouve um riso da forca. O valor de choque da confrontação, no entanto, vale bem o ressentimento por causa do inoportunismo. De outro modo, tais pessoas poderão passar por nós, como têm passado por outros durante todas suas vidas.

Bob acrescenta uma observação pessoal: "Sinto-me OK ao enfrentar o riso da forca mesmo quando não tenho um contrato terapêutico. Todos que me conhecem relativamente bem sabem que estou convencido de que, em certo sentido, *sou* o guardião do meu irmão e que, como médico, tenho tanta obrigação de enfrentar um argumento de morte como de afastar uma aranha venenosa do pescoço de alguém".

VOU LHE MOSTRAR MESMO QUE ISSO ME MATE

Essas pessoas podem ser divididas em dois grupos: aquelas que tentam "mostrar aos pais do mundo" lutando por um sucesso cada vez maior, e aquelas que se esforçam para *"se exibir aos pais do mundo"*, bebendo, fumando ou tomando drogas. Por serem desafiadores, acabam viciados em substâncias aditivas. Nem todos os viciados começaram por causa de uma decisão desafiadora, porém, isso acontece com muitos deles, e achamos que estes usam a raiva para mascarar o que seria uma depressão.

O primeiro grupo - os super-realizadores, os esforçados, pessoas do Tipo A de Friedman[2], - é o que decide, *"Vou lhe mostrar, mesmo que isso me mate"*. O *"Vou lhe mostrar"*, parece ser uma boa decisão OK; é o resto da sentença que põe as pessoas em encrenca. O mundo psicoterapêutico está cheio delas: lutando sem parar para serem reconhecidos, conseguindo diploma após diploma, sempre procurando por avanços na carreira, passando anos em treinamento psicanalítico – e depois, não sabendo para onde ir e desenvolvendo úlceras, problemas coronarianos ou se tornando deprimidos, com tendências suicidas, porque ninguém os está notando ou porque não têm mais o que fazer. Bob estava fazendo um curso de demonstração para uma organização de psicoterapia há alguns anos quando, num dos momentos de folga, um dos participantes desafiou-o para uma luta de braço. Comumente, evitamos esse tipo de confronto, mas desta vez, Bob aceitou. Após o jogo, o homem comentou que estava se recuperando de uma obstrução coronária. Ainda estava "mostrando a eles" sobrecarregando-se fisicamente até um ponto onde outra obstrução seria altamente possível. Outro psicoterapeuta também tinha estado internado com uma obstrução. Logo depois da alta, foi esquiar e teve um grave ataque de angina enquanto estava nas montanhas. *Só depois* veio a um dos cursos, onde continuou se excedendo fisicamente. Ainda estava "mostrando a eles, mesmo que isso o matasse". Pois quase o matou. Trabalhou com muito empenho (é claro) e acabou voltando a uma cena primitiva, onde estava com cinco anos de idade, onde o pai o depreciou, dizendo que ele não era másculo (másculo aos cinco anos?). Ele cerrou o cenho e os punhos e gritou com o pai: "Vou lhe mostrar mesmo que isso me mate". Assim, esse menininho valente e teimoso de cinco anos ainda estava dirigindo parte da sua vida. Ele ouviu essas palavras, sentiu sua raiva e depois reconheceu uma tristeza oculta pelo pai não parecer gostar tanto dele quanto do irmão mais velho. Depois disso, voltou à cena e continuou a conversa. "Você é doido, Papai. Sou um sujeito legal e você não vê isso por culpa sua. Não vou me matar só para lhe mostrar que sou um sujeito legal. Não tenho que provar nada a você nem a ninguém". Após o trabalho, ele começou a diminuir o passo, correr menos, trabalhar menos e a se divertir mais, gozar a vida, em vez de ficar "mostrando a eles".

Essas pessoas têm duas decisões primitivas para derrotar. Primeiro têm que redecidir a viver, e depois têm que redecidir que são importantes, excepcionalmente importantes, não importa o que façam ou não façam. Têm estado lutando pelo reconhecimento dos seus feitos e conseguindo carícias condicionais em vez de incondicionais. É muito difícil para uma pessoa nessas condições aceitar carícias incondicionais, mas uma vez tendo decidido sobre sua própria importância, a situação começa a ficar mais fácil. Geralmente, é essencial fazer o paciente voltar a uma cena arcaica onde possa fazer as duas coisas: 1) dizer aos pais que irá viver, e 2) falar a eles sobre sua própria e intrínseca importância. Algumas vezes o impasse é de tal tipo que é preciso usar a técnica do terceiro grau, uma vez que a pessoa *nunca* se sentiu importante pelo simples fato de existir.

O mais importante passo que pode levar à cura é, mais uma vez, o reconhecimento desse impasse pelo terapeuta. As pessoas *"Vou lhe mostrar mesmo que isso me mate"* raramente parecem deprimidas e não falam como suicidas, a não ser que estejam vindo a nós no final do argumento. É importante localizar o esforçado antes de ele desenvolver um dano real aos seus tecidos físicos. Um dos primeiros analistas de Bob contou-lhe que ele (o analista) tinha finalmente conseguido o sucesso na vida - possuía uma boa clientela, uma bela casa, um Cadillac novo, tudo o que poderia desejar - e não tinha mais o que fazer, exceto morrer. Foi o que fez, logo depois, de um ataque cardíaco, e nem era mais velho do que Bob!

O segundo grupo dos *"Vou lhe mostrar mesmo que isso me mate"* é constituído por aqueles que são viciados em álcool, comida, drogas, nicotina, e que usam essas substâncias para se matarem vagarosamente. Começam deprimidos e mal acariciados, usam a raiva para ocultar a depressão e depois começam sua autodestruição para "lhes mostrar". (Pessoas com hábitos autodestrutivos poderão estar reagindo a outras mensagens, como, *"Se você não se modificar eu me matarei me enchendo de comida"* ou *"Vou quase morrer por causa do fumo, mas não morrerei de verdade e então você vai me amar".)* Os rebeldes estão lutando contra mensagens do Pai, como *"Seja bom"*,

"Seja limpo", "Seja educado", obedecendo, ao mesmo tempo, à injunção, *"Não viva"*.

Um cliente, por exemplo, disse: "Lembro-me de quando comecei a fumar. Peguei um cigarro do maço da minha mãe que estava sobre a mesinha e, num gesto de desafio, acendi-o quando não havia ninguém em casa. Já me esqueci por que estava tão zangado, mas lembro-me de que sentia muita raiva, acreditando que minha mãe era totalmente injusta comigo. Comecei a beber quando fiquei furioso por não conseguir o dinheiro para pagar meu terceiro ano de universidade, sabendo que eles poderiam muito bem me dar algum sem que isso representasse qualquer problema maior para o seu orçamento. Algumas vezes, ainda acendo um cigarro ou tomo um copo de bebida com raiva, apesar de saber que existem muitos outros modos de lidar com a minha raiva".

O primeiro passo do tratamento, repetindo, é o de ajudar o cliente a tomar uma decisão de parar de se matar com álcool, comida, fumo ou drogas.

Jon, por exemplo, disse que queria deixar de fumar. Bob perguntou- lhe se já tinha tentado parar. Quando respondeu que não, Bob disse que estaria disposto a trabalhar com ele se não fumasse por 72 horas. Esse é um ardil que usamos comumente, para fazer o viciado *primeiro* parar de tomar o veneno. Se ele não estiver disposto a isso, então estamos lidando com um contrato de Pai, que o cliente não pretende cumprir. Se ele concorda e volta três dias mais tarde para trabalhar, então estabelecemos o diálogo. Foi o que Bob fez com Jon:

Bob: Ponha duas cadeiras à sua frente. Certo. Agora, na primeira cadeira, você é seu pulmão. Tem sido atacado com fumaça por esse sujeito há muitos anos. Fale com ele.

Pulmão: Ei, rapaz, o que tem feito comigo? Você está me matando.

Bob: Não, você é o pulmão, pulmão. O que Jon anda fazendo com *você*, pulmão?

Pulmão: Oh, você anda me enchendo de porcaria, rapaz. Não consigo tomar bastante ar para dar-lhe oxigênio para viver. O, cara, pare com essa palhaçada.

Jon: (Trocando de cadeira) Ah, que é isso, pulmão, não está tão ruim assim.

Pulmão: Já chega, rapaz. Não posso mais funcionar deste jeito.

Jon: Hum. (Para, parece não estar disposto a sair do impasse)

Bob: Seja seu pulmão, na outra cadeira, daqui a dez anos, no caso de Jon continuar a fumar.

Pulmão: Não vou estar aqui daqui a dez anos. Estarei no caixão.

Bob: Diga isso a Jon, fingindo que ainda não está no caixão.

Pulmão: Veja só o que você fez! Está quase morto porque me encheu de alcatrão, me esquentou, me sufocou com toda aquela fumaça. Pelo amor de Deus - não, pelo amor de *você* mesmo, pare antes de estarmos todos mortos - eu, o coração, nós todos.

Jon: Sinto muito, rapaz. Vou largar.

Bob: Daqui a dez anos, ou agora?

Jon: Já estou largando.

Bob: Quando?

Jon: Agora mesmo.

Bob: Diga isso ao seu pulmão.

Jon: Está bem, pulmão, você venceu. Ei, eu venci também.

Bob: Certo. Agora seja seu pulmão daqui a dez anos, depois que Jon deixou de enfiar toda aquela fumaça em você.

Pulmão: Claro. Ei, Jon, obrigado. Realmente sinto-me muito melhor agora. Estou ficando mais rosado e consigo reter mais ar.

A intensidade dessa experiência é quase sempre notável. Os pacientes geralmente conseguem captar com toda a intensidade a sensação dos seus pulmões atacados. Se eles parecem não estar sentindo isso, trabalhamos com eles, descrevendo-os (como pulmões) em todos os detalhes, acrescentando palavras da nossa própria informação sobre a patologia, no caso de eles afirmarem que não têm tal informação. Também explicamos o que aprendemos com os outros sobre o processo de deixar de fumar: o desejo por um cigarro dura apenas alguns minutos; a respiração melhora em 72 horas por causa da diminuição do monóxido de carbono e do aumento do oxigênio que é transportado pela hemoglobina. Pedimos às pessoas que se gratifiquem com coisas gostosas (não açúcar) e que tomem muito líquido sem açúcar durante as primeiras 72 ou 96 horas para eliminarem as toxinas mais rapidamente, e que substituam a fumaça por alguma coisa saborosa.

Os viciados em álcool, comida e drogas podem ser atingidos do mesmo modo. Uma pessoa gorda, por exemplo, pode estabelecer um diálogo entre sua gordura e sua boca, ou entre seu corpo daqui a dez anos se continua a comer ou a não comer. Qualquer que seja o diálogo, o propósito é fazer o cliente sentir a gravidade e tristeza do que está fazendo a si mesmo. Então, passamos para a redecisão de não-suicídio.

O seguinte exemplo refere-se a um paciente que é viciado em comida. Seu nome é Joe, e ele aborda o assunto num fim de tarde.

Joe: Quero parar de comer quando não estou com fome. E quero parar de acusar a mim mesmo quando como.

Bob: Puxa, trabalhei muito esta tarde e não tenho certeza se estou com vontade de continuar - mas, fale um pouco mais e deixe-me decidir depois de ouvir. *(É certo um terapeuta decidir não aceitar um contrato, como também é certo um terapeuta cometer erros de vez em quando. Um dos maiores problemas que os jovens e inexperientes (ou mesmo os velhos e tarimbados) terapeutas enfrentam é o de não se recusar a trabalhar ou de "tentar" serem perfeitos. Uma das características do bom terapeuta é a disposição de se arriscar a cometer um erro e de lidar com o que possa acontecer como resultado desse erro.)*

Joe: Algumas vezes, na hora da refeição, sento-me para comer, apesar de não ter vontade. No entanto, como até me sentir dolorido e inconfortável.

Bob: Qual é seu passado arcaico a respeito de comida? O que está acontecendo na sua casa e quem está lá? *(Bob já está falando no presente, para facilitar, se possível, o trabalho do estado do ego Criança). Joe:* Bem, estou de volta à casa da minha avó. Quando estava no ginásio e deixei de morar com uma tia. Ela só nos alimentava o suficiente para manter nossas calorias.

Bob: Quem fazia isso? (Bob esqueceu o tempo presente – um erro.)

Joe: Minha tia. Então fui mandado para a casa da minha avó. E, se você não comesse como uma lata de lixo, devia estar doente. *(A esta altura, Bob devia ter trabalhado com o "você", que é uma introjeção do Pai, mas deixou-o passar. Estava realmente cansado e teria sido melhor se tivesse se recusado a trabalhar.)*

Mary: Onde estava sua mãe?

Joe: Meus pais se divorciaram quando eu tinha cinco anos de idade. Primeiro fui morar com minha tia e depois com a minha avó.

Mary: Sua mãe era doente, louca ou coisa parecida?

Joe: Sim, ela era louca.

Mary: Internada?

Joe: (Tristemente) Minha mãe nunca ficava em casa por muito tempo. Ela era enfermeira. Trabalhava das 3 às 11 e nunca acordava cedo de manhã. Sempre que queríamos alguma coisa para comer, preparávamos torradas com pasta de amendoim. Às vezes, ficávamos cinco dias sem vê-la.

Mary: Que idade tinha na época? *(Aparentemente, Mary também desistiu de trabalhar no presente.)*

Joe: Nove.

Mary: Quer dizer que você serviu de mãe a si mesmo, depois foi morar com uma mulher que só lhe dava o mínimo para viver e, mais tarde, foi ficar com vovó. Não admira que coma demais.

Joe: É mesmo. Também como demais quando não é hora de refeição e estou nervoso. É como se tivesse algo a fazer e não soubesse como agir.

Mary: Que outra coisa faz para se nutrir?

Joe: Tomo banhos.

Mary: É casado?

Joe: Sim.

Mary: Tem uma mulher que o nutre e vice-versa?

Joe: Tenho. Estamos melhorando um pouco quanto a isso. Minha mulher é bem parecida com a minha avó. Se digo que quero que me prepare um sanduíche para levar a algum lugar, ela apronta uma cesta.

Bob não quer mais trabalhar. Acha que estamos deixando Joe *falar* nas cenas ao invés de *estar* nelas. Estamos ouvindo uma história e não trabalhando, e Bob decide pedir a Joe que aceite uma incumbência e *depois* venha trabalhar mais tarde, quando houver maior oportunidade de conseguir uma redecisão de Criança.

Bob: Tenho uma lição de casa para você. Esta semana vai pôr no seu prato apenas o que acha que quer comer e vai parar assim que sentir que comeu o suficiente. Concorda? Não se preocupe com o que poderá estar desperdiçando. De qualquer modo, aqui não haverá desperdício porque os cachorros, os patos, cavalos ou bois comerio tudo!

Joe: Está bem.

Bob: Simplesmente pare e veja o que acontece. Uma experiência.

Mary: Também ouvi muita conversa sobre nutrir. Está deprimido?

Joe: Atualmente não.

Bob: Quando pensou em suicídio pela última vez?

Joe: Há uns dois anos.

Bob: Fez alguma coisa?

Joe: Sim. Um contrato me dispondo a encontrar outras maneiras para resolver o problema, e consegui cumpri-lo. Foi quando comecei a comer demais novamente.

Mary: Está sob terapia atualmente?

Joe: Não.

Mary: Está disposto a fazer um contrato por esta semana de que vai atingir a meta de decidir viver e gostar da vida?

Joe: Estou.

Membro do grupo: Como vocês conseguiram pegar esse caso do suicídio? Não ouvi nada.

Mary: *(Dirigindo-se ao paciente ao responder, para enfatizar que não gostamos de falar* sobre *as pessoas, só* com *elas)* Você foi criado sem a nutrição suficiente. Criado por uma mãe que, por algum motivo, não o queria. Passou-o para vários outros e não cuidou de você quando vivia com ela. As enfermeiras podem escolher melhores turnos do que das 3 às 11 quando querem.

Bob: Então, indiretamente, pelo menos, você recebeu a injunção "*Não viva*".

Mary: E sua tia não queria alimentá-lo bem. Parece que muitas pessoas não entendiam que menino engraçadinho você era.

Importantes aspectos adicionais emergem desse diálogo. A parte do Pequeno Professor é cheia de truques. Quando Joe fez um contrato de não se matar, mas não tomou uma redecisão, o "menininho" começou a comer mais, como um meio de subornar o contrato implícito. A mensagem antiga foi, "*Se você não come, é porque está doente*". Assim o modo que o menininho encontrou para enganar todo mundo é dizer, "*Estão vendo? Estou só fazendo o que me mandaram"*. Teria sido melhor o antigo terapeuta ter chegado a uma redecisão de não-suicídio juntamente com o contrato. Isso poderia ter evitado que Joe começasse a se matar por comer demais.

Outros aspectos: As pessoas gordas podem aprender a comer aqueles alimentos que parecem cantar para elas e evitar os que não têm nenhum apelo em especial. Mais cedo ou mais tarde, o corpo acaba protegendo o que a pessoa gosta. Além disso, a maioria dos gordos costuma limpar o prato, como parte da sua obediência a antigas vozes. Ao pedir que não comam tudo o que está no prato, estamos dando a eles novas mensagens, que inicialmente irão ouvir com seu Adulto e mais tarde as incorporarão ao seu Pai. Ao dar essa experiência a Joe, estamos lhe oferecendo a oportunidade de reestruturar seu Pai.

Quanto à pergunta sobre o suicídio, não estávamos lendo o pensamento. Sempre que ouvimos indícios de que houve negligência, pensamos no suicídio e perguntamos sobre ele. Assim, teremos menor probabilidade de deixar escapar o óbvio, ou mesmo o oculto.

VOU PEGÁ-LO MESMO QUE ISSO ME MATE

Esses pacientes parecem mais enraivecidos do que abertamente deprimidos, mas estão se dirigindo para uma morte prematura tão certamente quanto a paciente obviamente suicida, o desesperado, o que "trabalha duro para lhe mostrar" ou o viciado.

Pensem nas perseguições feitas a 200 quilômetros por hora enquanto policiais caçam bandidos. Pensem nos ladrões que carregam armas de fogo, que entram em assaltos a mão armada, que vão para a prisão, e que continuam com sua raiva nessas prisões, esfaqueando outros prisioneiros e matando guardas. Criados em lares cheios de raiva, esses indivíduos a mantêm quando vão se tornando adultos. Quando são mortos, obedecendo seu argumento de pegar os outros, estão tão falecidos quanto o paciente deprimido que se suicida. O caso avançado de *"Vou pegá-lo nem que isso me mate"* é o paciente paranoico, que até inventa seus próprios inimigos.

Faz agora 14 anos que temos estado treinando o pessoal do Juizado de Menores da Califórnia (CYA). Essas criaturas extraordinárias lidam diariamente com jovens delinquentes que, sob a sua raiva, sua atitude de "ligar o brilho", estão terrivelmente deprimidos. Um dos modos que o pessoal da CYA utiliza para alcançar esses jovens é elaborando uma lista logo no início do encontro do profissional com o tutelado. Quando o jovem descobre, à medida que vai respondendo à lista, que tem planos para estar morto antes de fazer 25 anos, poderá começar a ficar interessado numa terapia séria. Descobre que *ele* está encarregado da própria destruição e que o mundo não está a fim de pegá-lo, desde que não o force a isso e, gradualmente, aprende a se valorizar o suficiente para querer continuar vivo.

O infrator adulto está na mesma posição. Martin Groder, que trabalhou na Penitenciária Federal de Marion, organizou um extraordinário programa para adultos, muitos dos quais estavam condenados à prisão perpétua por assassinato, sem possibilidade de liberdade condicional. Há alguns anos atrás, estivemos lá para um curso de três dias e conhecemos um prisioneiro que, como muitos outros, estava ruminando um plano para escapar, onde certamente havia grandes probabilidades de matar e ser morto. A escolha terapêutica para ele foi a de decidir que não queria ser morto, para abandonar seu argumento *"Vou pegá-lo nem que isso me mate"*. O movimento que Groder e outros iniciaram foi extremamente bem-sucedido ao transformar criminosos em terapeutas que poderiam lidar habilmente com outros prisioneiros (bem como com algumas pessoas de fora). Groder usou uma combinação de

AT, gestalt, grito primai, jogos de Synanon e outras abordagens.

SUMÁRIO

Pelo menos quatro etapas são essenciais na redecisão sobre a depressão:

1. O contrato de não-suicídio do Adulto.
2. O trabalho de impasse de segundo grau da Criança, onde ela luta contra a injunção e redecide a viver.
3. O trabalho de impasse de terceiro grau da Criança, onde a Criança adaptada abandona seu autoconceito de falta de valor e insignificância, e a Criança livre se conscientiza do seu próprio valor intrínseco e se declara digna de viver.
4. A auto-reparentalização, onde o novo Pai ama e cuida da Criança.

CAPÍTULO 10

Obsessão – Compulsão: História de um Caso

Zach é um cliente muito especial. Trabalhando com grande coragem terminou permanentemente com seu comportamento obsessivo-compulsivo num curso de três dias. Não estamos sugerindo que qualquer pessoa com uma história de 10 anos de lavar as mãos, retroceder nos passos, e em constante dúvida e obsessão possa ficar boa em três dias. Uma vez que muito da literatura insinua que clientes como Zach são virtualmente incuráveis, incluímos esse trabalho para demonstrar que a cura é possível.

Começamos o curso na sexta-feira pela manhã, com as apresentações. Há 14 participantes, metade deles terapeutas. Dezesseis outros terapeutas, que estão participando de um curso de quatro semanas, estão observando. Depois da apresentação inicial, pedimos pelos contratos. *"Finjam que agora é domingo à tarde e que o curso terminou. Vocês estão indo embora de Monte Madonna. Conseguiram o que vieram procurar aqui. Qual a diferença que sentem?"* Zach é o quinto participante a responder:

Zach: Não sou mais obsessivo-compulsivo. *(Enquanto fala, torce as mãos como se as estivesse lavando e olha fixamente para o chão. Ê louro, bonito e parece mais jovem do que é; tem 22 anos. No entanto, de outro modo, aparenta ser mais velho por causa da tensão, que está muito óbvia.)*

Bob: O que significa ser obsessivo-compulsivo para você? Qual é a diferença que sente ao se afastar daqui?

Zach: Não estou me preocupando por ter atropelado alguém, apesar de saber que não fiz nada disso. Não estou parando o carro para voltar, com a ideia de me certificar de que não atropelei alguém. *(Conta-nos sobre outros comportamentos obsessivo-compulsivos, como o lavar as mãos repetidamente e verificar todos os interruptores.) Bob:* Certo. Vai deixar de ter seu comportamento obsessivo-compulsivo durante este curso?

Zach: Sim, soube que isso é regra aqui. O Dr. Y. me explicou. *(O Dr. Y. viu Zach duas vezes, por indicação do patrão do rapaz, e foi ele que recomendou nosso curso. Zach voltará à terapia com o Dr. Y.)*

Bob: Quando quiser fazer um ato obsessivo-compulsivo, em vez de escolher fazê-lo, quer escolher substituí-lo por um fantasia sexual?

O trabalho mais importante do fim de semana já foi realizado: Zach concordou em alterar seu *comportamento* e, com isso, deve estar reconhecendo que é capaz de controlar seus sintomas. Já havíamos dito ao seu terapeuta que não o aceitaríamos sem esse acordo prévio.

A sugestão de Bob sobre uma fantasia sexual também é extremamente importante. Com isso ele insinua que Zach tem a capacidade de escolher seus *pensamentos.* O pedido para ter fantasias sexuais é porque, na nossa experiência, pensamentos obsessivos e comportamentos compulsivos são frequentemente usados pela Criança adaptada como uma defesa contra pensamentos e sensações sexuais proibidas. Esse encargo atravessa a barreira das proibições primitivas e nos coloca do lado da Criança livre. Se o cliente não aceita, sabemos que esse será um aspecto crucial para o trabalho futuro. Se diz que "não pode", procuraremos meios de ele demonstrar a si mesmo que "pode" se encarregar dos seus pensamentos. Se o cliente se permite fantasias sexuais, isto poderá levá-lo a uma redecisão de ser sexual e de abandonar suas obsessões e compulsões.

Zach: Não estou entendendo o que você quer dizer.

Bob: Em vez de escolher se obsidiar e agir compulsivamente, quer ter uma fantasia sexual?

Zach: Oh, não! Não, não é o que eu queria. Quero deixar de me obsidiar e não pensar em nada. Eu não estava querendo... *(Está confuso, acreditando que Bob o está acusando de desejar fantasias sexuais.) Bob:* Está disposto a fazer uma experiência? Durante o resto do dia, quer dar a você mesmo uma fantasia sexual sempre que pensar numa atividade compulsiva? Fantasie em vez de fazer o ato ou se preocupar com ele.

Zach: Não estou entendendo.

Bob: Fantasie sobre sexo em vez de se obsidiar e agir compulsivamente.

Normalmente, não repetiríamos e perguntaríamos ao cliente o que ele pensou ter ouvido ou "acariciaríamos a Criança rebelde" dizendo, por exemplo: *"Puxa, aposto que você sabia muito bem como fazer seus pais subirem pela parede. Aposto como era mestre em fingir que não entendia o que eles queriam".* Com Zach é diferente. Está assustado e precisa da tranquila repetição que Bob lhe está dando. Desta vez, Zach se deixa entender o encargo:

Zach: Se fizesse isso, me sentiria culpado. (Novamente, ele torce as mãos e parece agitado)

Bob: Esse é o problema. É disso que estou falando. Quer ir em frente e ter uma fantasia sexual em vez da obsessão e compulsão?

Zach: (Torcendo as mãos) Há alguma fantasia em especial? É com minha esposa ou com outras mulheres?

Bob: A escolha é sua, rapaz. Não são minhas. São suas fantasias.

Zach: (Pausa longa) Não estou certo de estar entendendo.

Mary: Tenho a impressão de que, quando você era menininho, nunca lhe permitiam dizer "não". *(Mary encontra um modo "gentil" de enfrentar sua resistência.)*

Zach: Sempre havia, sabe, o que tinha que ser feito.

Mary: Então, só lhe permitiam dizer *"Eu quero"* ou *"Não posso"*.

Zach: Quase sempre, "Eu quero".

Mary: Então, quer andar por aí, durante esse curso, dizendo *"Não quero"*, sempre que não gostar do que alguém lhe mandar fazer?

Zach: Vai ser muito difícil para mim.

Mary: Eu sei. Até agora, você não disse *"Não"* à sugestão de Bob sobre a fantasia sexual... e também não disse *"Sim"*. E não disse nem *"Sim"* nem *"Não"* ao que eu sugeri.

Zach: (Pausa longa. Torce as mãos e não responde.)

Bob: O que mais quer deste fim de semana?

Zach: Quando conseguir meu emprego de volta, se conseguir meu emprego de volta, quero atuar... não preciso ser extraordinário... não é isso que quero. Quero agir sem ficar estagnado por causa do meu comportamento obsessivo-compulsivo.

Mary: Qual é o seu trabalho?

Zach explica que é desenhista e que foi promovido ao cargo de supervisor. Levou isso tão a sério que revisa tudo e não aprovou nenhum trabalho feito pelos seus subordinados. *"E se houver algum erro?"* Sua ansiedade é extrema. Todo o grupo parece preocupado. Os participantes estão inclinados para a frente, observando-nos atentamente, e o homem sentado ao lado de Zach fica estendendo a mão para ele e depois recuando. Ninguém faz um som. Zach diz que foi solicitado a pedir demissão, mas que espera ficar curado e manter seu emprego.

Zach: E agora o que penso é que tudo está num tipo de vácuo. Vou ficar sem meu emprego e minha mulher vai ter um bebê. Se perder meu emprego, terei que ir para casa, para trabalhar com meu pai. Vou ter que trabalhar na fazenda de papai e não gosto disso. Foi por isso que fui para o colégio. Tinha esperanças de melhorar de vida.

Mary: Está deprimido?

Zach: Não acho que isto poderia ser chamado de depressão. É mais um pavor. Uma ansiedade e um desamparo, acho que seriam as palavras. Quero conseguir fazer alguma coisa. Meu psiquiatra não disse nada sobre depressão. Falou que era obsessão-compulsão.

Perguntamos sobre o suicídio e ele aceita que não se matará mesmo se for demitido e/ou não se livrar dos sintomas.

Zach: Sabem, sou muito contrário ao suicídio. Minha mãe tentou se matar e... muitas vezes... ameaça se suicidar.

Mary: Que idade tem você quando ela ameaça se suicidar pela primeira vez?

Zach: Onze, eu acho.

Pedimos por mais detalhes e ficamos sabendo das suas decisões de Criança:

Zach: O que dizia a mim mesmo era que eu tinha que ser perfeito. Se fizer tudo certo para ela, ela não vai se matar.

Bob: Agora estou entendendo! Se fizer alguma coisa errada, sua mãe poderá se matar. Não admira que não quisesse se comprometer a ter fantasias sexuais ou a dizer "Não" para mim ou Mary. Não admira que tudo pareça um pavor para você. Tudo o que fizer, tem que ser perfeito ou então sua mãe poderá se suicidar. Não admira que ache que tenha que ser tão cuidadoso com tudo e estar sempre verificando.

Zach: Sim. Gostaria de sair daqui sem essa preocupação de não cometer erros.

Bob: Certo, Zach. Compreendi. Quero parar agora. *(Bob está parando porque ele e Zach fizeram um contato direto. Além disso, sua interpretação foi muito importante e ele quer que Zach pense nela.)*

Na sessão seguinte, Zach pede para trabalhar.

Zach: Acho que me sinto como Al, quando ele fala sobre ficar se preocupando o tempo todo. É o que faço. Parece que me preocupo 24 horas por dia. Não posso conceber minha vida sem preocupações.

Bob: Teve alguma fantasia sexual desde esta manhã?

Zach: Não, senhor. Eu tentei. Tentei três vezes. Fiquei com medo... senti vontade de chorar. Senti muita ansiedade.

Bob: Preocupado com as fantasias sexuais?

Zach: Só ao pensar nelas. Sinto-me... todo nervoso.

Bob: E então?

Zach: Disse a mim mesmo, você está ficando todo nervoso porque esteve pensando em ter fantasias sexuais e não há motivo para ficar assim. Mas não consegui pensar mais nelas. *(Faz uma pausa e depois começa um relato frenético das suas experiências no emprego. Acredita que sua preocupação constante ajudou-o a se tomar o melhor empregado na seção e que isto o levou a essa promoção tão rápida. Depois dela, começou a dormir pouco, a se preocupar constantemente e aumentou seus sintomas.)* Tenho que aprovar os trabalhos... e se um dos outros não fez tudo certo? Alguém poderia morrer. Se eu aprovar a planta, a construção sair errada e alguém morrer, sou um assassino! Foi esse tipo de problema que acabou comigo. *(Senta-se com a cabeça entre as mãos.)*

Mary: Quer dizer que, a essa altura, você está pronto a admitir que suas preocupações são excessivas e que perturbam sua própria produtividade?

Zach: Sim. Foi por isso que procurei o psiquiatra.

Mary: Gostaria de saber mais sobre você. Com o que se preocupava há cinco anos atrás?

Zach: Com não ter notas suficientemente boas. Sobre não aprender o bastante. Por ter que lavar minhas mãos centenas de vezes sem nunca me sentir limpo. Sempre me preocupei com isso.

Mary: Sempre?

Zach: Desde que eu tinha uns 11 anos. Sempre me preocupei em fechar as portas. *(Pausa)* Sempre me preocupei com a masturbação. Eu não me masturbo mais. Mas, até consultar o psiquiatra, me preocupava pensando que era homossexual porque costumava me masturbar. Então aprendi com o Dr. Y. que masturbação e homossexualidade não têm nada a ver uma com a outra... Eu me preocupava... Tranco as portas cinco vezes e desligo o interruptor de luz meia dúzia de vezes e fico pensando se realmente o deixei desligado.

Mary: E você tinha cerca de 11 anos quando sua mãe estava ameaçando se suicidar?

Zach: É, uns 11.

Mary: Tudo desabou ao mesmo tempo, hein?

Zach: É mesmo. E comecei aquilo que vocês chamariam de sensações sexuais naquela época também.

Mary: É claro. E ninguém lhe contou que isso provava que você era normal.

Zach: Não, ninguém me contou. Sobre sexo. Não. E eu comecei a me masturbar.

Bob: Naturalmente.

Mary: E ninguém lhe disse que isso era normal.

Zach: Oh, não! Minha avó disse que era vergonhoso. Ela encontrou minhas cuecas na gaveta e disse, *"Nunca mais faça isso! Estou cansada de lavar suas cuecas sujas!"*

Mary: Quer dizer que não houve ninguém para lhe dizer que o fato de estar crescendo e se tornando um homem era ótimo.

Zach: Não, eu não tinha com quem falar. Meus pais estavam se separando, minha mãe estava para se matar e isso era mais importante.

Bob: Eles eram mais importantes do que você?

Zach: Pensei que eles fossem mais importantes. Gostaria... gostaria de ter recebido mais atenção.

Bob: O que eles diziam de você estar sempre verificando os interruptores e fechando as portas cinco vezes?

Zach: Eles não sabiam. Não souberam por quase um ano. Porque eu morava num quarto separado da casa e fazia todas essas coisas lá.

Mary: Você estava separado da sua família! *(Mary está espantada, lembrando-se do caso de um jovem obsessivo-compulsivo de quem tratou, que cresceu numa cabana atrás da casa da família.)*

Zach: Um quartinho com um banheiro e um armário. E uma cama. Não havia quartos suficientes na casa. Minha avó tinha um, o outro era das minhas irmãs e o terceiro dos meus pais. Passava lá umas três horas por dia, tomando banho e verificando as coisas.

Bob: Finja que está lá agora. Esteja no seu quarto. Como explica a você mesmo, o Zach de 11 anos de idade, porque está tomando banho e verificando as coisas?

Zach: Sou muito cuidadoso com sujeira. Tenho que ter certeza de que estou limpo. Estou preocupado... se eu tiver algum micróbio e passar para alguém, a pessoa poderá morrer. Ou ficar muito doente. Eu tive hepatite, precisei ficar de cama um mês e acho que foi daí que tirei essa ideia de micróbios.

Mary: Lá está você... o que disse sobre hepatite... ou sobre micróbios. Esteja lá.

Zach: Eu... acho que peguei de um menino sujo. Um menino sujo que mora na casa vizinha. Juro que nunca o toquei, mas acho que peguei dele e fiquei muito doente. Ele era sujo. Eu usava roupas limpas. Nossa família é mais limpa. Ele usava roupas sujas e contava anedotas sujas.

Bob: Então por isso é que ele é sujo. Ele pensa em sexo.

Zach: Ele sabia mais sobre sexo.

Bob: Veja-o e diga a ele se sexo e sujeira são a mesma coisa.

Zach: Não tenho certeza do que você está querendo. Pessoas sujas, que não se lavam, podem ser como esse menino e também serem sujas nas suas mentes.

Bob: Veja o menino à sua frente, finja que ele está aí e diga-lhe, *"Os micróbios vêm dos pensamentos"* ou *"Os micróbios não vêm dos pensamentos*

Zach: Não, os micróbios não vêm dos pensamentos.

Mary: Tem certeza?

Zach: Sim. Eles não são a mesma coisa, apesar de poderem existir na mesma pessoa. Mesmo num menino sujo que conta anedotas sujas.

Bob: É isso aí, companheiro!

Eles continuam a trabalhar até Zach admitir que ninguém fica fisicamente doente por ter pensamentos e fantasias sexuais. Zach sorri pela primeira vez durante o curso.

Dividimos o grupo, inclusive os observadores, em trios que irão se reunir por 45 minutos. Dentro desses trios, eles vão alternar agindo, cada um por sua vez, como um terapeuta tratando dos dois clientes.

Quando começa a sessão do fim da tarde, Zach pede para trabalhar.

Zach: Meus companheiros de trio acham que eu deveria lhe contar... Quando tinha uns 12 ou 13 anos, sabia que havia alguma coisa de errado comigo. Quando estava... depois de algum tempo... achei que não podia mais continuar assim. Então, finalmente procurei meu pai e... bem... contei sobre eu me lavar tanto e as outras coisas. Disse a ele que queria ir a um psiquiatra. Meu pai disse, *"Você não devia estar se preocupando com coisas desse tipo. Está fazendo uma tempestade num copo d'água"*. No mês passado, disse a ele que ia consultar um psiquiatra e ele ficou perturbado. Disse, *"Não vá ver um psiquiatra. Eu também me preocupo com as coisas. Sou extremamente cuidadoso e não vejo nada de errado nisso"*. *Bob:* Parece muito difícil alguém conseguir ser ouvido na sua casa.

Zach: Sim. Nunca houve muita conversa. *(Pausa longa)*

Bob: Estaria disposto a admitir que grande parte do seu pensamento e comportamento obsessivo-compulsivo tem a ver com pensamentos e fantasias sexuais? Agora que separou a sujeira da sujeira, um dos meios mais rápidos para se curar é ir em frente e ter fantasias sexuais.

Zach: Estou meio preso em outra coisa. É minha religião. Sou católico. Há algo a ver com ela, também... o fato de não querer que as pessoas morram por minha causa. É um pecado mortal. Você vai para o inferno por causar a morte de alguém.

Mary: Não consigo entender como você pode causar a morte de alguém por gostar de fantasias sexuais. Qual é a ligação?

Zach: Cristo. Cristo morreu pelos nossos pecados. Pecar é causar a Sua morte. É tabu, sabem, pensar em sexo. Pensar numa situação... com um homem e uma mulher.

Mary: Bem, Zach, muitos católicos fazem isso. Teriam sumido, logo na primeira geração, se não tivessem pensado em sexo e depois saído para fazê-lo. *(O grupo ri)*

Bob: Há um monte de católicos no mundo e eles só estão lá por causa de uma coisa. Alguém trepou com alguém.

Zach: Acha que eu deveria pensar em sexo?

Bob: Sempre que começar a se obsidiar, substitua por uma fantasia sexual. Só por hoje. Para ver como você se comporta.

Zach: E a minha religião?

Mary: Bem, por sorte, você veio ao lugar certo. *(Ri)* Nunca vai acreditar. Há três padres e duas freiras nesta sala.

Zach: (Olhando à sua volta) Eu... é mesmo?

Mary: Vocês querem se apresentar? *(Durante as apresentações, eles simplesmente tinham dito que eram conselheiros.)*

Todos os cinco se apresentam a Zach.

Zach: Pensei em falar com um padre. Até agora, recentemente. Perguntei ao meu psiquiatra e ele me disse para não o fazer porque eles são muito preconceituosos e... não seria bom para mim.

Jay: Bem, você e eu estamos no mesmo trio. Joe também. Você não sabia, mas já estava conversando com dois padres.

Zach ri. Vários conversam ao mesmo tempo.

Membro do grupo: Se quer uma opinião sem nenhum preconceito de um dos maiores criadores de fantasias sexuais católico, é só me perguntar!

Freira: Seu psiquiatra não parece estar a par das novas atitudes teológicas.

O grupo gasta cerca de 15 minutos discutindo sexo e teologia. Todos lhe dizem que as fantasias sexuais são boas.

Mary: Ei, Zach, seus pais devem ter tido muito medo de sexo. Vovó também. Eles não lhe deram muito apoio por estar crescendo. Acho que não tem grande importância o que diz a Igreja. Se seus pais fossem amorosos, carinhosos e felizes com o sexo e consigo mesmos, você teria prestado pouca atenção à parte da sua religião que engloba os pensamentos anti-sexuais. Teria usado seu catolicismo de modo diferente.

Padre: Gostaria de dizer alguma coisa sobre isso. Sempre que a Igreja cometeu heresia na sua história, foi por causa da degradação do corpo humano. O corpo deve ser querido e apreciado.

Bob: Vai gostar das suas fantasias sexuais?

Zach: Vou.

Antes do jantar, Zach e uma freira estão conversando e Mary a ouve dizer, *"Você quer ficar bom, não é? Bem, para ser curado, é preciso fazer o que o médico manda. Se ele lhe tivesse receitado penicilina, você a tomaria. Do mesmo modo, você deve ter fantasias sexuais!"* O grupo se uniu em torno de Zach. Todos parecem gostar muito dele. Na opinião de Bob, ele é como um famoso zagueiro contundido que toda a comunidade quer ver curado antes do Grande Jogo.

Na sexta-feira, Zach trabalha novamente:

Zach: Descobri que minha ansiedade torna minha vida completamente miserável.

Bob: Afirme isto. Eu me faço ficar ansioso e faço minha vida ser miserável.

Zach: Não sei. Não acho que sou eu que me faço sentir miserável com minha ansiedade. Sinto que é minha ansiedade que me faz miserável.

Bob: De quem é a ansiedade?

Zach: Não é minha.

Bob: Então, de quem é?

Zach: De outras pessoas. Minha ansiedade não é causada por mim. É causada pelas situações em torno de mim e...

Mary: Você olha para as situações e decide ficar ansioso por causa delas.

Zach: Não, as situações me causam ansiedade.

Mary: Mais uma vez. É absolutamente essencial que você se conscientize de que é você quem reage com ansiedade. Ninguém lhe causa ansiedade.

Bob: Está disposto a manter sua mente aberta, reconhecendo que é o encarregado da sua própria ansiedade?

Zach: Ela é muito difícil de controlar.

Bob: Eu sei. Agora mesmo, não estou falando sobre você conseguir controlar seus sentimentos. Está disposto a manter a mente aberta, reconhecendo que é o encarregado da sua própria ansiedade e que ninguém mais pode fazer isso?

Zach: Vou manter minha mente aberta.

Bob: Gostaria de parar agora e deixá-lo com isso.

Sábado de manhã:

Zach: Estou me sentindo responsável por algumas pessoas que estão aqui. Conversamos muito na noite passada e sei que elas querem que eu me cure dos meus sintomas. Estou preocupado em decepcioná-las. Se eu não melhorar, ficarão aborrecidas e será por minha culpa.

Bob: Diga a elas pessoalmente.

Zach: Especialmente você, Jay. Sei que quer que eu me livre dos meus sintomas e, se eu não conseguir... Você é padre... ficará magoado de alguma maneira?

Jay: Não...

Mary: Espere, Jay, não responda ainda. Zach, sente-se aqui e finja que você é Jay. Responda o que diria se fosse Jay.

Zach: Eu estaria rezando por você e, se minhas preces não fossem atendidas, acreditaria que foi por minha culpa. Que eu havia feito algo de errado.

Mary: Fale mais. Exagere. Comece com, "Sou um padre e, portanto, tenho a responsabilidade de curar a todos

Zach: Sou um padre e, se alguma coisa sair errada, a culpa é minha.

Mary: Ninguém, morreria ou sofreria um desastre se eu não fizesse nada de errado.

Zach: Isso não é verdade. Não é inteiramente verdadeiro.

Mary: Fique com isso. Diga a Zach, padre, exatamente quais são suas responsabilidades pelo modo como ele conduz sua vida.

Zach: (Pausa longa) Sou responsável... não, não tenho responsabilidade. Não posso controlar o que você faz.

Bob: Grande! Agora você chegou lá! Então, veja sua mãe e diga a ela a mesma coisa. *"Não sou responsável. Não posso controlar o que você faz*

Zach: Mãe, não sou responsável. Não posso controlar o que você faz. Realmente não posso. *(Começa a soluçar)* Não estou me sentindo mal. Estou... aliviado. *(Jay abraça Zach enquanto ele chora.)*

Na tarde de sábado, Zach trabalha rapidamente no impasse de terceiro grau entre seu eu autônomo e seu eu desamparado. Aceita que cria sua ansiedade por causa das suas crenças.

À noite, relata que seu trio quer que ele reconheça que é uma boa pessoa.

Jay: Eu disse digna de amor. Não falei "uma boa pessoa". Você é uma boa pessoa também.

Mary: Ótima ideia. Zach, está disposto a fingir que você é a parte do seu ser que o ama? E a dizer o que é digno de amor e o que é bom em você?

Zach: Não tenho uma ideia muito clara do por que estou neste mundo.

Bob: Foi porque o espermatozoide do seu pai se juntou ao óvulo da sua mãe.

Zach: *(Ri)* É uma estranha experiência estar aqui. Você diz coisas que, normalmente, as pessoas não deveriam dizer. Estou melhorando. O que estava querendo dizer é que não posso dizer que sou valioso sem saber o porquê.

Mary: Quando é que seu bebê vai nascer? *(Zach responde)* Certo, finja que seu bebê já nasceu e diga a ele se acha que ele é valioso ou não.

Zach: Para mim, ele parece valioso. Ou ela. Sim, você é valioso. Não sei por quê. Você é valioso. Quero muito um bebê.

Mary: *(Vai até o gravador e faz a fita voltar para Zach ouvir suas palavras) Diga essas mesmas palavras a você mesmo.*

Zach: Pareço ser muito valioso. Não sei por quê. Sou valioso. Quero muito a mim mesmo. Compreendo. Você está dizendo que posso sentir por mim mesmo o que sinto pela minha mulher e pelo meu bebê. Vou ter que praticar um pouco.

Bob: Pois pratique! Vai se divertir com isso.

No domingo de manhã, Zach aborda seus problemas no trabalho e resolve que não é totalmente responsável pelo que acontece lá também.

Ainda sente alguma responsabilidade.

Mary: Alguma, sim. Mas ouça sua grandiosidade. No passado, você agiu como se o mundo estivesse cheio de idiotas que estavam a ponto de se matar a si mesmos ou aos outros. E agiu como se fosse o responsável por tudo. Quer deixar o resto desse pessoal assumir um pouco de responsabilidade pela própria vida?

Zach: Sim, quero. E o que farei com as pessoas descuidadas?

Mary: Despeça-as. (Zach ri)

Mary: Você foi feito de bobo. Fizeram você de bobo, fazendo-o acreditar que podia apertar os botões certos para todo o mundo. Vou lhe mostrar. Venha até aqui e sente-se. *(Mary descreve uma gigantesca mesa de controle imaginária à frente de Zach.)* Agora fique muito ocupado tentando ligar todos. Movimente suas mãos... assim... mantenha a mesa de controle funcionando. Isso, você entendeu. Agora, Zach, vamos olhar atrás da máquina. Veja... todo seu trabalho, e nenhum dos fios está ligado.

Zach: Puxa! Sim. Estou entendendo. Eu invento as ligações.

Bob: (Vai até a lousa e desenha a matriz de um argumento. Veja Fig. 24.) A partir do seu Pai. "Seja perfeito. Faça tudo direito. Trabalhe duro". E, daqui a injunção, "NÃO CONSIGA, ZACH, NÃO SEJA BEM-SUCEDIDO". (Bob acrescenta as outras injunções.) Quero que pense sobre "Não seja bem-sucedido". A serviço dessa injunção, você era compulsivo, obsessivo e, portanto, improdutivo. E o que você tem feito no seu emprego até agora. As coisas compulsivas que você fez estão a serviço de não conseguir fazer seu trabalho direito. Não é o contrário. Se continuar a ser obsessivo e compulsivo, não há a mínima possibilidade neste mundo de você ter uma vida bem-sucedida.

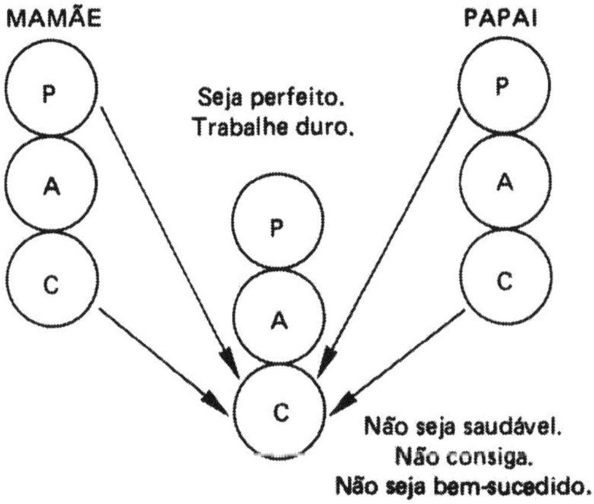

Fig. 24

Zach: Não creio que ninguém tenha me dito para não ser bem-sucedido.

Bob: Seu pai lhe diz para não se livrar dos sintomas que causam sua falta de sucesso. Tenho a impressão de que ele lhe dizia isso de outras maneiras, também. Sendo crítico... não escutando...

Zach: Ele é mesmo crítico. Realmente não quero trabalhar para ele. Nunca faço nada direito pelos seus padrões. Entendo o que está querendo dizer. Se eu usar os padrões dele, nunca serei bem-sucedido. Sim. Ele tem os mesmos problemas. Está sempre preocupado. Com o imposto de renda, com a ideia de guardar cada tostão que ganha. Está sempre com medo de ter esquecido um dólar em algum lugar e, na verdade, nunca tem nada. Claro que a receita federal não quer nada com ele.

Bob: Quer ver seu pai e dizer as diferenças que existem entre vocês?

Zach: Bem, sou mais fraco fisicamente... mais baixo, mais claro, menos músculos. Sou... mais inteligente. Sim, por

Deus, sou mais inteligente. E não estou me preocupando a metade do que costumava fazer. Acredito que estou melhorando.

Bob: Estou me curando. Vejo quando há algo de errado comigo e faço alguma coisa sobre isso.

Zach: Isso é absolutamente verdadeiro. Eu costumava ouvi-lo. Foi por isso que levei 10 anos para procurar um psiquiatra. Agora penso por mim mesmo.

Bob: Ótimo! Agora, diga a ele que você se masturbava e que não há nada de errado nisso. Que você tem fantasias sexuais e que isso é certo. Que faz sexo com sua mulher e que isso é certo.

Zach: Não posso dizer isso a ele. Nunca falou em sexo comigo.

Bob: Então é outro aspecto em que vai ser diferente dele.

Zach: Puxa! Eu... antes de me casar, eu costumava me masturbar. Não havia nada de errado num rapaz fazer isso. Ainda não acho que é certo para um homem casado.

Bob: Está bem. Você tem o direito de inventar suas próprias crenças, desde que se permita pensar e ser flexível.

Zach: Sim. Eu costumava me masturbar e não havia nada de mal nisso. Eu... descobri aqui que praticamente todos se masturbam e têm fantasias sexuais. Mesmo... pessoas que pensava que não faziam isso. Tenho fantasias sexuais e agora gosto delas. E eu não costumava gostar de fazer sexo com minha mulher até duas semanas atrás quando meu psiquiatra me deu um livro sobre o sexo no casamento e eu e minha mulher aprendemos muita coisa. Gosto de fazer sexo com minha esposa e não há nada de mal nisso.

Bob: Agora, diga isso à sua mãe.

Zach: Certo. Ela ficaria chocada. Mãe, tenho fantasias sexuais, eu costumava me masturbar e faço sexo com minha esposa. Tudo isso é certo.

Bob: Sinto-me bem quando faço essas coisas.

Zach: Sinto-me bem! E não me sinto culpado... nem com as fantasias sexuais!

O grupo aplaude e muitos deles se apressam a abraçar Zach. Por vários minutos, os participantes se congratulam com ele. Zach está sorrindo e dando risada.

Durante as despedidas, Zach anota os endereços e promete se manter em contato com os companheiros. Está rindo e chorando e diz que nunca se sentiu tio feliz. Concorda em continuar com seu contrato de "não ter um comportamento obsessivo-compulsivo" que fez com seu terapeuta.

Na semana seguinte, o terapeuta de Zach telefonou entusiasmado com o que ele tinha conseguido. Zach continuou sob terapia por vários meses. Quando soube que seus patrões estavam para despedi-lo, apesar das suas modificações, procurou e encontrou um emprego do mesmo nível. Quando seu filho nasceu, telefonou para nos dar a notícia.

Dois anos mais tarde, Zach e a mulher vieram para uma maratona. Nem mesmo o reconhecemos até o sábado de manhã, quando falou sobre seus antigos sintomas. Estava autoconfiante, gostava muito da família e do seu trabalho e, adivinhamos, tinha vindo ao curso mais para mostrar seu sucesso. Ele e a mulher trabalharam em problemas de pequena importância e desta vez Zach se permitiu sentir raiva dos pais. No final da maratona, reconheceu que está suficientemente intacto atualmente para proteger a si mesmo e ao filho da sua patologia. Sua esposa, ao contar aos participantes sobre sua experiência prévia, disse, *"Eu estava muito assustada. Pensei que lhe tivessem dado um novo tipo de droga, alguma coisa muito especial, porque ele voltou para casa muito feliz e relaxado. Eu ficava imaginando quando o efeito iria acabar... mas nunca acabou. Ele se transformou numa pessoa totalmente diferente"*.

Nos três anos seguintes, recebemos cartas ocasionais e telefonemas de Zach e da esposa. Na última notícia, estavam passando bem.

Temos algumas regras para o tratamento de obsessivo--compulsivos:

1) O primeiro contrato é o de fazer o cliente parar de realizar atos obsessivo-compulsivos, não importa o quanto difícil isto pareça ser. Sem esse contrato, o terapeuta e o cliente dão apoio à mágica de que ele "não pode" controlar seu comportamento e, portanto, "não pode" ficar curado. Isso seria similar a concordar em tratar um cleptomaníaco que estivesse continuando a roubar.

2) Como o cliente pode ficar muito ansioso quando para com o comportamento obsessivo-compulsivo, oferecemos pelo menos uma sessão por dia e preferimos que seja tratado num curso intensivo. Se ele não tiver meios financeiros, nós o encaminhamos a um departamento governamental, para fazer parte do tratamento, certificando-nos de que os terapeutas envolvidos têm conhecimento das nossas regras. Essas sessões extras seriam para metas específicas, como a de aprender a dar e receber carícias.

3) Oferecemos tratamento a curto prazo em vez de a longo prazo. Tanto os terapeutas como os clientes têm que falar claro sobre uma data de término do tratamento, de modo a não ficarem envolvidos numa terapia "eterna".

4) Oferecemos terapia de grupo, porque os clientes obsessivo-compulsivos são solitários que podem ser grandemente ajudados pelo apoio e encorajamento do grupo. Também, como são solitários, precisam de amigos.

5) Sempre que o cliente usa a religião para sustentar a patologia, gostamos de ter ajuda de pessoas do clero que estejam dispostas a nos auxiliar. Se isso não for possível, focalizamos nossa atenção nas antigas injunções familiares, como fez Mary ao dizer, *"Seus pais e vovó deviam ter muito medo de sexo*

6) Desde o início, enfatizamos a autonomia do indivíduo. É ele quem escolhe seu comportamento, pensamentos e emoções. Portanto, pode fazer novas escolhas. Logo que Zach

começou a compreender que fazia a si mesmo ficar ansioso, tornou-se menos ansioso.

7) Os clientes compulsivos que temos conhecido odiavam-se a si mesmos. O terapeuta e o grupo devem amá-los para fazê-los aprender a amar a si mesmos.

8) Atos compulsivos são criados pela Criança adaptada para afastar os desastres por meio de rituais mágicos. A mágica do cliente deve ser desmascarada assim que o terapeuta ouve falar nela. No entanto, não é preciso se entender todo o sistema de crenças mágicas antes de o cliente parar de ser compulsivo. Quando ele larga um tipo de mágica, como fez Zach ao diferenciar sujeira de "sujeira", ele já está a caminho da saúde. O terapeuta também não precisa conhecer todos os sentimentos e pensamentos subjacentes dos quais o cliente se protege ao ser compulsivo. A raiva que Zach sentia dos pais, um aspecto extremamente importante da sua patologia, permaneceu encoberta por dois anos depois do final do seu trabalho de terapia. Insistimos com os terapeutas para que trabalhem rápido em vez de profundamente. Um cliente obsessivo-compulsivo *não* melhora com um terapeuta obsessivo.

9) *"Crie uma fantasia sexual"* é um bom modo de começar.

CAPÍTULO 11

Fobias: Uma Tarde de Quarta-Feira

Em cada curso de quatro semanas, separamos uma hora específica para tratar de clientes fóbicos. Nesta tarde de quarta-feira, escrevemos os nomes dos participantes e seus medos na lousa, antes de começarmos.

Mary: Quero começar com o ratinho japonês. Parece engraçado. Certo, Aiko?

Aiko: Não acho nenhuma graça neles. Gostaria de começar.

Mary: Será divertido. Primeiro, conheço ratos americanos e mexicanos, mas nunca encontrei um rato japonês. Como é ele?

Mary está montando o palco para uma comédia, porque descobrimos que os clientes se dessensibilizam mais facilmente enquanto brincam e se divertem do que quando usamos os métodos mais clássicos que exigem calma e relaxamento. Mary pede uma descrição do rato, de modo que ela e Aiko estejam vendo a mesma coisa.

Aiko: Ele tem uns dez centímetros de comprimento e a cauda é comprida, deve ter uns dez centímetros também. É marrom, peludo, e tem os olhos pretos como contas.

Mary: Até que é engraçadinho. Há algo nele que seja realmente prejudicial ou perigoso?

Aiko: Sim, ele transmite micróbios.

Bob: Tal como os seus dedos e os dedos dos seus vizinhos... e bocas em geral...

Aiko: *(Ri)* Eles vão para a comida.

Mary: Certo. Todas as criaturas precisam comer. Bem... então agora imagine que estou segurando um rato japonês e que estou pondo uma linda coleira em volta do seu pescoço. É um rato marrom, com dez centímetros, cauda comprida e olhos como contas.

Aiko: Será que ele não vai escapar? *(Obviamente, Aiko está ativamente dentro da cena quando pergunta isso.)*

Mary: De jeito algum! A coleira é muito forte e está presa a uma corrente de ouro de cinquenta centímetros. E ela está presa num pino preso no chão e o rato só pode se movimentar num raio de cinquenta centímetros. Onde deverá estar o pino... a que distância de você?

Aiko: Ali. *(Aponta para uns três metros da sua cadeira.)*

Mary: Certo. Está vendo-o ali? Está correndo em círculos. Diga-me o que está sentindo.

Aiko: Ele me dá medo.

Mary: Diga por que acha que ele tem culpa do seu medo.

Aiko: *(Rindo)* Porque ele pode se soltar sem aviso.

Mary: Certo. Então veja-o correndo ainda preso no pino que está no chão. Está disposta a dizer a ele que você se amedronta a si mesma, que faz você mesma ficar com medo quando o vê?

Aiko: Estou. Eu realmente assusto a mim mesma.

Mary: Tem consciência disso?

Aiko: Sim.

Mary: Fale mais.

Aiko: Lembro-me de quando fiquei com tanto medo. Foi quando meu pai estava no hospital. Fiquei cuidando dele e estava pegando roupas limpas... para vesti-lo... e vi um rato morto entre as roupas. *(Treme visivelmente.)*

Mary: Quer dizer que se assustou com um rato morto?

Aiko: Isso mesmo. E sinto como se ele tivesse chamado todos os ratos de Tóquio para se vingar... vejo ratos em todos os lugares e tenho medo dos vivos.

Mary: Quer trabalhar com o vivo ou com um morto?

Aiko: Com o vivo.

Mary: Certo. Diga-me o que está sentindo agora.

Aiko: Estou bem. Ele não está prestando atenção em mim.

Mary: Outra sensação?

Aiko: Sinto que meu medo está indo até ele, atraindo sua atenção. Sinto que, quando um animal vê que estamos com medo, ele irá atacar.

Mary: Sim, essa é uma crença antiga. E o que faria se ele atacasse? O que aconteceria?

Aiko: Não sei. Estou com medo... Ele poderia subir em mim ou eu talvez pisasse acidentalmente nele. Poderia matá-lo. *(Estremece)*

Mary: Pelo que ouvi, você tem medo que ele suba em você, mas parecia ter ainda mais medo ao pensar que poderia ser a causadora da morte dele.

Aiko: Nunca pensei nisso. Acho que é verdade.

Preferimos manter o trabalho com a fobia numa forma muito simples... com uma cena de cada vez. Agora, subitamente, temos muitos aspectos complicando o trabalho.

Mary: Aiko, ouço sobre vários lugares para onde ir. Há seu pai no hospital, seu medo de matar ratos, seu medo de ratos mortos e seu medo de ratos vivos. Há coisas demais com que se lidar. Está disposta a só tratar do rato vivo por enquanto porque começamos com ele... e deixar os outros casos para mais tarde?

Aiko: Acho que é uma boa ideia. Sim. E sei que tenho que trabalhar no assunto do meu pai.

Mary: Certo, então voltemos a este rato. Vou pegá-lo e dá-lo a Bob para que ele o guarde. *(Faz a mímica do que disse).*

Bob: O que vou fazer com este rato? Já sei. Vou colocá-lo nesta caixinha. Ele ficará em segurança dentro dela.

Mary: Ótimo. Agora, Aiko, quero que venha até aqui e sente-se no chão. Seja um bom rato japonês... descreva a você mesma. Está disposta?

Aiko: (Rindo e se abaixando, começando a engatinhar) Ando muito depressa e posso me enfiar debaixo de qualquer coisa. Sei achar meu caminho e sei como conseguir o que quero.

Membro do grupo: Boa!

Aiko: (Sorrindo) É verdade. Ando depressa, conheço meu caminho e sei como conseguir o que quero. *(Está descrevendo as qualidades que existem nela mesma. Os membros do grupo aplaudem porque concordam com a descrição. Aiko é muito inteligente e bem-sucedida.)*

Mary: Ótimo! Agora, volte para sua cadeira. Vou trazer o rato de volta e colocá-lo onde estava. (Bob finge pegar o rato da caixa e entregá-lo a Mary, que finge prender o pino e soltar o rato no chão.)

A esta altura, geralmente movemos o objeto temido para mais perto do cliente, um pouco de cada vez, enquanto a pessoa vai dizendo que se sente confortável e que podemos pô-lo mais em frente. Sempre que sente algum medo, nós o afastamos para trás e pedimos ao cliente que diga ao objeto que fantasias está usando para se assustar. Antes de podermos sugerir isso a Aiko, ela veio se sentar perto do rato imaginário. Finge pegá-lo e o afaga com a outra mão.

Aiko: Não é verdadeiramente de dar medo. Não está se mexendo. É fofinho.

Mary: Você arranjou um rato japonês que gosta de massagem.

Aiko: (Ri)

Mary: Está tudo bem? Mesmo se ele se mexer?

Aiko: Não quero que ele se mexa. Bem, se eu soltar, ele vai se mexer. Não quero que ele corra para mim.

Mary: Está disposta a usar suas mãos para o empurrar, se ele fizer essa coisa tão estranha para um rato, que seria correr *para* você?

Aiko: Sim. *(Ela solta o rato e finge empurrá-lo para longe.)* Ainda não estou pronta para tratar da ideia de matá-lo.

Mary: Numa outra ocasião?

Aiko: Sim. Estou bem. Não estou com medo. Obrigada.

Mary: Se quiser, poderá ver como se sai com um rato vivo. Jacob *(um menino que mora perto de nós)* tem um rato que guarda numa gaiola.

Aiko: Gostaria de experimentar. Vou fazer isso. *(É o que faz e, na sessão seguinte, relata que não ficou com medo algum quando pegou o rato.)*

A próxima cliente, que tem medo de borboletas e mariposas, imagina uma borboleta de colorido brilhante presa numa gaiolinha de prata. Diz a ela que tem medo do movimento das suas asas e que *"Você poderia voar para dentro do meu cabelo, nas minhas orelhas ou pelo meu pescoço". (Sua voz é muito jovem.)*

Mary: Certo. Agora diga isso de novo. Fale, *"Você poderia voar para o meu cabelo, minhas orelhas ou pelo meu pescoço, e sou uma menininha tão pequena que não poderia impedi-la".*

Rea: Eu sou... isso é bobagem. Eu teria que ter menos de um ano de idade.

Mary: Então diga o que é verdade.

Rea diz à borboleta que ela, Rea, pode e vai se proteger. Para terminar sua dessensibilização, finge segurar a borboleta que bate as asas.

Mary: Ela está batendo as asas. Na sua mão. O que sua mão sente?

Rea: Ela parece leve. Sente um pouco de cosquinha.

Mary: É uma sensação de que está tudo certo?

Rea: Sim. Sim, é.

Bob: Um pouquinho sensual, não é?

Rea: Não estou certa. *(Risadinha)* Mas não estou nem com um pouquinho de medo.

A terceira cliente daquela tarde de quarta-feira quer parar de ter medo de aves. Como já tínhamos trabalhado com duas cenas imaginárias, Bob pediu por uma experiência primitiva com aves. Rosemary lembrou-se de uma quando tinha cinco anos. Um pardal entra na sua casa e a mãe o tranca no banheiro para que não possa voar para os outros cômodos. Mamãe fica chorando histericamente até o pai voltar para casa e soltar o pássaro. Bob pede a Rosemary para se ver lá e que fale com o passarinho pela porta fechada. *"Tenho medo de você porque..."*, começa Rosemary, mas descobre que não tem nenhum motivo para medo. Diz, *"O passarinho não pode me ferir"*. Abre a porta o suficiente para dar uma espiada. Diz que o pardal está voando desesperadamente pelo banheiro. Fala, *"Passarinho, você é o único que poderia se ferir"*. Sentindo--se muito jovem, chora pelo pássaro e depois Bob pergunta se há algo que gostaria de fazer por ele. Rosemary se permite entrar no banheiro para abrir a janela, de modo que o pardal possa sair. Diz à mãe que não vai mais aceitar os seus medos. Mais no fim da tarde, vai ao cercado onde criamos faisões e os alimenta. No dia seguinte, alimenta as galinhas e os patos e até brinca com eles. Passa a apreciar as várias espécies de aves selvagens que vê em nossa propriedade e não sente mais medo.

Depois do rato, da borboleta e do passarinho, Bob anuncia que o resto da tarde será dedicado às fobias de altura e de nadar.

Bob: Todos que têm fobia de altura, por favor, sentem-se no chão na minha frente, onde possam ver aquela escada encostada no telhado que está ali naquela passagem. *(Nove pessoas se sentam no chão, onde possam ver pela porta que dá para a passagem.)*

Mary: Puxa! Quantas fobias num mesmo grupo. Afastem-se do grupo aqueles que não têm medo de subir pela escada até o telhado. Cuidaremos dos outros tipos de fobia de altura mais tarde.

Bob: Se vocês estão todos com medo e subindo por contra fobia, voltem para cá. Agora, o que quero é que vocês fantasiem algumas coisas e, todas as vezes que sentirem medo, mesmo que seja só um pouquinho, levantem sua mão esquerda. Então eu pararei, mesmo que haja só uma única mão levantada. Essa é a sua escolha. Vocês não têm que subir qualquer escada em qualquer lugar - não há nenhuma pressão, *(frequentemente, as crianças amedrontadas executam o ato de qualquer modo, por causa da pressão parental ou dos seus pares; queremos que as coisas sejam feitas pela Criança livre, não pela adaptada.)* Não quero ninguém se assustando. Só quero que façam o que parece perfeitamente bom. Certo. Imaginem que estão abrindo a porta de vidro e atravessando a passagem. Andem passo a passo até chegarem ao pé da escada. Ela é do tipo tripé, muito firme e, além disso, todos seus amigos do grupo estarão segurando-a. Vão segurar tão firme que não haverá possibilidade de ela balançar para qualquer lado. Entenderam? Quero que olhem para a escada e que não fechem os olhos; alguns de vocês estão com os olhos fechados e é perigoso subir escadas com os olhos fechados. Eu nunca faço isso. *(Risadas) (A sugestão parecia estar vindo do Pai de Bob, então ele a modificou)* Vocês vão aprender a subir uma escada em segurança. Cada um vai fingir que é o primeiro a subir. Assim, segurem dos dois lados ou então segurem com as *duas* mãos no degrau - de qualquer modo, é seguro. Seus amigos estarão segurando a escada. Agora, ponha um pé no degrau de baixo e fique com o outro no chão. Você está segurando firmemente e não vai cair. Certifique-se de que está com sapatos que apoiam firmemente no degrau. Se eles forem escorregadios, tire-os e suba descalço ou então vá para o seu quarto para trocá-los por outros, mais seguros. Certo. Seus pés estão firmes - muito, muito firmes. De modo algum eles escorregarão. Agora que você está com um pé no primeiro degrau, tire o outro do chio e fique com os dois pés no degrau. O que vocês estão sentindo?

Ann: Sinto ansiedade pelo futuro.

Bob: Então volte. Se você está no futuro em vez de estar no presente, volte para o chão. Outras ansiedades? O resto de vocês está confortável? Os outros, por enquanto - finjam que estão em outra escada enquanto falo com estes. Qual a causa da sua ansiedade, Ann?

Ann: Eu poderia... cair.

Bob: Como poderia cair se está segurando firmemente a escada e seus pés estão bem apoiados no degrau?

Ann: Só se eu me assustar.

Bob: Mesmo que se assustasse ainda mais, como iria conseguir cair?

Ann: É verdade.

Bob: Então, quer dizer, "Não há jeito de eu cair desta escada se segurar firme"?

Ann: Está certo. Não há jeito de cair porque eu estou segurando firme.

Bob: Certo. Agora veja seu pai e sua mãe na plateia e diga a eles, "Eu não vou cair ou pular desta escada". (Este é o início da REDECISÃO; estamos pedindo que afirme seu próprio poder na sua Criança.)

Ann: Não vou cair ou pular desta escada.

Bob: O que sua mãe está fazendo?

Ann: Ela está nervosa.

Bob: Reaja a esse nervosismo.

Ann: Pode ficar tão nervosa quanto quiser. Não vou cair ou pular. *(Muitos medos infantis estão baseados no Epi-argumento[1] ou na Síndrome da Batata Quente. Os pais põem medos nos filhos porque eles sentem medo e assim os vão transmitindo aos descendentes, j*

Bob: Certo. O que seu pai está fazendo ou dizendo?

Ann: Ele está orgulhoso de mim.

Bob: Muito bom. O que ele está falando?

Ann: Vá em frente.

Bob: Certo. Beth, por que você está se assustando?

Beth: Estou com medo de passar da escada para o telhado.

Bob: Você está no primeiro degrau, não no último. Fique no primeiro degrau, veja seu pai e sua mãe, e diga a eles que não vai pular ou cair. *(Muitas fobias são mantidas indo-se para o futuro, ao invés de continuar no presente onde, na verdade, não há nada o que temer.)*

Beth: Não vou pular nem cair.

Bob: Muito bem. O que sua mãe está dizendo?

Beth: Saia já dessa escada. Você pode se machucar.

Bob: Responda.

Beth: Isso é besteira. Estou só no primeiro degrau.

Bob: Fale com ela novamente. Diga, *"Eu não vou me machucar"*.

Beth: Eu não vou me machucar.

Bob: O que seu pai está dizendo?

Beth: Não sei.

Bob: Adivinhe.

Beth: Você não vai se machucar.

Bob: Ótimo. Então, traga-o para subir com você para contrabalançar sua mãe.

Beth: Está bem.

Bob: Estão dispostas a pôr novamente os pés no primeiro degrau? As duas? *(Elas concordam)* Certo. Ponham o pé no degrau e depois levantem o outro, devagar, e subam no primeiro degrau. Fiquem paradas ali com firmeza. O que estão sentindo?

Ann e Beth: Tudo bem.

Bob: O resto de vocês ainda está no primeiro degrau? Certo. Vamos continuar. Agora levante a mão e segure mais para cima. Agora a outra. Segure firme. Suba para o segundo degrau. Vá com um pé de cada vez. Agora você está no segundo degrau. Se está nervoso, levante a mão esquerda. *(Desta vez, ninguém levanta)* Certo. Olhe à sua volta, veja seu pai e sua mãe e diga a eles, *"Não vou cair ou pular dessa merda de escada (Todos falam e riem).*

Os palavrões que usamos não são acidentais. Estamos fazendo o que podemos para despertar a Criança livre, e um dos meios é usar palavrões. Todas as crianças gostam de falar palavrões e o uso deles encoraja os fóbicos a deixarem de ouvir as injunções parentais para serem não-adaptativos.

Bob: Algum de vocês está vendo alguma reação nas suas mães?

Beth: *(Como a mãe)* Saia dessa escada, já disse.

Bob: Responda.

Beth: Não adianta. *(Risos)*

Bob: Outras reações?

Al: A minha não está se importando por eu subir, mas está furiosa porque eu disse *"merda"*.

Cindy: A minha está dizendo, *"Você está me deixando nervosa"*.

Bob: Responda.

Cindy: *(inaudível)*

Bob: Grite para ela poder ouvir!

Cindy: *Eu* não estou nervosa!

Brad: A minha está dizendo, *"Tome cuidado!"*

Mary: E o que ela está querendo dizer com isso? Responda.

Brad: Quer dizer que... você sabe... cuide de você mesmo e segure-se firme senão vai cair.

Mary: Reaja.

Brad: Não se preocupe. Vou segurar firme.

Mary: Encontre um meio de reagir que seja seguro e não submisso.

Brad: Vou cuidar de mim mesmo.

Bob: Outras mães têm algo a dizer?

Dee: A minha está sentada, sorrindo, e diz, *"Você acha que é valente. Espere até chegar mais alto. A escada vai escapar"*.

Bob: Vocês vão empurrar a escada?

Grupo: *NÃO.*

Bob: Você acredita neles?

Dee: Totalmente.

Beth: Estou subindo muito bem. Minha mãe está me alertando sobre tonturas.

Bob: Responda.

Beth: Sou forte, não estou doente e nunca tive uma tontura em minha vida apesar de toda sua conversa sobre tonturas. Estou perfeitamente segura. Ei, é verdade. Toda minha vida fui fóbica por causa das suas malditas tonturas fingidas. Você... você, mamãe, nunca sentiu tonturas também. Você fingia sentir tonturas para conseguir o que queria. Pois eu não tenho mais medo. Estou muito feliz com isso.

Bob: Alguns dos pais têm alguma coisa para dizer?

Al: Meu pai quer que eu vá mais depressa.

Bob: Responda.

Al: Estou me divertindo, e não tenho que ir mais depressa. Vou levar o tempo que quiser.

Bob: Estão prontos para o terceiro degrau? Certo. A mão sobe mais para cima. *(Percebe que não está usando o imperativo)* Levante a outra mão, segure firme, e ponha um pé no degrau seguinte, equilibre-se bem, e agora o outro. Alguém está com medo?

Cindy: Eu estou.

Bob: Volte para o segundo degrau. O que está sentindo?

Cindy: Estou com o estômago enjoado e sinto falta de ar.

Bob: Você faz seu estômago se contrair e segura sua respiração. Diga a sua mãe que, *"Quando subo alto assim eu contraio meu estômago e seguro a respiração.*

Cindy fala com a mãe.

Bob: O que ela está dizendo?

Cindy: É lógico, é porque você está com medo.

Bob: Responda.

Cindy: Não quero fazer isso. Quero subir até o alto.

Bob: Não queira. (Bob está lembrando-a da diferença entre desejo e autonomia; as pessoas podem "querer" eternamente e não "fazer" nada.)

Cindy: Estou respirando melhor e não estou contraindo meu estômago. Não estou assustando a mim mesma.

Bob: Diga à sua mãe, "Não vou cair ou pular".

Cindy: Não vou cair ou pular e a escada não vai quebrar.

Bob: Ela reagiu?

Cindy: Não, mas não acredita que estou segura.

Bob: Quer dizer a ela, "Foda-se se não quer acreditar em mim"?

Cindy: É isso. Foda-se se não quer acreditar em mim. O problema é seu.

Bob: Quer subir para o terceiro degrau agora?

Cindy: Quero.

Bob: O que está sentindo?

Cindy: Desta vez estou ótima.

Bob: (Dirigindo-se ao grupo) Algum outro problema no terceiro degrau?

Ann: Estou orgulhosa de mim mesma e faço meu coração bater forte...

Bob: O que está dizendo dentro da sua cabeça? Para fazer seu coração bater mais forte.

Ann: Poderia cair e me matar.

Bob: Quer tomar o outro lado? EU NÃO VOU cair...

Ann: Não sei.

Bob: Quem está encarregada da sua queda?

Ann: Eu. EU NÃO VOU cair. Não vou me matar.

Bob: Diga isso de novo.

Ann: Eu não vou cair. Eu não vou me matar. Vejo mamãe correndo para fora da sala, escondendo o rosto num travesseiro, enquanto papai aplaude.

Bob: O que ele está dizendo?

Ann: Você é uma boa menina por subir quando está com medo.

Bob: Diga a ele que você é uma mulher, não uma menina, e se está pondo ou não medo em você mesma *agora.*

Ann: Estou ótima agora. Sou uma mulher e não estou assustando a mim mesma.

Bob: Verdade? *(Não está muito certo sobre ela) (Ann balança a cabeça)* Ótimo. Todos estão bem? Alguém não está à vontade? *(Olha à sua volta)* Certo. Agora olhem para baixo, para a turma que está segurando a escada, e digam a eles, *"Posso ver mais longe do que vocês, que estão aí no chão"*.

Todos falam ao mesmo tempo, alguns bastante baixo.

Bob: Vamos, pessoal, com entusiasmo. *(Rindo) (O grupo obedece e também ri)* Certo. Agora, subam para o quarto degrau do mesmo modo que fizeram antes, segurando com firmeza. Todos no quarto degrau? Todos bem? O que há de errado, Brad? *(Ele está com a mão levantada)*

Brad: Estou começando a descobrir um pouco de ansiedade. (Bob decide não implicar com a palavra "descobrir", como se fosse possível descobrir uma nuvem negra ou um ataque de sarampo!)

Bob: Certo, volte para o terceiro degrau. Como está assustando a você mesmo?

Brad: Eu poderia cair. Estou envergonhado, mas a verdade é que eu nunca subi tão alto numa escada real e acho que poderia cair.

Pede-se que o leitor se recorde que a essa altura ainda estamos no salão. Os participantes continuam sentados no chão, olhando a escada pelas portas de vidro. Ninguém, verdadeiramente, está na escada. Note como essa fantasia se tomou real.

Bob: Como você vai cair?

Brad: Não sei.

Bob: Vai se largar e cair para trás?

Brad: Claro que não.

Bob: Claro. Então diga à sua mãe – claro que não vou cair.

Brad: Claro que não vou cair...

Bob: O que seus pais estão dizendo?

Brad: Meu pai está dizendo, "*Vá em frente*". Minha mãe está dizendo, "*Preste atenção*".

Bob: Responda a ela em alemão. (O alemão é a primeira língua deste cliente.)

Brad: (Fala em alemão. Seu amigo, também da Alemanha, traduz: "Você não tem que se preocupar comigo. Sou um adulto.)

Bob: Tudo bem agora? *(Brad concorda)* Muito bem. Todos confortáveis no quarto degrau? Ótimo. Agora subam para o quinto e vejam como vocês podem ver muito mais do que quando estavam mais baixos. Agora podem ver o lago, os patos, o cavalo e todas nossas lindas ameixeiras floridas. Estão vendo? Todos confortáveis? Muito bem. Não se apressem... talvez ainda possam ver um falcão caçando... talvez consigam ver mais para cima da colina. Vejam todas as coisas novas para entender o que têm perdido, ficando parados no chão. Deixem-se gozar a situação. Todos bem?

Brad: Estou com medo.

Bob: Volte para o quarto degrau. Como se sente ali?

Brad: Aqui estou bem.

Bob: Certo, explique aos seus pais qual é a diferença entre o quarto e o quinto degrau.

Brad: Bem, não há grande diferença entre eles. Estou subindo. Sinto-me bem agora.

Bob: Ótimo. O que está vendo?

Brad: Vejo os pássaros voando, as árvores, sinto uma brisa no meu rosto. E o rosto de todos olhando para mim. Sinto-me muito bem.

Um dos propósitos do trabalho é facilitar as pessoas a saírem do seu medo concentrando-se no "aqui e agora", nas coisas divertidas, em vez de ficarem pensando numa projeção para dentro do futuro sobre o que poderia acontecer. Assim, falamos em tudo o que podemos pensar para fazer a atenção do cliente ficar no presente - pássaros, gado, panoramas, etc. Ordinariamente, um dos melhores meios de *qualquer um* superar sensações desagradáveis é aprender a ficar consciente do que está acontecendo no seu ambiente - ver os falcões voando, as ameixeiras em flor, ouvir os patos grasnando, os passarinhos cantando, sentir a brisa na pele e o calor do sol.

Dee: Já estou enjoada desta escada e não acho que valha a pena continuar subindo.

Mary: Então não suba. Se não for uma situação dramática, não tem nenhum valor. *(Dee é uma desmancha-prazeres e não queremos que prejudique os outros.)*

Bob: Você está fora do passeio. *(Um pouco de dureza por parte de Bob, porém ele sempre poderá voltar atrás e trabalhar com ela mais tarde. É importante descobrir o que ela sente quando arranja um jeito de ser rejeitada e explicar-lhe como faz isso a si mesma.)*

Beth: Eu não estou com medo, e quero dizer uma coisa aos meus pais agora mesmo. Isso porque, na minha imaginação, meu pai apareceu e está discutindo com a minha mãe, dizendo: *"Pelo amor de Deus, deixe-a em paz. Ela está se divertindo"*. Minha mãe está falando alguma coisa para diminuí-lo. E para assustar a todo mundo.

Mary: Você está tentando modificar a sua mãe.

Beth: É mesmo. Estou dizendo a ela, "Não vou mais escutar você".

Mary: Ótimo. Sensacional.

Bob: Alguém mais tem algo a dizer a qualquer pessoa?

Al: Sim, quero falar com minha mãe. Você tem sido nervosa durante toda sua vida e vai continuar a ser nervosa. O problema é *seu. (Aplausos)*

Fran: Eu vou dizer, Mãe, você costumava subir em árvores e me contava que subia até o alto das árvores e eu sempre tive medo de fazer isso. Bem, hoje estou subindo e não vou cair e quebrar o pescoço.

Mary: Diga à sua mãe que é certo você ser uma boa escaladora de árvores, mesmo que isso seja especialidade dela.

Fran: Vou subir tão bem como você.

Mary: Mesmo que ela não goste disso? *(Mary detectou que o verdadeiro medo é o de competir com uma mãe ciumenta que diz, na verdade, "Não queira competir comigo".)*

Fran: Ainda assim. Vou subir por mim mesma. Mesmo que você tenha feito isso primeiro.

Bob: Mais alguém? Certo. Agora vamos subir para o sexto degrau. Estou no telhado, esperando por vocês. Todos estão bem?

Cindy: Sinto que estou muito longe das pessoas que estão segurando a escada.

Bob: E está mais perto de mim. *(Depois de dizer isso, Bob começa a pensar que talvez tenha cometido um erro e que esteja encorajando uma transferência que não deseja. No entanto, decide esperar para ver se isso vai interferir quando a subida pela escada for verdadeira. Por enquanto, ainda estamos numa viagem imaginária.)*

Cindy: É verdade. *(Ri)*

Ev: Estou com medo. Já está quase chegando a hora de passar para o telhado e ouço meu pai dizendo que a escada pode cair.

Bob: Garanto que não vai acontecer nada com a escada. *(Isto pode parecer um tanto presunçoso, mas não o é em termos tanto de estatística como de experiência. A escada é mesmo muito segura e não há perigo para os que sobem.) A escada é muito segura, o telhado também é seguro. Ela não tem como cair.*

Ev: Meu pai está preocupado com...

Mary: Na vida real, é o seu pai que pensa por você?

Ev: Bem... sim.

Mary: Quer dizer a ele que você pode testar as situações você mesma... ou então diga-lhe que precisa do seu cérebro. O que for verdade.

Ev: Hummmmm... Papai, você pensa um bocado por mim.

Mary: Papai, eu deixo você pensar um bocado por mim.

Ev: Você gosta de pensar por mim. Posso pensar eu mesma.

(Aplausos dos presentes.)

Bob: Certo. Só falta um degrau. Agora, todos vão cuspir... vamos ver quem cospe mais longe.

Participante: Se todo mundo for começar a cuspir em mim, não vou mais ficar segurando a escada. *(Risos)*

Bob: Vai ser só desta vez. Na próxima subida, vamos cuspir do telhado, para longe do pessoal que está segurando a escada. Tomaremos cuidado com o vento. *(Todos riem novamente)*

Bob: Agora, passem a perna direita para o telhado. Agora, a esquerda.

Soltem da escada e estão no telhado. Estão todos no telhado?

Brad: Fiquei com medo por um instante... quando eu... quando você disse para soltar. Pensei em esperar... depois larguei as mãos. Acho que estou bem, mas quero ver no teste de verdade.

Bob: Otimo! Todos que estão prontos para o teste real, venham para fora. Os outros também... vocês vão segurar a escada.

Membro do grupo: Espere... tenho que pegar minha máquina fotográfica.

Vários saem correndo para pegar as máquinas fotográficas e alguns dos que vão subir saem para calçar tênis, em vez das sandálias que estavam usando. Bob sobe pela escada e chega ao telhado.

Bob: Muito bem. Um de cada vez. Quem vai ser o primeiro?

Vários sobem com facilidade e rapidez. À medida que vão chegando ao telhado, o grupo que está embaixo grita, aplaude e tira fotografias. Quando Brad chega ao alto está rindo deliciado.

Brad: Consegui! Consegui! NÃO ESTOU COM MEDO!

O resto, até mesmo Dee, a rebelde, sobem pela escada até o telhado, onde ficam em pé, olhando à sua volta.

Estamos ao lado de uma das montanhas Santa Cruz, o Monte Madonna, e podemos ver outros morros cheios de pastagens verdes e bosques de carvalho e pinheiros. A Baía de Monterey fica ao sul e podemos ver a península, com as montanhas do Big Sur ao fundo. A vista é maravilhosa. Abaixo de nós está nosso terreno, onde podemos ver o "lago" com patos. O pessoal grasna para eles, eles grasnam de volta e todos riem. Bob examina cada um deles (os clientes, não os patos) para se certificar de que não estão disfarçando ou reprimindo algum resquício de medo. Uma das mulheres ainda está com medo de voltar à escada para descer. Bob pede que grite para os pais que estão lá embaixo, dizendo que ela não vai pular ou cair. Depois disso, ela sobe e desce várias vezes. O grupo aplaude, entusiasticamente. Um dos participantes esteve tirando fotos Polaroid e dá a cada ex-fóbico uma fotografia do grupo no telhado. Pedimos que o pessoal continue subindo e descendo durante o resto do curso.

Alguns dos clientes precisam de uma dessensibilização adicional para outras fobias de altura e outros acham que uma única dessensibilização foi suficiente. No fim da semana, alguns vão ao Big Sur para subir nos rochedos, outros vão andar em elevadores panorâmicos em San Francisco e, na outra quarta-feira, um grupo bem grande, incluindo Ev, Brad, Cindy e Al, vai ao parque de diversões da praia de Santa Cruz para andar na montanha russa e na roda gigante.

Depois da fobia de alturas, passamos para a piscina, que é aquecida para que os clientes possam relaxar melhor. Bob faz os fóbicos sentarem na beira, com os pés na água enquanto que os outros, que vão fazer parte da torcida, sentam-se do lado mais fundo.

Bob pede a cada pessoa para descrever exatamente os seus medos. *"Tem medo que a água entre no seu nariz?" "Na sua boca?" "Sua garganta?" "Pulmões?"* Depois de ouvir as respostas, convida-os para entrarem no raso com ele. Todos aceitam, mesmo Joe. Um de cada vez, enfiam a cabeça na água para "soprarem bolhas". Bob demonstra o que quer, fazendo um ruído enorme, como se fosse uma baleia. Eles riem e imitam suas ações. Competem entre si para ver quem faz mais barulho. Isso é divertido, engraçado e entusiasmante e cada Criança está começando a ficar com menos medo. Depois de alguns minutos de brincadeira, Bob vai falar com Joe.

Bob: Por quanto tempo está disposto a ficar com a cabeça embaixo da água?

Joe: Nenhum.

Bob: Diga isso à água.

Joe: Água, não vou pôr minha cabeça em você.

Bob: Diga à água que tem medo de que ela vá afogá-lo.

Joe: Água, você pode me afogar.

Bob: Diga à água como isso poderia acontecer.

Joe: Você poderá entrar nos meus pulmões e me afogar.

Bob: Diga à água que você é impotente para impedi-la de entrar nos seus pulmões.

Joe: (Rindo) Isso é besteira.

Bob: É. Então diga isso à água.

Joe: Posso manter você fora dos meus pulmões, água.

Bob: Diga à água que não vai deixar que ela o afogue.

Joe: Água, não vou deixar você me afogar.

Bob: Agora diga isso aos seus pais.

Joe: Não, é o meu irmão. Foi ele que me atirou.

Bob: Certo. Fale com seu irmão.

Joe: Pete, não vou deixar você me afogar. Naquela época, você era maior do que eu, mas agora não é mais assim. EU NÃO VOU DEIXAR VOCÊ ME AFOGAR!

Bob: Certo. Agora ponha a cabeça embaixo da água.

De início, Joe só deixa a cabeça na água por alguns segundos, mas depois de algum tempo, já está pronto para brincar de fazer barulho com os outros. Os observadores aplaudem.

Algumas vezes Bob pega um cronômetro e dessensibiliza por um ou dois segundos. Em outras, usa primeiro a imaginação, fazendo o cliente mentalizar que está pondo a cabeça embaixo da água por períodos cada vez mais longos enquanto vai cronometrando. Desta vez, isso não foi necessário. Quando Joe falava com a água, começou a entrar em contato com seu medo original. Uma cliente lembrou-se de uma cena primitiva onde o pai não a pegou, como tinha prometido, no fim da descida do escorregador. Ela volta à cena e redecide, reconhecendo que não precisa mais dele para segurá-la. Assim, Bob combina o trabalho de redecisão com a dessensibilização.

Bob pergunta se alguém ainda continua com medo da água. Uma pessoa tem medo de senti-la entrar pela sua garganta e sufocá-la. Bob faz com que ela tome um pouco de água na boca e faça gargarejos com ela. Depois, a pessoa põe a cabeça embaixo da água e percebe que pode encher a boca com ela e cuspir sem ficar sufocada. Um homem diz que continua com medo de que a água vá entrar no seu nariz. Bob pede que tente aspirá-la deliberadamente. Isso é muito difícil de fazer e aqueles que conseguem sempre reclamam que sentem um ardor. Bob pergunta se ele quer abandonar seu medo da água e começar a nadar, ou se está querendo desistir só por causa de uma dorzinha de nada. Bob pega um pouco de água na mão e faz com que ela escorra pelo seu nariz e depois a assoa para fora.

A esta altura, todos os participantes estão brincando, enfiando a cabeça na água, fazendo bolhas ou cuspindo água uns nos outros. Estão prontos para ir em frente. Bob pede que fiquem sentados na beira da piscina e o vejam boiar. Demonstra como pode fazer isso com facilidade, deitado na água com os braços estendidos para trás, relaxadamente, deixando a água sustentar seu corpo, pernas, braços e cabeça. Mostra como, ao mover os braços para os lados, seus pés descem, mas ainda continua boiando com a cabeça quase toda fora da água. (A maioria das pessoas, exceto crianças magrinhas e homens e mulheres extremamente magros, pode flutuar. Bob encontrou só três delas, que não conseguiram aprender a boiar. Ele as encorajou a usar um cinto salva-vidas.)

Bob agora demonstra que afunda quando deixa a água sair dos seus pulmões. Lembra a todos, enquanto boia, que *eles é* que estão encarregados da própria respiração e que, se inspirarem profundamente e soltarem só o ar suficiente para boiar e depois inspirarem de novo, *não* irão afundar. Faz a demonstração e depois pede voluntários para aprender a boiar.

Joe é o primeiro que se oferece.

Bob: Muito bem. Vou pedir que deite na água, como estive fazendo, e vou segurá-lo com as mãos, de modo que você não possa afundar. Dou-lhe garantias absolutas que não irei pregar-lhe qualquer truque. Irei pedir permissão para cada coisa que for fazer, à medida que você for percebendo que pode flutuar. *Não* o surpreenderei de qualquer maneira. Vou apoiá-lo cada vez menos à medida que você começar a boiar. Acredita em mim?

Joe: Sim. Sei que você não vai me enganar.

Bob: Certo. Deite-se nas minhas mãos. Ponha os braços bem acima da cabeça como me viu fazer. *(Joe faz o que é pedido, mas como a maioria dos clientes assustados, fica com as mãos fora da água, como se quisesse se segurar no ar. Seu corpo está rígido.)*

Bob: Deixe suas mãos na água. Relaxe. Você precisa de toda sua superfície de pele para boiar e se puser as mãos ou os braços para fora, terá menos pele para a água sustentar. Ela vai mantê-lo em cima se você deixar. Deixe suas mãos flutuarem. *(Bob está gritando para ser ouvido por Joe, que está com as orelhas embaixo da água.)*

Bob: Suas mios ainda estão fora da água. Relaxe os braços e os cotovelos e elas vão ficar dentro da água. *(Joe abaixa as mãos)* Assim está melhor. Agora, respire mais profundamente, e veja se pode se levantar das minhas mãos. Assim. Você quase conseguiu. Aplausos, turma. *(O grupo festeja)*

Bob: Vou segurá-lo só com uma mio, para poder usar a outra. Certo? *(Joe concorda)* Agora, deixe suas mãos se relaxarem novamente. Elas ainda estão um pouco presas. *(Bob pega uma mão de cada vez, balançando-a pelo pulso, enquanto continua segurando Joe com a outra mão. Joe relaxa)* Assim está melhor. Respire profundamente, veja se consegue se erguer da minha mão. Isso mesmo, você conseguiu subir por um segundo. *(Aplausos)* Sentiu como ficou leve? *(Joe sorri)* Agora, está pronto para me deixar segurá-lo só com quatro dedos? *(Joe balança a cabeça)* Certo. Quatro dedos. Relaxe seus braços, você está com as mãos duras de novo. Ponha-as de volta na água. Solte as pernas, elas também estio duras. *(Bob balança as pernas de Joe com a mão esquerda)* Não tente se forçar sobre a água como está fazendo. Deixe-a segurá-lo. A água vai sustentá-lo se você deixar. *(Percebe que Joe relaxou as pernas, mas está com o pescoço rígido. Troca de mão)* Deixe sua cabeça deitar na água. Se eu a cortasse e jogasse para longe, ela iria flutuar. *(O grupo e Joe riem, enquanto Bob balança a cabeça para cima e para baixo.)* Assim está melhor, deixe-a simplesmente deitada. Seus miolos sio muito mais leves do que a água, sua cabeça é oca. Deixe a cabeça deitada. *(Joe consegue).*

Bob: Certo. Agora vou segurá-lo só com três dedos e quero ver se você vai levantar deles. Ótimo, você conseguiu por um segundo. *(O grupo aplaude novamente)* Agora que você está quase boiando, tome uma inspiração mais profunda. Respire por aqui. *(Põe a mão na barriga de Joe)* Faça o ar vir até aqui. Abra os olhos, você não pode ver o que está acontecendo com os olhos fechados. Deixe sua cabeça relaxar, respire profundamente e levante-se dos meus dedos. Assim, você conseguiu subir de novo. Sentiu? *(Joe concorda com um aceno de cabeça)* Muito bem, agora tente subir de novo. Oba, foi sensacional! *(O grupo aplaude novamente)* Muito bem, agora com dois dedos. Está pronto? Joe, você está ótimo, quase pronto para boiar. Dois dedos, então? *(Joe balança a cabeça)* Não consigo ouvir. Responda. *(Joe diz sim, que está pronto.)* Certo. Dois dedos.

Respire profundamente e tente subir dos meus dedos. *(Joe flutua, completamente solto.)* Oba, sensacional! Você é ótimo. De novo. *(O grupo grita e aplaude.)* Agora, só com um dedo, apesar de você nem precisar disto. Sinta-se levantar. Sente seu corpo se erguendo na água quando respira? *(Joe concorda)* Certo, agora suba, levantando-se do meu dedo e vá continuando a respirar e boiar, respirar e boiar. Está pronto? *(Joe sorri novamente.)* Pronto, você conseguiu, está boiando *(Bob levanta as duas mãos para mostrá-las a Joe, enquanto o grupo festeja, assobia e aplaude com muito barulho.)* Oba, sensacional, sensacional! Você está boiando, boiando! Fique aí por uns instantes, boiando sozinho, e depois vamos descansar um pouco.

Joe fica deitado na água, boiando, com um grande sorriso no rosto. Depois Bob o ensina como abaixar as pernas para ficar em pé.

Bob: Como se sente, Joe?

Joe: Maravilhoso. Sinto-me ótimo. Sou ótimo.

Bob repete o exercício com cada um dos fóbicos. O caso de Joe não foi difícil, mas ele estava um pouco mais assustado para começar do que os outros. Eles aprendem a boiar com muita facilidade. O grupo fica por perto, aplaudindo e festejando cada movimento, cada vitória, à medida que os seis aprendem a flutuar na água.

Bob: Certo. Agora todos vocês estão boiando muito bem. Agora quero que continuem flutuando e que comecem a fazer pequenos movimentos com as mãos, assim. (Demonstra o movimento, impulsionando o corpo com as mãos, com os braços acima da cabeça, boiando na água. Todos o imitam, alguns com maior facilidade, mas em dois ou três minutos, todos estão nadando de costas, enquanto Bob grita com entusiasmo): Vocês estão nadando, vocês estão nadando! (O grupo aplaude) Pratiquem por alguns instantes, enquanto eu descanso. (Eles continuam enquanto Bob observa e grita palavras de encorajamento.)

Bob: Agora está na hora de aprender outro exercício e depois vamos parar por hoje. Quem se oferece como voluntário? (Joe se oferece novamente) Certo, Joe. Quero que vá até a parede da piscina e faça assim. (Bob demonstra, saindo de perto da parede boiando com o rosto para baixo, até chegar ao meio da parte rasa, onde vira o corpo, continuando a boiar de costas e respirando.) Muito bem, agora, cada um de uma vez, todos vão fazer isso. Aqui em Monte Madonna, NÃO chamamos isso de Homem Morto. Aqui, nunca! (Todos riem. Bob sabe que em todos os lugares onde se ensina a nadar, esse movimento é chamado de Homem Morto, que certamente não inspira qualquer entusiasmo num novato ou fóbico. Bob quer verbalizar esse medo, que existe em todos os não-nadadores, de modo que possam lidar com ele abertamente. As risadas servem para isso. Os seis clientes, dentro do seu próprio ritmo, executam o exercício, alguns melhores do que outros e alguns com grande dificuldade.)

Bob: Bem, agora quero parar. Alguns se saíram muito bem, mas todos fizeram alguma coisa. Não é difícil, mas é preciso um pouco de treinamento, como qualquer coisa. Não se aflijam por não fazerem o movimento com perfeição. Não façam isso! Percebam que todos vocês, há menos de uma hora atrás, tinham medo de entrar na água e agora todos conseguiram boiar e nadar. Vocês são sensacionais e vão aprender vários tipos de nado antes do fim do mês. Pratiquem esta noite, depois que tivermos terminado. Pratiquem uns com os outros. Primeiro treinem boiar e depois a girar o corpo na água. Lembrem-se, vocês já estão com os braços à sua frente, de modo que deixem um deles onde está e traga o outro para frente enquanto fazem a volta. Assim, já terão um braço para trás para sustentá-los. Façam deste jeito. *(Executa uma outra volta, muito devagar, mostrando como fazê-la com um braço esticado durante o giro.)* Muito bem, vamos parar. *(Bob então mergulha e faz quatro ou cinco voltas nadando de costas e num* crawl *enquanto todo o grupo o aplaude. Ao sair da água, diz com um sorriso):* Nada mal para um jovem de 60 anos, hein?

No dia seguinte e nos vários outros. Bob trabalha com eles na piscina. Aprendem a virar o corpo dentro da água, de modo que possam, sempre que estiverem no fundo e cansados, descansar boiando de costas. Essa é uma técnica de sobrevivência que todos os nadadores precisam conhecer.

Quando as pessoas aprendem a relaxar e boiar, de modo que todas suas células entendam que podem flutuar, param de sentir medo e estão prontos para aprender alguns tipos de nado. Bob ensina o nado de costas, de peito e de lado. A intenção não é a de fazer deles grandes nadadores de *crawl,* que muitas vezes nem é ensinado até que todos se sintam perfeitamente à vontade na água. Em todos os outros tipos, eles podem manter a cabeça fora da água, respirar facilmente e ganhar confiança em si mesmos. Quando já estão confiantes, começam a ir para a parte funda da piscina e saem nadando em direção do raso. Depois, começam a treinar boiar e virar o corpo no lado mais profundo. Finalmente, tornam-se nadadores, confiantes e competentes.

Esse trabalho é excitante. Criar um ambiente onde as pessoas curam a si mesmas é entusiasmante. Divirtam-se!

CAPÍTULO 12

Depois da Redecisão

A redecisão é mais um começo do que um fim. Depois da redecisão, a pessoa começa a pensar, sentir e se comportar de novas maneiras. A essa altura, ela pode decidir terminar com a terapia. Nós aplaudimos essa escolha. Nossa filosofia de tratamento é que a terapia deve ser tão condensada e rápida quanto possível e que o seu final é um triunfo, como uma formatura. Sempre que possível, preferimos que os clientes pratiquem suas redecisões sem terapia adicional e que voltem a ela só se encontrarem dificuldades. Também dizemos aos clientes que eles não têm que procurar por dificuldades para se manterem em contato conosco. Gostamos de cartas e telefonemas contando-nos sobre suas vitórias e os incentivamos a nos visitar.

Como preferimos tratamentos a curto prazo, temos ficado muito satisfeitos com o modelo que elaboramos, fazendo cursos intensivos de uma, duas ou quatro semanas. Quando termina o curso, o trabalho está finalizado. Reconhecemos que este não é um tratamento de escolha para vários clientes, e também que a maioria dos terapeutas usam o modelo clássico, de ver os clientes em sessões semanais. No entanto, seja qual for o tipo utilizado, acreditamos que o cliente deverá ser encorajado a finalizar o tratamento quando tiver feito as modificações pessoais que quer fazer, e que deverá ser bem recebido se voltar por ter encontrado dificuldades que não sabe como resolver por si mesmo. Isto minimiza a dependência e problemas de transferência.

Quando um cliente está pronto para finalizar, pedimos que feche os olhos e finja que está na sua própria casa. *"Concentre-se em você mesmo. Lembre-se das redecisões que tomou. Como está fazendo para pô-las em funcionamento? Em que você está diferente? Traga sua família para a cena, se quiser... ou então continue sozinho. De qualquer modo, note as modificações que está fazendo no seu modo de sentir... no modo de pensar... no modo como se comporta."* Então, pedimos que se imagine à mesa do jantar com toda a família presente. *"Vê os outros membros da sua família? Como você e eles estão interagindo? Eles notam modificações em você? Você os imagina satisfeitos ou insatisfeitos? Se as modificações que eles notam não são as que você quer, como vai demonstrar as modificações que quer que eles notem? Não fale sobre suas demonstrações, mostre-as!"* A pessoa relata o que percebe. *"Volte à sua casa. Veja se existe algum modo... qualquer um, de você se deixar persuadir ou permitir que outros o persuadam a desistir das vitórias que conseguiu na terapia".*

Em seguida, pedimos ao cliente para imaginar que está trabalhando e fazemos as mesmas perguntas sobre ele mesmo e os outros no seu local de trabalho. Se o cliente experimenta dificuldades nas fantasias, fazemos novo contrato e conversamos com ele para resolver as dificuldades. Se o cliente não consegue perceber por que os outros estariam insatisfeitos, damos nossas opiniões. Por exemplo, uma mulher que dependia dos conselhos da mãe para viver, atualmente está bastante autoconfiante. Mamãe poderá estar infeliz. Se um cliente deixa de relatar sua solução para um problema que conhecemos, trazemos esse fato à sua atenção:

Bob: Estou gostando da sua fantasia de como você vai ser. E o seu filho? Você não falou nele. Como vai reagir se ele voltar bêbado para casa e quiser emprestar dinheiro?

Ord: Trabalhei em tantos problemas e consegui tanto que me esqueci de contar-lhe sobre Ed. Como sabe, ele tem passado bem. Se beber novamente e aparecer em casa... é problema dele. Sabe... eu já falei com ele... que é bem-vindo se chegar sóbrio. E desisti completamente de ser seu conselheiro em relação ao álcool. Se não beber, pode pedir dinheiro e talvez eu até lhe dê algum. O importante é que não sou culpado pelo que ele faz com sua vida e não sou responsável.

Bob: Ótimo!

Pat, que redecidiu enquanto se imaginava na lojinha de doces do pai, acreditava que ele e sua mãe não iriam reagir bem às suas modificações.

Mary: Pat, estou impressionada com você. Quando chegou, estragava a maior parte da sua vida. Parecia uma fruta cheia de espinhos. Agora está feliz e carinhosa. Como vai fazer para continuar assim?

Pat: Estive pensando nisso e tenho algumas ideias.

Mary: Formidável! Veja-se em casa e fale sobre essas ideias. Diga o que está fazendo e sentindo que é diferente.

Pat: Muito bem. Estou lá. *(Pausa)* Estou OK. São meus pais. Não, estou OK mesmo quando eles me visitam. Não sabem que poderiam ter sido felizes na nossa loja. Quando meu pai começa a se queixar de tudo... de mim... eu, silenciosamente... SILENCIOSAMENTE... o alfineto quando ele me alfineta. *(Risadinha).* Quando ele for sarcástico, vou fingir que estou chupando um pirulito de morango. Era uma das poucas coisas de que eu gostava onde vivíamos... pirulitos.

Algumas vezes Bob ensina aos clientes sua fórmula "tiro e queda" para a modificação do comportamento de parentes ou amigos:

Bob: Certo. Pelo que estou ouvindo, você está cansada das queixas de sua mãe. Vou lhe dizer o que fazer, se me prometer não dizer *sim, mas.*

Dana: (Ri) Está bem.

Bob: Primeiro, quando sua mãe começar a se queixar, pergunte, *"Mãe, o que aconteceu de bom hoje?"* Se ela continuar a reclamar, pergunte, *"Fora isso, como está você?"* Se isso não funcionar, diga, *"Até logo* E desligue. Quando ela começar a aprender a lhe dizer o que aconteceu de bom, cubra-a de carícias.

Também alertamos os clientes para não voltarem para casa como terapeuta familiar gratuito e indesejado:

Mary: Todos estarão saindo daqui dentro de algumas horas. Quero dar-lhes um conselho. Não tentem tratar da sua família ou de seus amigos. Lembrem-se que enquanto vocês estavam se divertindo e fazendo grandes modificações em si mesmos, eles estavam em casa fazendo as mesmas velhas e tolas coisas. Não vão ficar emocionados em aprender de vocês que não é *"não posso" – é "não quero"*, ou que ninguém é capaz de fazê-los sentir alguma coisa. Não irão se modificar só porque vocês irão desenhar um diagrama do jogo em que estão envolvidos. De fato, se resolverem bancar os psiquiatras da família, estarão fazendo o jogo que chamo de "*hostálise*" - análise com hostilidade. "*Não é que eu esteja com raiva de você, querida, mas deixe-me mostrar-lhe como você está mal!*" Os terapeutas têm a tendência de serem os piores. Santo Deus, já é bastante ruim ser criança, não vamos fazê-las serem também filhos e filhas de "médicos de loucos"! Por isso, *parem de analisar suas famílias* e, em vez disso, deem-lhe muito amor.

Bob: É isso mesmo. Concordo. Não vão queimar na reentrada.

Para alguns problemas, a redecisão é tudo o que é necessário. Isto é especialmente verdadeiro no caso das fobias. Quando uma pessoa abandona o medo e testa a si mesma em situações reais, permanecerá sem medo. Em dez anos que temos estado curando fóbicos, nenhum deles voltou dizendo que sentiu a mesma fobia novamente. Muitos, depois de se libertarem de uma delas, espontaneamente pararam de sentir medo de outras situações.

Para outros problemas, o cliente irá precisar de prática depois de tomar uma importante redecisão. Obviamente, o fato de não se ter mais medo de água não é importante até a pessoa aprender a nadar o suficiente para se divertir por estar na água. Zoe, que se divertiu na festa de aniversário e parou de ser "tímida", disse que precisava aprender alguma coisa de modo a poder lidar mais assertivamente com as pessoas. Nós a encaminhamos para um grupo de assertividade para mulheres. Outra cliente, com um problema similar, queria adquirir um maior traquejo social. Depois da sua redecisão, aconselhamos que devia procurar Stephen Karpman[1], que lidera grupos de terapia onde o cliente pode aprender o que ele chama de AT para "controle social, opções sociais para a modificação e abertura social". Nesses grupos, as pessoas aprendem e praticam usar seus estados do ego para transacionar com mais sucesso com os outros. Ele também faz terapia de redecisão quando é necessário.

Edith, que deu a si mesma a pistola de raios anticonfusão, trabalha como assistente social e resolveu ser médica. A estrada que terá que percorrer será cheia de percalços e também de entusiasmo, se ela assim o permitir. Ela deseja participar de um grupo para apoiá-la a longo prazo, de modo a se manter na sua redecisão de pensar com clareza, planejar com clareza e ser uma vencedora na carreira que escolheu. Vai testar vários grupos até encontrar um que concorde com sua crença nas suas próprias potencialidades, e onde não seja acariciada pela sua tristeza ou confusão. Está procurando por um grupo saudável, liderado por um terapeuta saudável, numa clínica que forneça tratamento gratuito, enquanto continua com seus estudos.

Os clientes que redecidem viver poderão ou não precisar de terapia adicional. Geralmente, procuram tratamento para tomar outras redecisões - de serem íntimos, bem-sucedidos ou divertidos. Clientes que tinham problemas de não confiar nos outros e aqueles que nunca haviam experimentado relações emocionalmente íntimas certamente se beneficiarão com terapia adicional depois da redecisão de confiar. No entanto, o terapeuta deverá ir contra sua permanência numa terapia prolongada como um meio de substituir a procura por outros relacionamentos fora do grupo.

Os clientes impulsivos precisam praticar para modificar os comportamentos destrutivos e procurar substitutos adequados para o tipo de carícias que vinham recebendo. Clientes cronicamente psicóticos poderão escolher permanecer em grupos por um longo período de tempo, à medida que vão testando seus novos comportamentos não psicóticos.

Avisamos aos clientes que, de vez em quando, se envolverão nos antigos jogos e sentirão as velhas e estereotipadas emoções. Poderão se afligir por não serem perfeitos ou congratular-se por reconhecer os jogos e desistir dos prêmios mais rapidamente do que antes.

Alguns clientes acham difícil manter uma redecisão. Uma pessoa cujo cônjuge ou amigos são perdedores, provavelmente só vai receber carícias negativas por se tomar bem-sucedida. Edith talvez venha a descobrir que sua chefe no serviço social, se for secretamente ciumenta, colocará percalços na sua jornada de se tornar uma médica. Alguns clientes terão que renunciar a certas metas. Uma mulher, redecidindo confiar e se aproximar dos homens, talvez não encontre um que queira se casar com ela, especialmente se ela já tiver mais de 50 anos quando toma a redecisão. Poderá então precisar enfrentar o fato de que um estilo de vida íntimo não precisa depender do casamento.

Em várias ocasiões de nossa vida, todos enfrentamos crises que parecem insuportáveis. Acreditamos que os clientes que sentiram o entusiasmo e encanto em modificar suas vidas estarão motivados para lidar construtivamente com a tensão ou para voltar à terapia, se assim escolherem.

Mais uma vez, dizemos que a REDECISÃO é um começo. Não há mágica. A pessoa descobre sua capacidade de ser autônoma e experimenta seu eu novo e livre com entusiasmo, excitação e energia. Ela volta ao mundo para praticar suas modificações e essa prática é um processo contínuo. Passa a olhar tudo através de um diferente par de óculos, um diferente par de olhos, deixando de colorir o mundo com a cor escura e manchada da sua decisão original, começando a vê-lo claro, nítido, como se a chuva houvesse acabado com a poluição.

NOTAS

Capitulo 1. Introdução à Terapia da Redecisão

1. Lieberman, Morton A., Irving D. Yalom e Matthews B. Miles. *Encounter*
2. *Groups: First Facts,* Nova York: Basic Books, 1973.
3. Goulding, Mary McClure, "Phobias", *Transactional Analysis Journal,* 7, 1, 47, 1977. Reimpresso em *The Power is in the Patient,* com Robert Goulding, San Francisco: TA Press, 1978.

Capítulo 2. Uma Visão Geral da Análise Transacional

1. Berne, Eric, *What Do You Say After You Say Hello?* Nova York: Grove Press, 1970, p. 116.
2. Dusay, John, *Egograms,* Nova York: Harper and Row, 1977.
3. Stuntz, E.C., "Multiple Chair Technique", *Transactional Analysis Journal,* 3, 2, 29-32,1973.

4. Berne, Eric, *Principles of Group Treatment,* Nova York: Oxford University Press, 1966, e informações particulares em palestras e seminários.
5. Berne, Eric, *Transactional Analysis in Psychotherapy,* Nova York: Grove Press, 1961.
6. Berne, Eric, *Games People Play,* Nova York: Grove Press, 1964.
7. Kaufman, Jack, D.S.W., Madison, Wisconsin, conversa pessoal com R.L. Goulding.
8. Karpman, Stephen, "Fairy Tales and Script Drama Analysis", *TA Bulletin,* 7: 26.
9. Goulding, Robert e Mary McClure Goulding, *The Power is in the Patient,* San Francisco :TA Press, 1978.
10. Kahler, Taibi e Hedges Capers, "The Miniscript", *Transactional Analysis Journal,* 4, 1, 26-42,1974.
11. George McClendon, MFC, é um terapeuta de família em Aptos, Califórnia, e membro docente do WIGFT.
12. *Holloway, William,* The Clinical Transactional Analysis with Use of the Life *Script Questionnaire,* Ohio: Holloway Books, sem data.
13. *McCormick, Paul,* Guide for the Use of the Life Script Questionnaire, San Francisco: Transactional Publications, 1TAA, 1971.

Capítulo 3. Impasses e Redecisões

1. Goulding, Robert. "Thinking and Feeling in Psychotherapy: Three Impasses", *Voices,* 10, 1, 11-13, 1974. Ver Goulding, Robert e Mary McClure Goulding, *The Power is in the Patient.* San Francisco: TA Press, 1978.

Capítulo 4. Contratos

1. Drye, Robert C., "Stroking the Rebellious Child", *Transactional Analysis Journal,* 4, 3, 23-26, 1974. Bob Drye, medico psiquiatra e psicanalista, faz parte do corpo docente do Western Institute of Group and Family Therapy (WIGFT) com sede em Seaside, CA.

Capítulo 5. Carícias

1. Dusay, John M., *Egograms,* Nova York: Harper and Row, 1977.
2. Howard, John, médico, psiquiatra com clínica particular em Little Rock, Arkansas.

Capítulo 6. Emoções

1. Cupchik, Will, Ph.D., é terapeuta gestalt em Toronto, Canadá.
2. "My Melancholy Baby". Impresso com permissão da Jerry Vogel Music Company.
3. Sheperd, Irma Lee, Ph.D., e Joen Fagan, Ph.D., são as editoras de *Gestalt Therapy Now,* Nova York: Harper Colophon Books, 1971, e fazem parte do corpo docente do Departamento de Psicologia, Georgia State College, em Atlanta.

Capítulo 7. Adeuses

1. O filme favorito de Mary sobre o trabalho de Fritz Peris é "Grief vs. Pseudo Grief', onde há uma comparação entre uma emoção de disfarce e um genuíno adeus.

Capítulo 8. Redecisões

1. McNeel, John, Ph.D e Ellyn Bader, Ph.D, são membros do corpo docente do WIGFT, em Paio Alto, Califórnia.
2. Kerfoot, Eugene, Ph.D. tem consultório particular em Seaside, Califórnia, e faz parte do corpo docente do WIGFT.
3. Barnes, W. Graham, M.A., M. Div., fundou o Southeast Institute, em Chapel Hill, N.C., e é editor do *Transactional Analysis After Eric Berne,* Nova York: Harpers College Press, 1977.
4. Thomson, George, Ph.D., clinica em Palo Alto, Ca. e faz parte do corpo docente do WIGFT.
5. Heenan. James E., Ph.D., tem consultório particular em Palo Alto e faz parte do corpo docente do WIGFT.
6. Satir, Virginia, *Peoplemaking,* Palo Alto: Science and Behavior Books, 1972.
7. McClendon, Ruth. M.S.W., e Les Kadis, M.D., são terapeutas de família e fazem parte do corpo docente do WIGFT.

Capítulo 9. A Cura da Depressão

1. Goulding, Robert L., "New Directions in Transactional Analysis; Creating an Environment for Redecision and Change", in Sager, C.S. e H.S. Kaplan (Eds.), *Progress in Group and Family Therapy,* Nova York: Brunner/ Mazel, 1972, pp. 105-134.
2. Friedman, M. e R.H. Rosenmann, *Type A Behavior and Your Heart,* Nova York: Knopf, 1974.

Capítulo 11. Fobias: Uma Tarde de Quarta Feira

1. English, Fanita, "Episcript and the Hot Potato Game", *Transactional Analysis Bulletin*, 8, 77-82, 1969.

Capítulo 12. Depois da Redecisão

1. Stephen B. Karpman, M.D., psiquiatra, tem consultório particular em San Francisco, CA.

IBRASA

LIVROS QUE CONSTROEM